Für mich
in Japan

Max Lucado

Er versetzt immer noch Berge

Hoffnung und Ermutigung
für alle, die neue Kraft brauchen

Über den Autor

Max Lucado ist Pastor der *Oak Hills Church* in San Antonio, Texas. Er ist verheiratet, Vater von drei Töchtern und Autor vieler Bücher, von denen folgende Titel bei Gerth Medien bereits erschienen sind: „Leichter durchs Leben“, „Liebe im Überfluss“ und „Der Retter von nebenan“. Die Zeitschrift *Christianity Today* zählt ihn zu den bekanntesten christlichen Autoren Amerikas.

Max Lucado

Er versetzt immer noch Berge

Hoffnung und Ermutigung
für alle, die neue Kraft brauchen

GerthMedien

Die amerikanische Originalausgabe erschien im Verlag
Word Publishing Dallas, Texas
unter dem Titel „He still moves stones“

1. Auflage 2007
Best.-Nr. 816 153
ISBN 978-3-86591-153-6

Der jetzige deutsche Titel erschien 1994 bereits unter dem Titel
„Er bewegt noch immer Steine“ im One Way Verlag.

Übersetzung: Andrea Gleiß
Umschlaggestaltung: Hanni Plato
Umschlagfoto: Corbis/Randy Wells
Satz: Typostudio Rücker
Druck und Verarbeitung: GGP Media GmbH, Pößneck
Printed in Germany

Für die „Oak Hills"-Familie

Es ist mein Wunsch,
dass wir immer weiter zusammenwachsen
und dass wir zusammen immer weiter wachsen.

Inhalt

Dank

Ein Buch zu schreiben und eine Wüste zu durchqueren haben vieles gemeinsam. Zum Beispiel lange Strecken dürren Flachlands, in denen gelegentlich Quellen der Inspiration zu finden sind. Dies hier ist ein Dank an die lieben Freunde, die mir durch ihre Hilfe diese Reise erleichtert haben. Danke, dass ihr nicht über den Sand geklagt und euch bei jeder Oase mitgefreut habt.

Dank an meine Sekretärin Karen Hill: Sie hat nicht nur die Organisation meines Büros in der Hand und redigiert nicht nur meine Manuskripte, sondern sorgt auch dafür, dass ich meinen Verstand nicht verliere!

Dank an meinen Herausgeber Liz Heaney: Wie ein guter Chirurg hat er ein gutes Urteilsvermögen und ein scharfes Skalpell!

Dank an die ganze Verlagsfamilie: An jeden Einzelnen – an die Lektoren, Designer, Sekretärinnen, Empfangsdamen, Vertriebsleute und Manager – ihr seid das beste Team, das es gibt!

Dank an Roy und Barbie Johnston: Danke, dass ihr mir eurer „Horseshoe Bay“-Versteck zur Verfügung gestellt habt.

Dank an Steve Green, den Direktor von „UpWords“: Niemand könnte Ihre Arbeit so gut tun wie Sie. Wir stehen in Ihrer Schuld.

Dank an meine Frau Denalyn: Was soll ich sagen? Du bist das Sternenlicht und ich bin Galileo. Dein Strahlen macht mich noch immer sprachlos.

Und nicht zuletzt einen Dank an meine Leser – und den möchte ich so formulieren:

Einige von Ihnen haben schon mehr als zehn Bücher von mir gelesen: Wir können also ein Jubiläum feiern. Für andere ist es die erste Begegnung: Ich freue mich, Sie kennenzulernen. Die Mehrheit wird irgendwo dazwischen stehen: Schön, wieder etwas Zeit mit Ihnen verbringen zu dürfen.

Sie sind gerade dabei, mir Ihren kostbarsten Besitz anzuvertrauen – Ihre Zeit. Ich verspreche Ihnen, als ein guter Haushalter damit umzugehen. Das Schreiben eines Buches mag zwar manchmal einer Wüstenwanderung gleichen, aber das Lesen eines Buches sollte es auf keinen Fall. Nein, es sollte vielmehr wie ein Aufenthalt in einer Oase sein. Ich hoffe, dass das vorliegende Buch diesem Anspruch gerecht werden kann!

Max Lucado

1 Geknickte Rohre und glimmende Dochte

Das geknickte Rohr wird er nicht zerbrechen, und den glimmenden Docht wird er nicht auslöschen.
Matthäus 12,20 (LÜ)

Stellen Sie sich vor, es ist ein Samstagnachmittag im Oktober. Was Sie heute erledigen mussten, haben Sie bereits getan. Nun liegt der Nachmittag ohne besondere Verpflichtungen vor Ihnen. Solche freien Nachmittage sind selten geworden, und nun überlegen Sie, was Sie mit Ihrer Zeit anfangen könnten. Auf der Suche nach einer guten Idee greifen Sie zur Zeitung. Ein Film? Die Kinoreklame bietet nichts Verlockendes. Fernsehen? Das können Sie immer. Moment mal. Was ist das? Eine Anzeige weckt Ihr Interesse.

Eine Kunstausstellung der besonderen Art:
„Geknickte Rohre und glimmende Dochte"
14 bis 16 Uhr, Samstagnachmittag,
Gutenberg-Bücherei

Hm ... Es ist schon eine ganze Weile her, seit Sie in einer guten Kunstausstellung waren. Geknickte Rohre und glimmende Dochte? Wahrscheinlich irgendwelcher Naturkram. Aber wenigstens der Spaziergang dorthin könnte nett sein. Vielleicht keine schlechte Sache. Sie legen die Zeitung beiseite, ziehen sich den Mantel an und greifen nach dem Schal.

Als Sie die Bücherei betreten, empfängt Sie muffiger Büchergeruch. Hinter einem Tisch sitzt eine Bibliothekarin, das Haar zu einem Knoten zusammengesteckt, einen Bleistift hinter dem Ohr. Ein Student, zu dessen Füßen ein Rucksack steht, ist über eine Schublade mit katalogisierten Karteikarten gebeugt. Ein Tisch, auf dem alte Zeitschriften ausliegen, weckt Ihre Aufmerksamkeit. Sie greifen nach einer der Ausgaben, doch dann fällt Ihr Blick auf ein Hinweisschild, das Sie an den eigentlichen Grund Ihres Kommens erinnert. „Geknickte Rohre und glimmende Dochte“ ist darauf zu lesen und ein Pfeil weist auf eine Tür. Sie schreiten durch einen Flur, öffnen dann eine von zwei schweren Holztüren und treten ein.

Sie stehen in einem kleinen Raum, der etwa die Größe eines Arbeitszimmers hat. Bücherregale verdecken die Wände, auf den Regalbrettern reiht sich Buch an Buch. In einem Kamin knistert ein Feuer, und zwei hohe Ohrensessel laden Sie ein, hier den Nachmittag mit einem guten Buch zu verbringen. *Vielleicht später*, denken Sie. *Erst die Kunst.*

Im Raum verteilt sind die Gemälde aufgestellt. Alle gerahmt. Leuchtende Farben. Rücken an Rücken stehen jeweils zwei auf einer Staffelei. Sie hängen Ihren Mantel an einen Haken und gehen zum ersten Gemälde.

Es handelt sich um das Porträt eines Leprakranken – er ist die zentrale Figur auf dem Gemälde. Die Gestalt steht gebeugt, als hätte sie einen Buckel. Ihre fingerlose Hand, in Lumpen gehüllt, ist in einer flehenden Geste in Richtung des Betrachters ausgestreckt. Ein zerrissener Mantel verbirgt das Gesicht, nur zwei schmerzerfüllte Augen sind zu sehen. Die Menschenmenge, die den Aussätzigen umgibt, ist in Aufruhr. Ein Vater hält sein neugieriges Kind fest. Eine Frau stolpert über die eigenen Füße, als sie versucht, sich davonzumachen. Ein Mann blickt über die Schultern, während er davonrennt. Der Titel des Gemäldes ist identisch mit dem Schrei des Aussätzigen: „Wenn du willst, dann kannst du ...“

Auf dem nächsten Gemälde ist derselbe Aussätzige dargestellt, doch die Szene hat sich gewaltig verändert. Der Titel des Bildes besteht nur aus zwei Worten: „Ich will.“ Auf der Leinwand ist der Aussätzige zu sehen, der nun aufrecht und gerade dasteht. Er blickt auf seine Hände, die er geöffnet vor sich hält: Er hat wieder Finger! Sein Gesicht ist nun unverhüllt, er lächelt. Die Menschenmenge ist verschwunden. Nur noch ein Mensch steht neben ihm. Sein Gesicht ist nicht zu sehen, aber man sieht, dass seine Hand auf der Schulter des Geheilten liegt.

Das ist also doch keine Naturausstellung, murmeln Sie leise vor sich hin, während Sie sich dem nächsten Bild zuwenden.

Auf diesem Gemälde hat der Künstler mit seinem Pinsel eine Frau mittleren Alters eingefangen, die über eine tiefe Schlucht springt. Ihre Kleider sind zerlumpt. Ihr Körper ist schmächtig, die Haut blass. Sie wirkt blutarm. Aus den Augen schreit die Verzweiflung. Beide Hände sind ausgestreckt, um sich an der Wand der Schlucht festhalten zu können. Am Rand des Felsens steht ein Mann. Nur seine Beine, Sandalen und der Saum seines Gewandes sind zu sehen. Unter dem Gemälde stehen die Worte, die die Frau zu dem Fremden neben ihr spricht: „Wenn nur ...“

Sie gehen schnell weiter, um die nächste Szene zu betrachten – hier ist dieselbe Frau stehend abgebildet. Der Boden unter ihren nackten Füßen ist fest. Aus ihrem Gesicht strahlt Leben. Scheu blickt sie auf die Menschen, die sie im Halbkreis umringen. Neben ihr steht der Fremde, den sie hatte berühren wollen. Der Titel? Seine Worte: „Sei getrost ...“

Das nächste Porträt ist in surrealistischer Art gemalt. Das verzerrte Gesicht eines Mannes beherrscht das ganze Bild. Wirres orangefarbenes Haar hebt sich vor einem lila Hintergrund ab. Das Gesicht ist länglich, wird nach unten jedoch etwas breiter – wie eine Birne. Die Augen gleichen senkrechten Schlitzen, in denen tausend winzige Pupillen tanzen. Der Mund ist offen und zu einem Schrei erstarrt. Dann fällt Ihnen etwas Seltsames auf: Der Mund ist voller Lebewesen! Hunderte von spinnenartigen Geschöpfen krabbeln heraus. Das verzweifelte Schreien dieses Wesens findet auch im Titel seinen Ausdruck: „Ich beschwöre dich bei Gott: Quäle mich nicht!"

Gebannt begeben Sie sich zum nächsten Bild: Es ist immer noch derselbe Mann zu sehen, doch jetzt ist sein Gesichtsausdruck entspannt. Seine Augen sind nicht mehr angsterfüllt, sondern blicken sanft und zufrieden. Der Mund ist geschlossen. Der Schriftzug unter dem Bild erklärt den plötzlichen Frieden: „Befreit." Der Mann beugt sich nach vorn, als würde er aufmerksam zuhören. Mit der Hand streicht er sich über sein Kinn. Am Handgelenk hängen eine Fessel und eine Kette – eine zerbrochene Kette.

Das nächste Porträt zeigt eine spärlich bekleidete Frau. Sie hockt vor einer Gruppe zornig blickender Männer, die Steine in ihren erhobenen Fäusten halten. Auf dem nächsten Bild liegen die Steine am Boden, sie sehen nun völlig ungefährlich aus; der Hof ist mit ihnen übersät. Die Männer sind nicht mehr zu sehen, nur eine staunende Frau und ein lächelnder Mann, der vor ein paar Zeichnungen steht, die in den Staub auf der Erde gemalt sind.

Auf einem anderen Gemälde sieht man einen Gelähmten, der auf einer Trage liegt und seine Freunde anfleht, nicht aufzugeben. Die Freunde starren auf ein Haus, um das sich Massen von Menschen drängen. Auf dem nächsten Bild kommt der junge Mann aus der Tür jenes Hauses herausgesprungen und trägt die Trage auf seiner Schulter.

Wieder ein anderes Bild zeigt einen Blinden, der laut nach einem Rabbi ruft. Auf dem nächsten Bild beugt er sich vor dem nieder, nach dem er gerufen hat.

Bild um Bild wiederholt sich die Abfolge: Auf zwei zusammengehörenden Leinwänden stellt die eine einen Menschen in Not dar, die andere einen Menschen, der

Frieden gefunden hat. „Vorher“ und „Nachher“ – Zeugnisse einer Begegnung, die das Leben verändert. In jedem Bildpaar wird das Gleiche sichtbar: Stets wird die Trauer in eine heitere Gelassenheit verwandelt. Sinnerfülltes Leben besiegt den Schmerz, Hoffnung überstrahlt alle Ausweglosigkeit.

In der Mitte des Raums ist ein Gemälde ausgestellt, dem kein anderes Bild zugeordnet ist. Es unterscheidet sich von den anderen. Es ist kein Porträt. Keine Menschen sind darauf zu sehen. Der Künstler hat seinen Pinsel in eine alte Prophetie getaucht und zwei schlichte Objekte im Bild eingefangen – ein Schilfrohr und einen Docht.

„Das geknickte Rohr zerbricht er nicht, und den glimmenden Docht löscht er nicht aus.“
Matthäus 12,20 (GN)

Gibt es irgendetwas, das zerbrechlicher wäre als ein geknicktes Schilfrohr? Schauen Sie sich das umgeknickte Rohr am Ufer an. Früher war es ein schlanker und hoher Grashalm, ein kräftiges Schilfrohr, doch jetzt ist es gebeugt und geknickt.

Sind Sie ein geknicktes Rohr? Ist es schon lange her, dass Sie stolz und hoch aufgerichtet dastanden? Sie wuchsen zu einem hohen und kräftigen Rohr, das vom Wasser genährt wurde und im Flussbett der Zuversicht fest eingewurzelt war.

Doch dann geschah es. Sie wurden zerknickt ...

... durch harte Worte
... durch den Zorn eines Freundes
... durch den Verrat Ihres Ehepartners
... durch Ihr eigenes Versagen
... durch religiöse Sturheit.

Und das hat Wunden geschlagen. Sie wurden unmerklich gebeugt. Sie, das kerzengerade Rohr, das einst so aufrecht stand, wurden geknickt und sind nun im Schilf nicht mehr zu sehen.

Und der glimmende Docht der Kerze? Gibt es irgendetwas, das dem Tod näher wäre als ein glimmender Docht? Einst brannte er, jetzt flackert er nur noch und steht kurz vor dem Verlöschen. Zwar ist er immer noch warm von der Leidenschaft der Vergangenheit, aber es brennt kein Feuer mehr. Noch ist er nicht kalt, aber weit davon entfernt, zu brennen. Ist es schon lange her, dass das Feuer des Glaubens in Ihnen brannte? Erinnern Sie sich noch daran, dass ein Licht von Ihnen ausging und den Weg erhellte?

Doch dann kam der Wind ... ein kalter, strenger Wind. Man belächelte Sie, Ihre Vorstellungen seien – unrealistisch. Man sagte Ihnen, Ihre Träume wären zu – hochtrabend. Man tadelte Sie, weil Sie es wagten, das Althergebrachte infrage zu stellen.

Der unaufhörliche Gegenwind machte Sie mit der Zeit müde. O ja, eine Weile (oder vielleicht ein Leben lang) haben Sie tapfer widerstanden, aber der raue Wind hat Ihre flackernde Flamme ausgelöscht. Die endgültige Dunkelheit ist nur noch einen Hauch weit entfernt.

Das geknickte Rohr und der glimmende Docht. Die Gesellschaft weiß, was sie mit solchen Leuten macht. Die Welt hat ihre Ecke, wo sie die Geschlagenen hinstellt. Die Welt bricht ihren Halm ab, die Welt pustet sie aus.

Aber die Künstler, die die Bilder für die Ausstellung malten, und die Schreiber der Bibel verkündigen, dass Gott anders handelt. Ein Bild nach dem anderen macht die zarte Berührung eines Schöpfers sichtbar, der einen besonderen Platz für die Geknickten und Erschöpften dieser Welt hat. Ein Gott, der denen ein Freund ist, die ein verwundetes Herz haben. Ein Gott, dem unsere Träume kostbar sind. Das ist das Thema des Neuen Testaments.

Und das ist das Thema der Galerie.

Durchschreiten wir die Galerie noch einmal in Ruhe. Tauchen wir in die Momente ein, in denen Jesus den Menschen in ihren größten Schmerzen begegnet ist. Wir werden feststellen, dass sich die Prophetie erfüllt hat, und wir werden sehen, wie sich geknickte Rohre aufrichten und glimmende Dochte wieder Feuer fangen.

Es ist schon eine bemerkenswerte Sammlung von Bildern. In der Galerie gibt es übrigens auch ein Porträt von Ihnen. Gehen Sie ein paar Schritte weiter. Schauen Sie es sich an. Da vorn, an der Seite. Genau wie bei den anderen ist auch dieses Bild einem weiteren Gemälde zugeordnet. Aber anders als bei den anderen Bildpaaren ist die Leinwand des zweiten Bildes noch weiß. Unten am Rahmen ist Ihr Name zu lesen. Neben der Staffelei steht ein Tisch mit Farben und einem Pinsel ...

Das geknickte Rohr

Es stand voller Zuversicht.
Aufrecht ragte der Kopf auf einem starken Halm empor.
Doch das war, bevor die unbekümmerte Böe
und der prasselnde Regen kamen.
Jetzt ist es geknickt, gebeugt. Geschwächt.
Es sehnt sich nach zarten Fingern,
die es aufrichten, statt zu zerbrechen.
Ein fester Griff ist nötig, der heilt,
statt zu verletzen.
Zarte Kraft.
Sanfte Stärke.
Gibt es eine solche Hand?

2 Nicht schuldig

Von Scham überwältigt

Jesus verließ die Stadt und ging zum Ölberg. Aber schon am nächsten Morgen war er wieder im Tempel. Viele Menschen drängten sich um ihn. Er setzte sich und begann, sie zu unterrichten. Da schleppten die Schriftgelehrten und Pharisäer eine Frau heran, die beim Ehebruch ertappt worden war, stießen sie in die Mitte, damit jeder sie sehen konnte, und sagten zu Jesus: „Diese Frau wurde beim Ehebruch überrascht. Wenn wir das Gesetz des Mose befolgen wollen, müssen wir sie steinigen. Was meinst du dazu?" Das war eine Fangfrage. Sie suchten nämlich nach einem Anlass, um Jesus anklagen zu können. Aber Jesus schien gar nicht auf ihre Frage zu achten; er bückte sich und schrieb mit seinem Finger auf die Erde. Als sie hartnäckig nach einer Erklärung verlangten, richtete er sich auf und sagte: „Nun, dann steinigt sie! Aber den ersten Stein soll der werfen, der selbst noch nie gesündigt hat!" Dann bückte er sich wieder und schrieb weiter auf die Erde. Als Erstes gingen die Ankläger. Dann schlichen sich auch alle Übrigen stillschweigend davon – einer nach dem andern. Schließlich war Jesus mit der Frau allein. Da stand er auf und fragte sie: „Wo sind jetzt deine Ankläger? Hat dich denn keiner verurteilt?" „Nein, Herr", antwortete sie. „Dann will ich dich auch nicht verurteilen", entgegnete ihr Jesus. „Geh, aber sündige nicht noch einmal!"

Johannes 8,1–11

Dann will ich dich auch nicht verurteilen.
Johannes 8,11

Rebecca Thompson stürzte zweimal von der *Fremont Canyon Bridge*. Beide Male starb sie. Beim ersten Sturz brach ihr das Herz, beim zweiten brach ihr das Genick.

Sie war erst achtzehn Jahre alt, als sie und ihre elfjährige Schwester von zwei Sexualverbrechern in der Nähe eines Geschäfts in Casper, Wyoming, entführt wurden. Die Männer fuhren mit den Mädchen fünfundsechzig Kilometer südwestlich zur *Fremont Canyon Bridge,* einer einspurigen Stahlrohrkonstruktion, die in mehr als dreißig Metern Höhe über den *North Platte River* führte.

Die Männer schlugen und vergewaltigten Rebecca auf brutale Weise. Irgendwie konnte sie die beiden Männer davon abhalten, mit ihrer Schwester Amy das Gleiche zu tun. Doch dann warfen die Verbrecher die beiden Mädchen von der Brücke in das enge, tiefe Tal hinunter. Amy starb durch den Aufprall auf einen Felsen am Uferrand, doch Rebecca stieß im Fall gegen einen Felsvorsprung und wurde dadurch ins tiefe Wasser geschleudert.

Obwohl ihre Hüfte fünffach gebrochen war, kämpfte sie sich irgendwie ans Ufer. Um sich vor der Kälte zu schützen, zwängte sie sich zwischen zwei Felsen und wartete darauf, dass der Tag anbrach.

Aber der Tag brach für Rebecca nie wieder an. Natürlich ging die Sonne auf und sie wurde auch gefunden. Die Ärzte behandelten ihre Verletzungen und die Verbrecher wurden eingesperrt. Das Leben ging weiter, aber der Tag brach nicht mehr an.

Die Finsternis, die Nacht der Schrecken, wollte nicht weichen. Es gelang Rebecca nicht, aus dem Tal herauszuklettern. Deshalb kehrte sie neunzehn Jahre später, im September 1992, wieder zu jener Brücke zurück.

Trotz der Einwände ihres Freundes fuhr sie mit hoher

Geschwindigkeit zum *North Platte River*. Ihre zweijährige Tochter und ihren Freund an der Seite, saß sie am Rand der Brücke und weinte. Unter Schluchzen erzählte sie ihre Geschichte. Ihr Freund wollte nicht, dass das Kind die Mutter weinen sah, deshalb brachte er die Kleine zum Auto zurück.

Da hörte er, wie ein Körper auf dem Wasser aufschlug.

Es war der Moment, in dem Rebecca Thompson zum zweiten Mal starb. Die Sonne ging nach Rebeccas finsterer Nacht nicht mehr auf. Warum? Was hatte das Licht in ihrer Welt ausgelöscht?

Angst? Vielleicht. Sie hatte gegen die Verbrecher ausgesagt und sie im Gerichtssaal identifiziert. Einer der beiden Mörder hatte sie höhnisch angegrinst und war sich dabei mit dem Finger quer über die Kehle gefahren. Am Tage ihres Todes waren die beiden Männer bereits wieder auf freiem Fuß, zur Bewährung. Vielleicht war die Angst vor einer zweiten Begegnung einfach zu groß.

War es Zorn? Zorn auf die Männer, die sie vergewaltigt hatten? Zorn auf die Richter, die die weitere Urteilsvollstreckung zur Bewährung ausgesetzt hatten? Zorn auf sich selbst über die unzähligen Stürze in unzähligen Albträumen, die sie seit jenem Tag erlebt hatte? Oder Zorn auf Gott, weil jene Schlucht immer tiefer und jene Nacht immer schwärzer wurde und weil der Morgen nie graute?

War es Schuld? Einige sind davon überzeugt. Rebecca besaß ein reizendes Lächeln und hatte ein anziehendes Wesen. Aber ihre Freunde sagen, der Gedanke, dass sie selbst überlebt hatte, ihre kleine Schwester aber nicht, sei für sie wie ein Schreckgespenst gewesen.

War es Scham? Alle Leute, die sie kannten, und Tausende von Menschen, die sie nicht kannten, hatten die demütigende und tragische Geschichte bis in alle Einzelheiten gehört. Sie war gezeichnet und die Druckerschwärze jeder neuen Schlagzeile in der Zeitung brannte diese Zeichnung noch tiefer in sie ein. Sie war vergewaltigt worden. Sie war verwundet worden. Sie war geschändet worden. Und so sehr sie auch versuchte, von dieser Erinnerung frei zu werden und ihr davonzulaufen – es gelang ihr nie.

Deshalb kehrte sie neunzehn Jahre später zu jener Brücke zurück.

Die Schluchten der Scham sind tief; es sind Täler nicht enden wollender Schuld. Felswände, vom Graugrün des Todes gestreift. Ein unaufhörliches Echo von Schreien ist zu hören. Am besten, man hält sich die Ohren zu und wäscht sich das Gesicht mit kaltem Wasser. Hören Sie auf, ständig über die Schulter zu gucken. Was immer Sie auch versuchen, Sie können den schrecklichen Ereignissen der Vergangenheit nicht entrinnen – die Fangarme der Erlebnisse reichen weiter als Ihre Hoffnung. Diese Fangarme ziehen Sie zurück auf die Brücke des Leidens und Sie werden immer wieder neu erniedrigt.

Wenn es Ihre eigene Schuld gewesen wäre, würde alles anders sein. Wenn man Sie anklagen könnte, dann könnten Sie sich entschuldigen. Wenn der Sturz hinunter ins Tal Ihr Fehler gewesen wäre, dann könnten Sie darauf reagieren. Aber das alles war nicht Ihr Entschluss. Sie waren ein Opfer.

In manchen Fällen bleibt die Scham eine rein private Angelegenheit. Vom Ehepartner missbraucht und hinuntergestoßen. Von Vater oder Mutter durch perverse Handlungen belästigt. Von einem unaufrichtigen Vorgesetzten verführt. Niemand weiß davon. Nur Sie selbst. Und das reicht schon.

In anderen Fällen ist es eine öffentliche Sache. Gebrandmarkt durch eine Scheidung, die Sie nicht wollten. Verunreinigt durch eine Krankheit, mit der Sie nie gerechnet hatten. Gezeichnet von einer Behinderung, die Sie nicht erfunden haben. Ob die anderen Menschen Sie wirklich mit anderen Augen sehen oder ob Sie sich das nur einbilden – Sie müssen irgendwie damit fertig werden. Sie sind gezeichnet: geschieden, behindert, eine Waise oder ein Kranker.

Ob privat oder öffentlich, Scham ist immer schmerzlich. Und solange Sie nicht etwas dagegen unternehmen, wird dieser Schmerz nicht weichen. Solange Sie keine Hilfe bekommen, wird der Tag nie anbrechen.

Sie sind sicherlich nicht überrascht, wenn ich sage, dass es in jeder Stadt Rebeccas, und in jedem Ort eine *Fremont-Brücke* gibt. Und auch in der Bibel gibt es viele Rebeccas. Es sind so viele, dass man fast den Eindruck gewinnt, die Seiten der Bibel würden durch die Geschichten dieser Menschen zusammengehalten. In der Bildergalerie sind Sie bereits etlichen von ihnen begegnet. Alle sind in der Schlucht der Scham auf felsigen Boden geprallt.

Aber es gibt eine Frau, deren Geschichte alle anderen Geschichten miteinander vereinigt. Es ist eine Geschichte des Versagens. Eine Geschichte des Missbrauchs. Eine Geschichte der Scham.

Und eine Geschichte der Gnade.

Da steht sie, umringt von Männern. Bei diesen Männern handelt es sich um die geistlichen Leiter des Landes. Pharisäer werden sie genannt. Selbst ernannte Hüter der Moral. Und der andere Mann, der Mann mit der schlichten Kleidung, der auf dem Boden sitzt und der Frau ins Gesicht schaut, das ist Jesus.

Die Frau hat ihren Mann betrogen. Und die Pharisäer haben sich vorgenommen, beide zu beseitigen.

„Diese Frau wurde beim Ehebruch überrascht" (Johannes 8,4). Die Anklage hallt von den Wänden des Hofes zurück.

„Beim Ehebruch überrascht." Die Worte allein reichen schon aus, um vor Scham zu erröten. Aufgerissene Türen. Weggezogene Decken.

„Beim Ehebruch." In den Armen. Im entscheidenden Augenblick. Bei der Umarmung!

„Überrascht." Aha! Was haben wir hier? Dieser Mann ist nicht dein Mann. Los, zieh dir was an! Wir wissen schon, was man mit Frauen wie dir macht!

Von einer Sekunde zur anderen ist aus ihrer privaten Leidenschaft ein öffentliches Schauspiel geworden. Köpfe werden aus den Fenstern gereckt, als die Schar der Männer sie durch die Straßen stößt. Hunde bellen. Die Nachbarn drehen sich nach ihr um. Die Augen der ganzen Stadt sind auf sie gerichtet. Krampfhaft hält sie ein dünnes Gewand fest, das sie um ihre Schultern geschlungen hat, und versucht, ihre Blöße zu verbergen.

Aber nichts kann ihre Scham verbergen.

Von dieser Sekunde an wird sie als Ehebrecherin bekannt sein. Wenn sie zum Marktplatz geht, werden die Frauen tuscheln. Wenn sie vorbeikommt, werden sich die Köpfe umdrehen. Wenn ihr Name erwähnt wird, werden die Leute sofort daran denken.

Moralisches Versagen wird nicht so schnell vergessen.

Doch der größte Hohn bleibt unbemerkt. Was die Frau tat, ist schändlich, doch was die Pharisäer taten, ist verabscheuenswürdig. Dem Gesetz zufolge konnte Ehebruch mit dem Tod bestraft werden, jedoch nur, wenn zwei Leute die Tat bezeugen konnten. Es mussten zwei Augenzeugen vorhanden sein.

Frage: Wie wahrscheinlich ist es, dass es bei einem Ehebruch zwei Augenzeugen gibt? Wie stehen die Chancen, dass zwei Leute früh am Morgen zufällig Zeuge einer eiligen, verbotenen Umarmung werden? Kaum vorstellbar. Doch wenn dies tatsächlich geschieht, dann stehen die Chancen eins zu hundert, dass es sich hier um Zufall handelt.

Deshalb kann man sich fragen, wie lange die Männer wohl schon durchs Fenster geschaut hatten, bevor sie ins Zimmer stürmten. Wie lange hatten sie hinter dem Vorhang gestanden, bevor sie hereinplatzten?

Und was war mit dem Mann? Zum Ehebruch gehören zwei Leute. Was geschah mit ihm? Könnte es sein, dass er sich davonstahl?

Es gibt kaum einen Zweifel daran: Es handelte sich um eine Falle. Die Frau war erwischt worden. Doch schon bald sollte sie merken, dass es bei dem Fang nicht um sie ging – sie war nur der Köder.

„Wenn wir das Gesetz des Mose befolgen wollen, müssen wir sie steinigen. Was meinst du dazu?" (Johannes 8,5).

Reichlich großmäulig, diese Vertreter der Moral. Reichlich überzeugt von sich selbst, diese Agenten der Gerechtigkeit. Das ist ein Augenblick, von dem sie in ihrer Erinnerung noch lange zehren werden, der Morgen, an dem sie dem mächtigen Nazarener einen Strich durch die Rechnung machten und er ihnen ins Netz ging.

Und was ist mit der Frau? Nun, sie ist nicht so wichtig. Nichts weiter als ein Pfand in diesem Spiel. Ihre Zukunft? Unbedeutend. Ihr Ruf? Wen kümmert es schon, wenn dieser ruiniert ist. Sie ist ein notwendiger, jedoch austauschbarer Stein in ihrem Plan.

Die Frau starrt zu Boden. Ihr schweißverklebtes Haar hängt wirr herunter. Ihr Schmerz tropft in heißen Tränen herab. Die Lippen sind ein schmaler Strich, die Zähne aufeinandergepresst. Sie weiß, dass sie auf der Anklagebank sitzt. Es ist nicht nötig, aufzuschauen. Nirgendwo wird sie auf Freundlichkeit stoßen. Sie blickt auf die Steine in den Händen der Männer. Sie halten sie so fest im Griff, dass die Fingerspitzen weiß sind.

Die Frau überlegt zu fliehen. Aber wohin? Sie könnte behaupten, missbraucht worden zu sein. Doch wer würde ihr glauben? Sie könnte alles abstreiten, aber sie war ja gesehen worden. Sie könnte um Gnade flehen, aber diese Männer waren gnadenlos.

Die Frau weiß nicht, wohin sie sich wenden soll.

Wir erwarten, dass Jesus aufsteht und diesen Heuchlern

ein vernichtendes Urteil verkündet. Aber das tut er nicht. Wir hoffen, dass er die Frau nimmt und die beiden nach Galiläa versetzt werden. Doch auch das geschieht nicht. Wir malen uns aus, dass ein Engel vom Himmel herabkommt, dass der Himmel sich öffnet und eine Stimme ertönt oder die Erde bebt. Aber nichts dergleichen geschieht.

Wieder einmal ist sein Tun wenig spektakulär.

Und doch ist seine Botschaft erneut unmissverständlich.

Was tut Jesus? (Wenn Sie es bereits wissen, dann tun Sie so, als wüssten Sie es nicht, und spüren Sie mit mir nach, wie erstaunlich seine Vorgehensweise ist.)

Jesus schreibt in den Sand.

Er beugt sich vor und zeichnet in den Staub. Derselbe Finger, der die Gebote auf dem Berg Sinai in den Stein meißelte und die Warnung auf Belsazars Wand einbrannte, malt nun auf dem Boden. Und während Jesus schreibt, sagt er: „Nun, dann steinigt sie. Aber den ersten Stein soll der werfen, der noch nie gesündigt hat" (Johannes 8,7).

Die Jungen schauen zu den Alten. Die Alten schauen in ihr Herz. Sie sind die Ersten, die die Steine fallen lassen. Sie drehen sich um und gehen davon. Die Jungen, die ihr Maul aufgerissen und die Meinung der Alten unterstützt haben, folgen ihnen. Man hört nur die dumpfen Töne der herabfallenden Steine und die sich entfernenden Schritte.

Jesus und die Frau bleiben allein zurück. Jetzt, wo die Geschworenen gegangen sind, wird der Hof zum Amtszimmer des Richters, und die Frau erwartet den Urteilsspruch. *Er brütet bestimmt eine Gerichtsrede aus. Er wird bestimmt von mir fordern, dass ich mich entschuldige.* Aber der Richter schweigt. Sein Kopf ist gesenkt, vielleicht schreibt er immer noch in den Sand. Er scheint überrascht zu sein, als er merkt, dass die Frau immer noch da ist.

„Wo sind denn deine Ankläger? Hat dich denn keiner verurteilt?“

„Nein, Herr“, antwortet sie.

„Dann will ich dich auch nicht verurteilen“, entgegnet ihr Jesus. „Geh, aber sündige nicht noch einmal“ (Johannes 8,10–11).

Wenn Sie sich jemals gefragt haben, wie Gott auf Ihr Versagen reagiert, dann rahmen Sie sich diese Worte ein und hängen Sie sich diese an die Wand. Lesen Sie die Worte. Denken Sie darüber nach. Saugen Sie das Gesagte in sich auf und lassen Sie Ihre Seele davon durchspülen.

Oder noch besser: Nehmen Sie Jesus mit zu Ihrem Tal der Scham. Laden Sie ihn ein, mit Ihnen zu Ihrer eigenen *Fremont-Brücke* zurückzukehren. Lassen Sie ihn an Ihrer Seite gehen und erzählen Sie ihm von den Ereignissen der dunkelsten Nacht Ihrer Seele.

Und dann hören Sie hin. Hören Sie gut hin. Denn er spricht.

„Ich verurteile dich nicht.“

Und schauen Sie hin. Schauen Sie gut hin. Denn er schreibt. Er hinterlässt eine Botschaft. Nicht im Sand, sondern an einem Kreuz.

Nicht mit der Hand, sondern mit seinem Blut.

Seine Botschaft besteht aus zwei Worten: „Nicht schuldig.“

3 Bleiben Sie nicht draußen stehen

Der Kerker der Bitterkeit

Inzwischen kam der ältere Sohn nach Hause. Er hatte auf dem Feld gearbeitet und hörte schon von weitem die Tanzmusik. Erstaunt fragte er einen Knecht: „Was Wird denn hier gefeiert?" „Dein Bruder ist wieder da", antwortete er ihm. „Dein Vater hat sich darüber so gefreut, dass er das Mastkalb schlachten ließ. Jetzt feiern sie ein großes Fest."
Der ältere Bruder wurde wütend und wollte nicht ins Haus gehen. Da kam sein Vater zu ihm und bat: „Komm und freu dich mit uns!" Doch er entgegnete ihm bitter: „Wie ein Arbeiter habe ich mich all diese Jahre für dich geschunden. Alles habe ich getan, was du von mir verlangt hast. Aber nie hast du mir auch nur eine junge Ziege gegeben, damit ich mit meinen Freunden einmal hätte richtig feiern können. Und jetzt, wo dein Sohn zurückkommt, der dein Geld mit Huren durchgebracht und alles verprasst hat, gibt es gleich ein Fest, und du lässt sogar das Mastkalb schlachten!"
Sein Vater redete ihm zu: „Mein Sohn, du bist immer bei mir gewesen. Was ich habe, gehört auch dir. Darum komm, wir haben allen Grund zu feiern. Denn dein Bruder war für uns tot, jetzt hat für ihn ein neues Leben begonnen. Er war verloren, jetzt hat er zurückgefunden!"
Lukas 15,25–32

Der ältere Bruder wurde wütend und wollte nicht ins Haus gehen.
Lukas 15,28

Der ältere Bruder – ein schwieriger Fall, weil er ein so gutes Bild abgab. In seinem Zimmer herrschte Ordnung, die Nase war immer geputzt. Er hielt sich an die Regeln und kam allen Pflichten nach. Sein Lebenslauf? Untadelig. Sein Ruf? Wie eine blütenweiße Weste. Und seine Treue? Während sein Bruder sich die Hörner abstieß, blieb er zu Hause und bestellte den Acker.

Äußerlich entsprach er allem, was sich ein Vater von seinem Sohn nur wünschen kann. Aber innerlich war er bitter und leer. Gepackt von Eifersucht. Verzehrt vom Ärger. Verblendet durch Bitterkeit.

Sie kennen die Geschichte. Es ist vielleicht das bekannteste aller Gleichnisse, das Jesus erzählte. Es handelt sich um die letzte von drei Geschichten im Kapitel 15 des Lukasevangeliums, in denen am Ende jeweils ein Fest beschrieben wird.

Das erste Fest begann, nachdem ein Hirte ein Schaf wiederfand, das er verloren hatte. Er besaß noch neunundneunzig andere. Er hätte sich damit zufrieden geben und dieses eine als Verlust abschreiben können. Aber Hirten denken nicht wie Geschäftsleute. Darum machte er sich auf die Suche. Als er das Schaf fand, trug er es zurück zur Herde, fütterte es mit dem besten Gras und feierte ein Fest.

Das zweite Fest wurde vor einem Haus gefeiert. Eine Hausfrau hatte eine Münze verloren. Es war nicht ihre einzige Münze, aber so, wie sie sich verhielt, hätte man das durchaus meinen können. Sie rückte alle Möbel von ihrem Platz, holte den Besen hervor und kehrte das ganze Haus, bis sie die Münze gefunden hatte. Dann rannte sie laut rufend die Straße hinunter und lud die Nachbarinnen ein, mit ihr ein Fest zu feiern.

Und dann ist da noch die Geschichte von dem verlorenen Sohn, dem Jungen, der seinem Vater das Herz brach, weil er sein Erbe nahm und damit fortzog. Er verkaufte seine Ehre für eine Flasche Whisky und tauschte seine Selbstachtung gegen einen Schweinestall ein. Schließlich war der Sohn völlig verzweifelt und beschloss, nach Hause zurückzukehren. Er hoffte, dass sein Vater ihm einen Job auf dem Hof anbieten würde und ein Zimmer über der Garage. Doch er hatte nicht gewusst, dass der Vater am Küchentisch den Platz seines in die Fremde gezogenen Sohnes täglich decken ließ und dass die Lampe auf der Veranda jede Nacht brannte.

Der Vater war außer sich vor Freude, als er seinen Sohn wiedersah, ja, er war so überwältigt, dass Sie nie erraten werden, was er tat. Ja, richtig! Er schmiss eine Party! Wir, die verlorenen Söhne, die Partys lieben, sind begeistert, aber der ältere Bruder kochte vor Wut.

„Der ältere Bruder wurde wütend" (Lukas 15,28). Es ist nicht schwer zu verstehen, warum. „Aha, so kommt man also in dieser Familie zu Anerkennung! Betrink dich, mach Pleite und dann wirst du gefeiert!" Mit diesen Worten setzte er sich nach draußen und schmollte.

Ich habe das auch schon gemacht. Ich weiß, wie das ist, bei einem Fest zu schmollen. Es war bei einer Weihnachtsfeier. Ich befand mich in der vierten Klasse. In diesem Alter nimmt man Feiern sehr ernst, besonders wenn es dabei um Geschenke geht. Wir hatten gewichtelt und Namenskärtchen gezogen. Da keiner wusste, wer wen gezogen hatte, musste man den anderen sehr deutlich zu verstehen geben, worüber man sich am meisten freuen würde. Ich hatte keine Gelegenheit verstreichen lassen, meinen Wunsch zu äußern. Ich wünschte mir einen „sechsten Finger" – eine Spielzeugpistole, die man sich so über die Hand stülpen konnte, dass sie wie ein Finger aussah. (Ehrlich, das gab es wirklich!)

Schließlich kam der Tag, an dem die Geschenke ausgepackt werden sollten. Ich war fest davon überzeugt, dass ich meine Pistole bekommen würde. Jeder in der Klasse hatte meine Bemerkungen gehört. Ich riss das Geschenkpapier auf, öffnete hastig den Karton und ... wissen Sie, was ich bekam? Briefpapier. Briefpapier im Westernlook. Briefbögen und Umschläge mit Pferden in der Ecke. Schluck! Wahrscheinlich von Weihnachten aus dem letzten Jahr übrig geblieben. Zehnjährige Jungen schreiben doch keine Briefe! Was hatte sich der Betreffende eigentlich gedacht! Die Sache war klar, die Mutter hatte die Sache mit dem Geschenk vergessen, heute Morgen erst war es ihr wieder eingefallen. Sie war an den Schrank gegangen, hatte darin herumgekramt und schließlich dieses Briefpapier gefunden.

Mit mir war nichts mehr anzufangen. Ich war außer mir. Ich war stocksauer. Und deshalb machte ich bei der Feier nicht mit. Ich war zwar anwesend, aber ich schmollte.

Dasselbe machte der ältere Bruder. Auch er hatte das Gefühl, der Ungerechtigkeit zum Opfer gefallen zu sein. Als der Vater zu ihm kam, hielt der Sohn ihm sofort vor, welche Widrigkeiten er in seinem Leben schon hatte erdulden müssen. Will man seinen Worten glauben, begann sein Leiden bereits mit dem Tag seiner Geburt.

„Wie ein Arbeiter habe ich mich all diese Jahre für dich geschunden. Alles habe ich getan, was du von mir verlangt hast. Aber nie hast du mir auch nur eine junge Ziege gegeben, damit ich mit meinen Freunden einmal richtig hätte feiern können. Aber jetzt, wo dein Sohn zurückkommt, der dein Geld mit Huren durchgebracht und alles verprasst hat, gibt es gleich ein Fest, und du lässt sogar das Mastkalb schlachten“ (Lukas 15,29-30).

Es scheint so, als wären beide Söhne im Schweinestall gewesen. Der eine im Schweinestall der Rebellion – der andere im Schweinestall des Selbstmitleids. Der Jüngere ist nach Hause gekommen. Der Ältere noch nicht. Er sitzt immer noch am Schweinetrog. Er sagt dasselbe, was auch Sie gesagt haben, als damals das Nachbarskind ein Fahrrad bekam und Sie nicht: „Das ist nicht fair!“

Es ist genau dasselbe, was Wanda Holloway aus Channelview in Texas sagte. Als es so aussah, als ob man ihre vierzehnjährige Tochter nicht in die Mannschaft der Cheerleader wählte, wurde sie sehr wütend. Sie beschloss, sich zu rächen, und engagierte einen Mörder, der die Mutter der Hauptkonkurrentin ihrer Tochter umbringen sollte. Sie hoffte, dadurch das Mädchen so sehr durcheinanderzubringen, dass ihre eigene Tochter doch noch den Sprung in die Mannschaft schaffen würde. Was Bitterkeit in einem Menschen alles bewirken kann! Bitterkeit kann Sie dazu bringen, Ihr Haus anzuzünden, um eine Ratte zu töten.

Glücklicherweise misslang der Plan und Wanda Holloway wurde gefasst. Sie wurde zu fünfzehn Jahren Haft verurteilt. Aber sie musste nicht erst hinter Gitter gebracht werden, um gefangen zu sein. Bitterkeit ist schon an sich ein Gefängnis.

Die Bitterkeit ist schwarz und kalt, und es ist nicht leicht, ihrem Griff zu entkommen. Die Wände sind schlüpfrig vor Groll. Die Füße haben keinen festen Halt, der Fußboden ist schlammig vor Zorn. Der Gestank des Verrats füllt die Luft und brennt in den Augen. Eine Wolke von Selbstmitleid behindert die Sicht, sodass der enge Ausgang am oberen Ende des Kerkers nicht zu sehen ist.

Treten Sie näher und sehen Sie sich die Gefangenen an. Die Opfer sind an die Wände gekettet. Opfer von Verrat. Opfer von Missbrauch. Opfer der Regierung, des Systems, des Militärs, der Welt. Sie erheben ihre Ketten und sie erheben ihre Stimmen und klagen. Laut und lang anhaltend klagen sie.

Sie schimpfen. Sie sind zornig auf andere Menschen, weil diese etwas bekamen, das sie selbst nicht erhielten.

Sie sind beleidigt. Die Welt ist gegen sie.

Sie klagen an. Die Bilder ihrer Feinde sind an die Wand geheftet.

Sie rühmen sich: „Ich habe mich an die Regeln gehalten. Ich habe nie betrogen ... im Gegenteil, ich war besser als alle anderen."

Sie heulen: „Niemand hört mir zu. Niemand denkt an mich. Niemand kümmert sich um mich."

Zornig. Eingeschnappt. Voller Anklage. Überheblich. Jammernd. Wenn man ihre Haltung mit einem Wort beschreiben wollte, dann mit diesem einen: Bitterkeit. Wenn man alle diese Gefangenen zu einer Person vereinigen könnte, dann befände sich diese Person im wahrsten Sinne des Wortes in der Hölle – im Kerker der Bitterkeit.

Der tiefe und finstere Kerker ist weit geöffnet. Treten Sie ein!

Sie wissen selbst, dass Sie das tun können. Sie haben genug Verletzungen erlitten. Sie sind oft genug betrogen worden. Sie haben in Ihrer Vergangenheit viel Ablehnung erfahren, nicht wahr? Sind Sie nicht oft genug ausgeschlossen worden? Hat man Sie nicht zurückgelassen oder draußen in der Kälte stehen lassen? Sie sind ein Kandidat für den Kerker.

Sie können selbst entscheiden, sich an Ihre Verletzungen zu ketten, wie viele andere Menschen es auch tun.

Aber Sie können auch dem Vorbild einer anderen Gruppe von Menschen folgen und beschließen, Ihre Verletzungen beiseitezulegen, bevor sie sich zu Hass entwickeln. Sie können beschließen mitzufeiern. Sie gehören zu den geladenen Gästen. Neben einem der Teller steht ein Schildchen mit Ihrem Namen. Wenn Sie ein Kind Gottes sind, kann Ihnen niemand Ihre Gotteskindschaft fortnehmen.

Und genau das hat der Vater seinem Sohn gesagt: „Mein Sohn, du bist immer bei mir gewesen. Was ich habe, gehört auch dir" (Lukas 15,31).

Und genau das sagt der Vater auch Ihnen. Wie verändert Gott Ihr bitteres Herz? Er erinnert Sie daran, dass das, was Sie haben, wichtiger ist als das, was Sie nicht haben. Ihre Beziehung zu Gott bleibt bestehen. Niemand kann sie Ihnen fortnehmen. Niemand kann daran rütteln.

Die Gesundheit kann Ihnen genommen und Ihr Geld gestohlen werden – aber Ihr Platz am Tisch bleibt.

Der Bruder war bitter, weil er auf das schaute, was er nicht hatte, und vergaß, was er besaß. Sein Vater erinnerte ihn – und erinnert auch uns – daran, dass seine Kinder nichts von dem einbüßen, womit er sie einst beschenkt hat: mit Arbeit, einem Platz an seinem Tisch, einem Namen, einem Erbe. Nur eins hatte der ältere Sohn nicht: Er stand nicht im Rampenlicht. Und weil er unzufrieden darüber war, dass die Aufmerksamkeit nicht allein auf ihn gerichtet wurde, blieb er draußen stehen.

Es erfordert Mut, die Eifersucht beiseitezulegen und sich über die Auswirkungen einer Erweckung zu freuen. Möchten Sie ein Beispiel für einen solchen Fall hören?

Vor den Augen von ungefähr zehntausend Menschen steht Abraham Lincoln. Ein Abraham Lincoln, der sich nicht wohlfühlt. Sein Unwohlsein rührt nicht etwa daher, dass er gleich seine Antrittsrede halten muss, sondern hängt mit dem ehrgeizigen Bestreben wohlmeinender Schneider zusammen. Er ist nicht gewohnt, derartige Festkleidung zu tragen – einen schwarzen Frack, eine silberne Weste, schwarze Hosen und einen glänzenden Zylinder. In der Hand hält er einen langen Stock aus Elfenbein, der am oberen Ende mit einem goldenen Knauf von der Größe einer Eiskugel verziert ist.

Er schreitet auf die Tribüne zu, in der einen Hand den Zylinder, in der anderen den Stock. Er ist ratlos, was er mit diesen beiden Gegenständen machen soll. In der spannungsgeladenen Stille, die dem Applaus folgt, sucht er, bevor er seine Rede beginnt, nach einem Ort, wo er Zylinder und Stock hinlegen kann. Schließlich lehnt er den Stock an eine Ecke der Brüstung, weiß jedoch immer noch nicht, was er mit dem Hut machen soll. Er könnte ihn auf das Rednerpult legen, doch das würde zu viel Platz beanspruchen. Vielleicht auf den Fußboden ... nein, zu schmutzig.

Plötzlich, im letzten Augenblick, tritt ein Mann auf die Tribüne, greift nach dem Hut, kehrt auf seinen Platz zurück und hört Lincolns Rede aufmerksam zu.

Wer das ist? Lincolns bester Freund. Der Präsident sagte von ihm: „Er und ich sind die besten Freunde der Welt."

In der Anfangszeit von Lincolns Präsidentschaft war er einer seiner bedeutendsten Anhänger. Ihm wurde die Ehre zuteil, auf dem großen Ball anlässlich der Präsidentschaftswahlen als Begleiter von Frau Lincoln aufzutreten. Als sich der Sturm des Bürgerkriegs zusammenbraute, wurde Lincoln von vielen Freunden verlassen, aber nicht von diesem. Er zeigte seine Loyalität dadurch, dass er als Lincolns Friedensbote durch die Südstaaten reiste. Er flehte die Südstaatler an, sich nicht abzuspalten, und die Nordstaatler, sich hinter den Präsidenten zu stellen.

Seine Bemühungen waren enorm, aber die Welle des Zorns war größer. Das Land spaltete sich und der Bürgerkrieg nahm seinen blutigen Lauf. Lincolns Freund erlebte die Spaltung nicht mehr. Er starb drei Monate nach Lincolns Amtsantritt. Erschöpft von seinen Reisen erlag er einem Fieber, und Lincoln musste sich in den Kriegszeiten allein behaupten.

Als Lincoln die Nachricht vom Tod seines Freundes erfuhr, weinte er öffentlich und ordnete an, das Weiße Haus auf Halbmast zu flaggen. Einige sind der Meinung, Lincolns Freund wäre bei der Wahl 1864 als Kandidat für die Vizepräsidentschaft aufgestellt und folglich nach Lincolns Ermordung sein Nachfolger geworden.

Das wird nie jemand erfahren. Aber eins wissen wir: Lincoln hatte einen echten Freund. Es lässt sich wahrscheinlich nicht annähernd ausmalen, wie oft Lincolns

Herz in seinem kalten Amtszimmer durch die Erinnerung an diesen Freund erwärmt wurde. Er hatte vorbildliche Freundschaft bewiesen.

Und er war auch ein Vorbild in Sachen Vergebung.

Denn dieser Freund hätte genauso gut auch sein Feind werden können. Lange bevor er und Lincoln Freundschaft schlossen, waren die beiden Kontrahenten – zwei Politiker, die nach demselben Amt strebten. Leider weiß man mehr über ihre erbitterten Auseinandersetzungen als über ihre Freundschaft. Gemeint sind die Debatten zwischen Abraham Lincoln und seinem besten Freund, Stephen A. Douglas.

Doch an Lincolns größtem Tag legte Douglas alle Differenzen beiseite und hielt den Zylinder des Präsidenten. Anders als der ältere Bruder im Gleichnis des Lukasevangeliums folgte Douglas einem höheren Ruf. Und anders als der ältere Bruder feierte er das Fest mit.

Wir sind weise, wenn wir genauso handeln, wenn wir unsere Verletzungen zurücklassen. Denn wenn wir das tun, werden wir auch beim letzten, größten Fest dabei sein, das der himmlische Vater für uns ausrichtet. Ein Fest, das allem Streit ein Ende setzen wird. Ein Fest, zu dem niemand Zutritt haben wird, der schmollt.

Wollen Sie nicht eintreten und sich mitfreuen?

4 Wenn man mit der eigenen Familie nicht klarkommt

Über den Umgang mit schwierigen Verwandten

Jeder, der Gottes Willen tut, ist für mich Bruder, Schwester und Mutter!
Markus 3,35

„Fällt euch irgendein Vergleich für einen Verwandten ein, der euch nervt?"

Diese Frage stellte ich einer Hand voll Freunden, mit denen ich um den Mittagstisch saß. Auf den Gesichtern spiegelte sich Unverständnis. Also erklärte ich, was ich meinte.

„Ich treffe immer wieder Leute, die mit jemandem aus ihrer Verwandtschaft massive Probleme haben. Entweder ist die Schwiegermutter eine Hexe oder der Onkel ein Taugenichts, oder sie haben einen Vater, der so tut, als wären sie nicht existent."

Jetzt erfolgte rundum Kopfnicken. Wir verstanden uns. Und schon wurden Vergleiche genannt.

„Ich kann eine Beschreibung liefern", meldete sich der Erste zu Wort. „Ein Parasit, der mir im Nacken sitzt. Meine Frau hat einen Bruder, der nie arbeitet und immer erwartet, dass wir für ihn sorgen."

„Ein Kaktus mit einem silbernen Kleid", meinte der nächste. „Ich spreche von meiner Mutter. Sie sieht hübsch aus. Jeder denkt, sie wäre eine großartige Frau, aber wenn man ihr näher kommt, ist sie stachelig, trocken und ... hat Durst nach dem Leben."

„Eine Marmorsäule“, so beschrieb ein Dritter eine Tante. „Würdig, edel, aber überheblich und hart.“

„Das Teerbaby in ‚Brer Rabbit‘“, antwortete ein anderer. Alle verstanden diese Anspielung, nur ich nicht. Ich konnte mich nicht mehr an die Geschichte von Brer, dem Kaninchen, erinnern. Ich bat um eine Kurzfassung. So erfuhr ich, dass Willy, der Fuchs, Brer, das Kaninchen, hereinlegte, indem er eine Puppe aus Teer machte und sie an den Wegrand stellte. Als das Kaninchen das Teerbaby sah, hielt es die Puppe für einen echten Menschen und blieb stehen, um sich mit ihm zu unterhalten.

Das Gespräch war sehr einseitig, wie Sie sich vorstellen können. Das Schweigen des Teerbabys ärgerte das Kaninchen. Es missfiel ihm, vor einem Lebewesen zu stehen und nicht mit ihm reden zu können. In seiner Verärgerung versetzte es deshalb dem Teerbaby einen Schlag und blieb an ihm kleben. Daraufhin schlug es die Puppe noch mit der anderen Pfote, und – Sie haben richtig geraten – auch diese blieb kleben.

„So sieht unsere Situation mit schwierigen Verwandten aus“, erklärte mein Freund, der die Fabel als Vergleich benutzt hatte. „Wir kleben an jemandem, aber wir können kein Gespräch mit ihm führen.“

Festkleben, das ist das richtige Wort. Es handelt sich nicht um einen Nachbarn, von dem man fortziehen, oder um einen Angestellten, den man entlassen kann. Es handelt sich um die Familie. Seine Freunde kann man sich aussuchen, aber seine Familie ... nun, Sie wissen schon.

Leider wissen Sie es wahrscheinlich nur zu gut.

Wahrscheinlich gibt es auch in Ihrem Leben ein Teerbaby, jemand, mit dem Sie nicht reden, aber dem Sie auch nicht den Rücken zukehren können: einer Mutter, die jammert, einem Onkel, der die Suppe schlürft, einer Schwester, die mit ihrer guten Figur angibt. Einem Vater, der immer noch darauf wartet, dass Sie endlich einer richtigen Arbeit nachgehen, oder einer Schwiegermutter, die nicht versteht, warum ihre Tochter ausgerechnet Sie geheiratet hat.

„Teerbaby-Beziehungen“ – man klebt einerseits zusammen, zerbricht aber andererseits daran.

Es ist wie in einem übervollen Aufzug, wo Menschen, die für eine kurze Fahrt zusammengepfercht sind, nur die nötigsten Worte miteinander wechseln. Der einzige Unterschied zu unserer Verwandtschaft liegt darin, dass man den Aufzug wieder verlassen kann und die anderen nie wiedersieht – was auf schwierige Familienangehörige leider nicht zutrifft. Familientreffen, Weihnachten, Geburtstage, Hochzeiten, Beerdigungen – immer sind sie da.

Und auch Sie sind da und werden immer wieder von derselben Frage geplagt. Warum ist das Leben, was die Verwandtschaftsbeziehungen angeht, so schwierig? Wenn man von irgendjemandem erwarten könnte, ein offenes Ohr für unsere Not zu haben, dann von unseren Familienangehörigen. Wenn es uns körperlich schlecht geht, dann wünschen wir uns, dass sich unsere Familie um uns kümmert. Wenn es uns seelisch schlecht geht, dann möchten wir, dass unsere Familie davon weiß.

Aber manchmal tut sie so, als hätte sie keine Ahnung davon. Manchmal verhält sie sich so, als wäre ihr alles egal.

In ihrem Buch „Irregular People“ erzählt Joyce Landorf von einer Frau Mitte dreißig, die von ihren Ärzten erfahren hat, dass sie sich einer Brustamputation unterziehen muss. Nur selten einmal gab es ein Gespräch zwischen dieser Frau und ihrer Mutter, deshalb zögert die Tochter, der Mutter von dieser Sache zu erzählen. Eines Tages schließlich, beim Mittagessen, erzählt sie ihr jedoch von dem bevorstehendem Eingriff. „Mutter, ich habe vor Kurzem erfahren, dass ich mir die Brust abnehmen lassen muss.“

Die Mutter schweigt. Die Tochter fragt die Mutter, ob sie den Sachverhalt verstanden hat. Die Mutter nickt.

Dann wechselt sie in aller Ruhe das Thema und fragt: „Weißt du eigentlich, dass deine Schwester das beste Rezept für Hühnchen-Enchiladas besitzt?"

Was kann man tun, wenn die Menschen, die einem am nächsten stehen, immer auf Abstand gehen? Wenn man mit anderen Menschen auskommt, aber nicht mit den eigenen Verwandten?

Hat Jesus irgendetwas über den Umgang mit schwierigen Verwandten zu sagen? Gibt es ein Beispiel dafür, dass Jesus einer Familie mit angespannten Beziehungen zum Frieden verhelfen kann? Ja, es gibt ein Beispiel.

Seine eigene Familie.

Es überrascht Sie vielleicht zu erfahren, dass Jesus eine schwierige Familie besaß. Und es erstaunt Sie möglicherweise, dass er überhaupt eine Familie hatte. Doch so war es. Markus zitierte die Kritiker aus der Heimatstadt Jesu, als er schrieb: „Er [Jesus] ist doch der Zimmermann, Marias Sohn. Wir kennen seine Brüder Jakobus, Joses, Judas und Simon. Und auch seine Schwestern wohnen bei uns" (Markus 6,3).

Und es überrascht Sie vielleicht auch zu erfahren, dass diese Familie alles andere als vollkommen war. Denn das war sie nicht. Wenn Ihre Familie Sie nicht zu schätzen weiß, dann seien Sie getrost – Jesus erging es nicht anders. Er sagte einmal von sich: „Nirgendwo gilt ein Prophet weniger als in seiner Heimat, bei seinen Verwandten und in seiner eigenen Familie" (Markus 6,4).

Ich frage mich, was er wohl meinte, als er diese Worte sprach. Er ging in die Synagoge und wurde zum Sprechen aufgefordert. Die Leute waren stolz, dass sich der Junge aus ihrer Stadt so gut gemacht hatte – bis sie hörten, was er sagte. Er sprach von sich selbst als dem Messias, als von dem, der die Prophetie erfüllen sollte.

Die Reaktion der Leute? „Ist das nicht Josephs Sohn?" Was soll das bedeuten? Das ist doch nicht der Messias! Er ist doch nicht anders als wir! Das ist doch der Sohn des

Klempners aus unserer Straße. Das ist doch der Buchhalter aus dem dritten Stock. Das ist doch der Bauarbeiter, der früher mit meiner Schwester befreundet war. Gott spricht doch nicht durch Leute, die wir so gut kennen!

Gerade noch war er ein Held, jetzt ist er bereits ein Irrlehrer. Schauen wir, was als Nächstes geschieht: „Wütend sprangen sie auf und schleppten Jesus bis zu dem Steilabhang des Berges, auf dem ihre Stadt gebaut war. Dort wollten sie ihn hinunterstoßen. Doch Jesus ging ruhig durch die aufgebrachte Volksmenge weg" (Lukas 4,28–30).

Was für ein hässlicher Vorfall! Die alten Nachbarn und Freunde von Jesus versuchen ihn zu töten. Aber noch hässlicher als das, was wir sehen, ist das, was wir nicht sehen. Beachten Sie, was in diesen Versen fehlt. Beachten Sie, welche Worte dort stehen sollten, aber nicht zu finden sind: „Dort wollten sie ihn hinunterstoßen, aber die Brüder Jesu kamen und traten für ihn ein."

Das würden wir gern lesen, aber es steht nirgends. Die Geschichte verlief anders. Als Jesus in Not war, waren seine Brüder nicht in Sicht.

Sie befanden sich jedoch nicht immer außer Reichweite. Es gab durchaus Momente, in denen sie ihre Stimme erhoben. Es gab Augenblicke, in denen sie sich an seiner Seite in der Öffentlichkeit zeigten. Nicht, weil sie stolz auf ihn waren, sondern weil sie sich seiner schämten. „Als seine Angehörigen das erfuhren, wollten sie ihn unbedingt mit nach Hause nehmen. ‚Er hat den Verstand verloren!', sagten sie" (Markus 3,21).

Die Geschwister Jesu glaubten, ihr Bruder wäre ein Irrer. Sie waren nicht stolz auf ihn – sie schämten sich seiner!

„Der ist völlig übergeschnappt, Mutter. Du solltest mal hören, was die Leute über ihn reden."

„Die Leute sagen, er ist verrückt."

„Jemand hat mich schon gefragt, warum wir nichts unternehmen."

„Was für ein Glück, dass Vater nicht mehr da ist und miterlebt, was Jesus tut."

Verletzende Worte, ausgesprochen von denen, die Jesus am nächsten stehen.

Hier sind noch einige mehr:

„Kurz vor dem Laubhüttenfest aber forderten ihn seine Brüder auf, mit ihnen nach Judäa zu reisen: ‚Komm mit und zeige den Menschen dort, welche Wunder du tun kannst! Kein Mensch versteckt sich, wenn er bekannt werden will. Wenn du schon Wunder vollbringst, dann zeige sie auch vor aller Welt!' So konnten seine Brüder nur reden, weil sie nicht an ihn glaubten."
Johannes 7,2–5

Haben Sie den Sarkasmus in diesen Worten bemerkt? Sie triefen nur so vor Hohn. Wie hat Jesus es nur ausgehalten, mit solchen Burschen zusammen zu sein? Wie kann man an die eigene Berufung glauben, wenn die Menschen, die uns am besten kennen, diesen Glauben nicht teilen? Wie kann man vorwärtsgehen, wenn uns die Familie zurückhält? Wenn Ihre Familie einen anderen Plan für Ihr Leben hat als Sie selbst, was machen Sie dann?

Jesus gibt uns mehrere Antworten.

Es ist bemerkenswert, dass er nicht versuchte, das Verhalten seiner Familie zu verändern. Umgekehrt ließ er sich aber auch nicht von ihrem Verhalten einschränken. Er verlangte nicht von ihnen, dass sie seiner Meinung waren. Er war nicht beleidigt, wenn sie ihn verletzten. Er machte es sich nicht zur Aufgabe sie zufriedenzustellen.

Jeder von uns träumt davon, dass die Angehörigen der eigenen Familie harmonisch und liebevoll miteinander umgehen, und hat die Erwartung, dass die nächsten Verwandten gleichzeitig die besten Freunde sind. Jesus hatte diese Erwartung nicht. Lesen Sie, wie er seine Familie definierte: „Jeder, der Gottes Willen tut, ist für mich Bruder, Schwester und Mutter!"

Wir haben keinen Einfluss darauf, wie unsere Familie auf uns reagiert. Wenn wir uns davon abhängig machen, wie andere Menschen sich uns gegenüber verhalten, so sind uns die Hände gebunden. Wir müssen die naive Erwartung loslassen, dass andere Menschen uns freundlich gesonnen sind, wenn wir Gutes tun. Es mag vorkommen, aber genauso gut kann das Gegenteil der Fall sein – wir haben keinen Einfluss darauf, wie Menschen auf uns reagieren.

Wenn Ihr Vater stur ist, dann können Sie die beste Tochter der Welt sein, und er wird es Ihnen trotzdem nicht sagen.

Wenn Ihre Tante nicht will, dass Sie Karriere machen, dann können Sie zehnmal den Job wechseln, und sie wird trotzdem nicht zufrieden sein.

Wenn sich Ihre Schwester immer darüber beklagt, dass Sie mehr haben, dann können Sie ihr geben, was Sie wollen, sie wird sich trotzdem nicht ändern.

Solange Sie meinen, Sie könnten die Art, wie sich andere Menschen Ihnen gegenüber verhalten, ändern, sind Sie ein Gefangener der Meinung der anderen. Wenn Sie glauben, Sie könnten die negative Meinung anderer Menschen beeinflussen, wem müssen Sie dann die Schuld geben, wenn sich nichts ändert? Sich selbst.

Es ist ein Spiel mit unfairen Regeln und fatalen Folgen. Jesus hat sich nicht darauf eingelassen, und auch Sie sollten sich auf dieses Spiel nicht einlassen.

Wir wissen nicht, ob Joseph das Wirken seines Sohnes Jesus guthieß – aber wir wissen, dass Gott es tat: „Dies ist mein geliebter Sohn, an dem ich Freude habe!" (Matthäus 3,17).

Ich kann Ihnen nicht versprechen, dass Ihre Familie Ihnen jemals den Segen geben wird, nach dem Sie sich sehnen, aber ich weiß, dass Gott es tun wird. Lassen Sie sich von Gott das schenken, was Ihnen Ihre Familie nicht gibt. Wenn Sie von Ihrem irdischen Vater keine Bestätigung erhalten, dann lassen Sie Ihren himmlischen Vater an diesen Platz treten.

Wie kann das geschehen? Indem Sie Gott auf der Ebene Ihrer Gefühle als Ihren Vater annehmen. Wissen Sie, man kann durchaus glauben, dass Jesus der Herr ist, ohne ihn gleichzeitig als seinen Retter zu bezeichnen – und es ist noch einmal eine ganz andere Sache, Gott wirklich als Vater anzunehmen.

Wenn man ihn als Schöpfer achtet, erkennt man an, dass er allmächtig ist, der Höchste im Universum. Wenn man ihn als Retter annimmt, nimmt man die Gabe der Erlösung in Empfang, die uns Jesus am Kreuz anbietet. Wenn man in ihm einen Vater sieht, geht man noch einen Schritt weiter. Normalerweise übernimmt unser irdischer Vater die Aufgabe, uns zu versorgen und uns zu schützen. Und das ist genau das, was Gott macht.

Er sorgt für Ihre Bedürfnisse (vgl. Matthäus 6,25–34). Er beschützt Sie vor dem Bösen (vgl. Psalm 139,5). Er hat Sie als sein Kind angenommen (vgl. Epheser 1,5). Und er hat Ihnen seinen Namen gegeben (vgl. 1. Johannes 3,1).

Gott hat sich als treuer Vater erwiesen. Nun liegt es an uns, ihm als Kinder zu vertrauen. Lassen Sie sich von Gott das schenken, was Ihnen Ihre Familie nicht gibt. Lassen Sie ihn den leeren Platz ausfüllen, den andere hinterlassen haben. Erwarten Sie, dass er Ihnen die nötige Bestätigung und Ermutigung gibt. Lesen Sie, was Paulus schrieb: „Und als Kinder Gottes seid ihr auch seine Erben, *denen alles gehört, was Gott versprochen hat*" (Galater 4,7; Hervorhebung durch den Autor).

Die Bestätigung der eigenen Familie zu erfahren, ist schön, aber nicht notwendig, um glücklich zu sein, und auch nicht immer möglich. Jesus ließ nicht zu, dass die Schwierigkeiten und Spannungen, die er durch seine Familie erfuhr, den Ruf Gottes in seinem Leben überschatteten. Und weil er es nicht zuließ, hat das Kapitel auch ein gutes Ende.

Was geschah mit der Familie von Jesus?

Fördern wir einen wahren Goldschatz zutage, der in der Apostelgeschichte verborgen liegt: „Da gingen sie [die Jünger] vom Ölberg nach Jerusalem zurück ... Sie ... beteten miteinander ... Zu ihnen gehörten auch einige Frauen, unter anderem *Maria, die Mutter von Jesus, und seine Brüder*" (Apostelgeschichte 1,12.14; Hervorhebung durch den Autor).

Was für eine Veränderung! Die ihn früher verspotteten, beten ihn nun an. Die ihn früher bemitleideten, beten nun für ihn. Was wäre gewesen, wenn Jesus sie verstoßen hätte? Oder noch schlimmer: Was wäre gewesen, wenn er seine Familie mit seinen Forderungen nach Veränderung erdrückt hätte?

Er tat es nicht. Stattdessen gab er ihnen Raum, Zeit und Gnade. Und weil er es tat, veränderten sie sich. Wie weit veränderten sie sich? Ein Bruder wurde zum Apostel (vgl. Galater 1,19), und andere von seinen Brüdern wurden zu Missionaren (vgl. 1. Korinther 9,5).

Verzagen Sie nicht! Gott verändert auch heute noch Familien. Das Teerbaby von heute ist morgen vielleicht Ihr bester Freund.

5 Sie dürfen wieder träumen

Im Angesicht der Entmutigung

Plötzlich fing die Erde an zu beben, und ein Engel Gottes kam vom Himmel herab, wälzte den Stein, der das Grab verschloss, beiseite und setzte sich darauf. Er leuchtete hell wie ein Blitz und sein Gewand war weiß wie Schnee. Die Wachtposten stürzten vor Schrecken zu Boden und blieben wie tot liegen.
Der Engel wandte sich an die Frauen: „Fürchtet euch nicht! Ich weiß, dass ihr Jesus, den Gekreuzigten, sucht. Er ist nicht mehr hier. Er ist auferstanden, wie er es vorhergesagt hat. Kommt und seht euch die Stelle an, wo er gelegen hat. Dann beeilt euch, geht zu seinen Jüngern und sagt ihnen, dass Jesus von den Toten auferstanden ist. Er wird nach Galiläa gehen, um euch dort zu treffen. Diese Botschaft soll ich euch ausrichten."
Erschrocken liefen die Frauen vom Grab weg. Gleichzeitig erfüllte sie unbeschreibliche Freude. Sie wollten sofort den Jüngern alles berichten, was sie erlebt hatten. Sie waren noch nicht weit gekommen, als Jesus plötzlich vor ihnen stand. „Seid gegrüßt!", sagte er. Da fielen sie vor ihm nieder und umklammerten seine Füße. Jesus beruhigte sie: „Fürchtet euch nicht! Geht, sagt meinen Brüdern, sie sollen nach Galiläa kommen! Dort werden sie mich sehen!"
Matthäus 28,2–10

Fürchtet euch nicht! Ich weiß, dass ihr Jesus, den Gekreuzigten, sucht. Er ist nicht mehr hier. Er ist auferstanden, wie er es vorhergesagt hat.
Matthäus 28,5

Kennen Sie das auch, dass Sie eine Geschichte lesen, von der Sie meinen, Sie würden sie kennen, und dann lesen Sie sie noch einmal, und plötzlich sehen Sie etwas, das Ihnen nie zuvor aufgefallen ist?

Kennen Sie das auch, dass Sie einen Bericht hundert Mal lesen, und dann beim hundertundersten Mal fällt Ihnen plötzlich etwas auf, das Sie so sehr trifft und Ihnen so neu ist, dass Sie sich fragen, ob Sie bei den anderen hundert Malen geschlafen haben?

Vielleicht haben Sie diesmal mitten in der Geschichte angefangen und nicht am Anfang. Oder vielleicht liest jemand anders die Geschichte laut vor und macht an einer Stelle eine Pause, an der Sie nie eine gemacht hätten, und – zack! – es erschlägt Sie förmlich.

Sie greifen nach dem Buch und suchen die Stelle. Sie sind sicher, dass es sich hier um einen Druckfehler handelt oder dass der andere die Stelle falsch gelesen hat. Doch dann sehen Sie es schwarz auf weiß. Tja, was nun? Das ist ja unglaublich!

Nun, genau das habe ich erlebt. Heute.

Nur Gott weiß, wie oft ich die Geschichte der Auferstehung schon gelesen habe. Mindestens zwei Dutzend Mal zu Ostern und ein paar Hundert Mal zu anderen Gelegenheiten. Ich habe darüber gepredigt. Ich habe darüber geschrieben. Ich habe die Stelle im Gebet betrachtet. Ich habe sie unterstrichen. Aber was ich heute gesehen habe, ist mir noch nie zuvor aufgefallen.

Was ich gesehen habe? Bevor ich Ihnen davon berichte, will ich die Geschichte noch einmal erzählen.

Es ist früh am Sonntagmorgen, der Himmel ist dunkel.

Johannes selbst beschreibt es so: „Als es noch dunkel war …“ (Johannes 20,1).

Es ist ein dunkler Sonntagmorgen. Seit Freitag ist es dunkel.

- ▷ Dunkel durch Petrus' Verleugnung.
- ▷ Dunkel durch den Verrat der Jünger.
- ▷ Dunkel durch die Feigheit des Pilatus.
- ▷ Dunkel durch die Qualen Jesu.
- ▷ Dunkel durch die Schadenfreude des Teufels.

Der einzige Lichtfunke ist die kleine Gruppe von Frauen, die in einiger Entfernung vom Kreuz steht – und zuschaut (vgl. Matthäus 27,55).

Zu ihnen gehören zwei Personen mit dem Namen Maria. Die eine ist die Mutter von Jakobus und Josef, und die andere ist Maria Magdalena. Warum stehen sie dort? Damit ihre Stimmen das Letzte sind, was Jesus vor seinem Tod hört. Um seinen Leib für die Grablegung vorzubereiten. Sie sind da, um seinen Bart von Blut zu reinigen. Um das dunkelrote Blut von den Beinen abzuwaschen. Um ihm die Augen zu schließen. Um sein Gesicht zu berühren.

Sie sind da. Die Letzten, die Golgatha verlassen, und die Ersten, die beim Grab eintreffen.

Früh am Sonntagmorgen verlassen sie ihr Nachtlager und gehen den Pfad entlang, der von Bäumen überschattet wird. Vor ihnen liegt eine bedrückende Aufgabe. Der Morgen hält nur eine einzige Begegnung bereit, die Begegnung mit einer Leiche.

Wir müssen uns vor Augen halten, dass Maria und Maria Magdalena nicht wissen, dass dies der erste Ostermorgen ist. Sie gehen nicht in der Hoffnung, ein leeres Grab vorzufinden. Sie überlegen nicht, wie sie reagieren werden, wenn sie Jesus sehen. Sie haben nicht die leiseste Ahnung, dass das Grab leer ist.

Es gab einmal eine Zeit, in der sie es wagten, solchen Träumen Raum zu geben. Aber jetzt nicht mehr. Es ist zu spät für das Unglaubliche. Die Füße, die über den See gegangen sind, hat man durchbohrt. Die Hände, die Aussätzige geheilt haben, können sich nicht mehr bewegen. Hohe Ziele sind am Kreuz des Freitags durchlöchert worden. Maria und Maria Magdalena sind gekommen, um warmes Öl auf einen kalten Körper zu gießen und von dem Mann Abschied zu nehmen, der der Grund ihrer Hoffnungen war.

Nun ist es nicht mehr die Hoffnung, die die Frauen den Hügel hinauf zum Grab treibt. Es ist Pflicht, pure Hingabe. Sie erwarten keinerlei Lohn. Was könnte Jesus ihnen geben? Was hätte ein toter Mann anzubieten? Die beiden Frauen ersteigen den Hügel nicht, um etwas zu bekommen. Sie gehen zum Grab, um zu geben. Punkt.

Es gibt kein edleres Motiv.

Auch in unserem Leben gibt es Zeiten, in denen wir aufgefordert sind zu lieben, ohne etwas zu erwarten. Zeiten, in denen wir aufgefordert sind, Menschen Geld zu geben, die sich nie dafür bedanken werden, Menschen zu vergeben, die uns umgekehrt nie vergeben werden; als Erster da zu sein und bis zum Schluss zu bleiben, auch wenn niemand es bemerkt.

Hingabe, die durch die Pflicht geweckt wird – das ist der Ruf der Jüngerschaft.

Maria und Maria Magdalena wussten, dass es eine Aufgabe gab, die es zu erledigen galt: Der Leib Jesu musste zur Grablegung vorbereitet werden. Petrus bot sich nicht an, diese Arbeit zu tun. Auch Andreas meldete sich nicht freiwillig. Weder die Ehebrecherinnen, die Vergebung empfangen hatten, noch die geheilten Aussätzigen waren irgendwo zu sehen. Deshalb beschlossen die beiden Marias, es zu tun.

Ich frage mich, ob sie sich auf halbem Weg zum Grab hingesetzt und sich die Sache noch einmal überlegt haben. Was wäre gewesen, wenn sie sich angeschaut und mit den Schultern gezuckt hätten? „Was bringt das überhaupt?" Was wäre gewesen, wenn sie aufgegeben hätten? Was wäre gewesen, wenn eine der beiden frustriert die Hände gehoben und sich beklagt hätte: „Ich bin es leid. Immer sind wir diejenigen, die sich um etwas kümmern. Andreas könnte sich auch mal dafür einsetzen, dass sich etwas tut. Nathanael könnte seine Rolle als Leiter endlich einmal wahrnehmen."

Wir wissen nicht, ob sie versucht waren, so zu denken. Ich bin jedenfalls froh, dass sie nicht aufgaben. Es wäre tragisch gewesen. Denn wir wissen etwas, wovon die beiden keine Ahnung hatten. Wir wissen, dass der himmlische Vater sie sah. Die beiden Frauen dachten, sie wären allein. Aber sie waren es nicht. Sie glaubten, niemand würde ihr Tun beachten. Aber sie irrten sich. Gott wusste, was sie taten. Er sah ihnen zu, wie sie den Hügel hinaufgingen. Er zählte ihre Schritte. Er freute sich über ihr Herz und ihre Hingabe begeisterte ihn. Und er hatte eine Überraschung für sie bereit.

„Plötzlich fing die Erde an zu beben und ein Engel Gottes kam vom Himmel herab, wälzte den Stein, der das Grab verschloss, beiseite und setzte sich darauf. Er leuchtete hell wie ein Blitz und sein Gewand war weiß wie Schnee. Die Wachtposten stürzten vor Schrecken zu Boden und blieben wie tot liegen."
Matthäus 28,2–4

Und nun geben Sie acht beim Lesen, denn jetzt kommt, was ich heute zum ersten Mal entdeckt habe.

Warum wälzte der Engel den Stein beiseite? Für wen wälzte er den Stein beiseite?

Für Jesus? Das hatte ich bisher immer geglaubt. Ich hatte einfach angenommen, der Engel hätte den Stein weggewälzt, damit Jesus herauskommen konnte. Aber denken Sie einmal darüber nach: Musste der Stein weggewälzt werden, damit Jesus herauskommen konnte? Benötigte Gott Hilfe? War der Sieger über den Tod zu schwach, um einen Stein allein wegwälzen zu können? („Hey, könnte da draußen bitte jemand den Stein wegwälzen, damit ich rauskann?")

Ich glaube nicht. Der Text vermittelt den Eindruck, dass Jesus gar nicht mehr im Grab war, als der Stein weggewälzt wurde! Nirgendwo in den Evangelien steht, dass der Engel den Stein für Jesus beiseitewälzte. Für wen wurde er dann weggewälzt?

Hören Sie, was der Engel sagt: „Kommt und seht euch die Stelle an, wo er gelegen hat" (Matthäus 28,6).

Der Stein wurde nicht für Jesus, sondern für die Frauen beiseitegewälzt; nicht, damit Jesus herauskommen konnte, sondern damit die Frauen hineinblicken konnten!

Die beiden Frauen sehen sich an, und auf ihrem Gesicht ist dasselbe Lachen zu sehen wie damals, als der Korb mit dem Brot und den Fischen nicht leer wurde. Die alte Leidenschaft flackert wieder auf. Plötzlich dürfen sie wieder träumen.

„Beeilt euch, geht zu seinen Jüngern und sagt ihnen, dass Jesus von den Toten auferstanden ist. Er wird nach Galiläa gehen, um euch dort zu treffen" (Matthäus 28,7).

Das muss man Maria und Maria Magdalena nicht zweimal sagen. Sie drehen sich um und laufen zurück nach Jerusalem. Die Dunkelheit ist dem Licht gewichen. Die Sonne ist aufgegangen. Der Sohn ist auferstanden. Aber das ist noch nicht alles, was Jesus für sie bereithält.

Es wartet noch eine weitere Überraschung auf sie.

„Plötzlich stand Jesus vor ihnen ... ‚Seid gegrüßt!', sagte er. Da fielen sie vor ihm nieder und umklammerten seine Füße. Jesus beruhigte sie: ‚Fürchtet euch nicht! Geht, sagt meinen Brüdern, sie sollen nach Galiläa kommen! Dort werden sie mich sehen'" (Matthäus 28,9–10).

Der Gott der Überraschungen inszeniert noch einmal einen großen Auftritt. Es ist, als würde er sagen: „Ich kann nicht länger warten. Die beiden haben so viel dafür eingesetzt, um mich zu sehen, dass ich einfach zu ihnen kommen muss."

So handelt Gott an Menschen, die ihm treu sind. Gerade dann, als Sara zu alt ist, um noch ein Baby zu empfangen, wird sie schwanger. Gerade, als das Versagen zu groß ist, um Gnade zu gewähren, wird David vergeben. Und gerade, als der Weg für Maria und Maria Magdalena zu dunkel ist, kommt der Engel, erscheint ihnen Jesus – und die beiden Frauen werden nicht mehr dieselben sein.

Die Lektion? Drei Worte nur: Gib nicht auf!

Ist der Pfad dunkel? Bleib nicht sitzen!

Ist der Weg lang? Bleib nicht stehen!

Ist die Nacht schwarz? Resigniere nicht!

Gott sieht Sie. Wer weiß, möglicherweise sagt er gerade jetzt dem Engel, dass er den Stein wegwälzen soll.

Vielleicht ist die Überweisung auf Ihr Konto schon ausgeführt.

Vielleicht ist ein ganz bestimmter Mensch schon auf dem Weg, um sich bei Ihnen zu entschuldigen.

Vielleicht liegt der Arbeitsvertrag schon auf dem Schreibtisch.

Geben Sie nicht auf. Wenn Sie aufgeben, verpassen Sie vielleicht die Antwort auf Ihre Gebete.

Gott schickt auch heute noch Engel. Und Gott wälzt auch heute noch Steine beiseite.

6 Saure Milch

Negative Haltungen überwinden

Jesus kam mit seinen Jüngern in ein Dorf, wo sie bei einer Frau aufgenommen wurden, die Martha hieß. Maria, ihre Schwester, setzte sich zu Jesus und hörte ihm aufmerksam zu. Martha aber war unentwegt mit der Bewirtung ihrer Gäste beschäftigt.
Schließlich kam sie zu Jesus und fragte: „Herr, siehst du nicht, dass meine Schwester mir gar nicht hilft? Sie überlässt mir die ganze Arbeit. Kannst du ihr nicht sagen, dass auch sie etwas tun soll?" Doch Jesus antwortete ihr: „Martha, Martha, du machst dir viele Sorgen und mühst dich um Dinge, die im Grunde nicht so wichtig sind. Wichtig ist nur eins! Das hat Maria verstanden und davon werde ich sie nicht abbringen."
Lukas 10,38–42

Bei allem, was ihr tut, hütet euch vor unzufriedenem Murren und misstrauischen Zweifeln. Dann wird euer Leben hell und makellos sein.
Philipper 2,14–15

Ich liebe Milch. Ich bin regelrecht milchsüchtig. Es war einer der traurigsten Tage meines Lebens, als ich erfuhr, dass Vollmilch ungesund sein soll. Mit viel Widerstreben habe ich mich an die verwässerte Version gewöhnt – aber gelegentlich gönne ich mir den ungetrübten Genuss eines Bechers kalter Vollmilch und esse dazu ein heißes, weiches Schokoladenplätzchen.

In den vielen Jahren, in denen ich schon diese Köstlichkeit genieße, habe ich gelernt, welchen Preis man zahlen muss, wenn man Milch nicht in den Kühlschrank stellt. (Einmal habe ich das Zeug durch die ganze Küche gespuckt.) Süße Milch wird sauer, wenn sie zu lang im Warmen steht.

Süße Veranlagungen werden aus demselben Grund sauer. Was kommt dabei heraus, wenn man Ärger aufkochen lässt, ohne ihn zwischendurch abzukühlen? Eine negative, bittere, sauer gewordene Haltung.

Kapitel 10 des Lukasevangeliums beschreibt Schritt für Schritt den Prozess, wie sich Süßes in Saures verwandeln kann.

Es ist die Geschichte von Martha. Eine liebenswerte Frau, die Gastfreundschaft pflegt und ihre organisatorischen Talente einsetzt. Sie ist eher sparsam als leichtfertig, mehr praktisch als nachdenklich veranlagt. Ihr Haushalt gleicht einem Schiff, das sie als strenger Kapitän tipptopp in Ordnung hält. Wenn man sie auffordern würde, zwischen einem Buch und einem Besen zu wählen, würde sie den Besen nehmen.

Maria, Marthas Schwester, würde das Buch nehmen. Dieselben Eltern, doch verschiedene Prioritäten. Martha hat immer viel zu tun. Maria hat immer viel nachzudenken. Der Abwasch kann warten. Martha soll ruhig auf den Markt gehen. Maria geht lieber in die Bücherei.

Zwei Schwestern, zwei Charaktere. Und solange sie einander verstehen, machen sie gemeinsame Sache. Aber wenn die eine sich über die andere ärgert, sind sie wie Feuer und Wasser.

Stellen wir uns einmal vor, wir würden stillschweigend durch die Hintertür in Marthas Küche treten. Dann kann ich Ihnen zeigen, was ich meine. (Eine Warnung: Rühren Sie die Milch nicht an. Sie hat bereits einen Stich.)

Pst, da ist sie. Da vorn am Tisch. Die mit der Schürze. Mensch, was die schon geschafft hat. Ich hab's ja gesagt, diese Dame versteht was von Küchenmanagement. Wie macht sie das nur? Mit der einen Hand rührt sie, mit der anderen schlägt sie Eier auf. Und nichts wird verschüttet. Jeder Griff sitzt.

Es müssen viele Gäste sein. Das sind ja Berge von Speisen. Stimmt, nebenan hört man sie lachen. Klingt, als hätten sie Spaß miteinander.

Aber Martha scheint keinen Spaß zu haben. Ein Blick auf ihr mit Mehlspritzern übersätes Gesicht genügt.

„Diese dämliche Schwester."

Wie bitte? Haben Sie auch gehört, was sie da gemurmelt hat?

„Typisch Maria. Ich steh mal wieder allein in der Küche und sie ist dort draußen."

Hmm. Scheint so, als wäre der Ofen nicht das Einzige, was hier kocht.

„Ich hätte Jesus bestimmt nicht eingeladen, wenn ich gewusst hätte, dass er die ganze Bande mitbringt. Diese Kerle essen wie die Scheunendrescher und der Petrus rülpst immerzu."

Auweia. Sie fühlt sich auf den Schlips getreten. Sehen Sie, welche Blicke sie über die Schulter durch die Tür wirft? Diese Blicke gelten Maria. Das ist die, die dort auf dem Fußboden sitzt und Jesus zuhört.

Meine kleine, süße Schwester ... Zum Zuhören hat sie immer Zeit, aber zum Arbeiten nie. Ich würde auch gern dort sitzen. Aber ich muss ständig kochen und nähen und nähen und kochen. Also, jetzt reicht's mir langsam!

Achtung, aufgepasst! Da, jetzt verlässt sie die Küche. Jetzt wird abgerechnet.

„Herr, siehst du nicht, dass meine Schwester mir gar nicht hilft? Sie überlässt mir die ganze Arbeit. Kannst du ihr nicht sagen, dass auch sie etwas tun soll?" (Lukas 10,40).

Plötzlich wird es still im Raum, totenstill. Man hört nur noch, wie Martha mit einem Fuß auf den Boden stampft und mit dem hölzernen Kochlöffel in die Hand schlägt. Drohend steht sie vor der Gruppe – Mehl auf den Wangen und Glut in den Augen.

Der Gesichtsausdruck der Jünger bringt uns zum Lachen. Mit vor Entsetzen weit geöffneten Augen starren sie auf diese so aufgebrachte Frau vor ihnen. Und die arme Maria läuft vor lauter Verlegenheit ganz rot an, seufzt tief auf und sackt am Boden zusammen.

Nur Jesus spricht. Denn nur Jesus versteht das Problem. Das Problem sind nicht die vielen Leute. Das Problem ist nicht Marias Entschluss, zuzuhören. Das Problem ist nicht Marthas Entschluss, ihn und die Jünger zu bewirten. Das Problem ist Marthas Herz, ein Herz, das vor lauter Sorgen sauer geworden ist.

„Martha, Martha, du machst dir viele Sorgen und mühst dich um Dinge, die im Grunde nicht so wichtig sind" (Lukas 10,41). Die gute Martha wollte alles richtig machen. Aber das Herz der guten Martha war nicht in Ordnung. Jesus sagte, ihr Herz wäre voll Sorgen. Als Folge davon wurde aus einer fröhlichen Magd ein wildes Arbeitstier, das von den Lasten niedergedrückt wurde. Sie machte sich Sorgen – Sorgen, ob in der Küche auch alles wie am Schnürchen läuft; Sorgen, Jesus zu gefallen; Sorgen um alle möglichen Dinge.

Eine meiner Lieblingsschriftstellerinnen, Erma Bombeck, hat eine herrliche Glosse über das Sorgen geschrieben:

„Ich habe mir immer viele Sorgen gemacht, und ganz ehrlich gesagt, bin ich recht gut darin. Ich mache mir Sorgen, dass ich meiner Mutter Leute vorstelle und dann umgekehrt, wenn ich meine Mutter vorstellen will, nicht mehr weiß, wie sie heißt. Ich mache mir Sorgen, dass im Kugellager zu wenig Kugeln sind, dass eine Schlange durch den Abfluss in die Küche kommen könnte. Ich mache mir Sorgen, dass das Ende der Welt um Mitternacht geschehen könnte und dass die Pille gegen Erkältung mit einer Wirkung von vierundzwanzig Stunden noch drei Stunden braucht, um ihre volle Wirkung zu entfalten. Ich mache mir Sorgen, unter der Rubrik ‚Schwangerschaften' als ‚älteste Gebärende' in das *Guinness-Buch der Rekorde* eingetragen zu werden. Ich mache mir Sorgen, was der Hund denkt, wenn er mich aus der Dusche kommen sieht; dass eine meiner Töchter einen Eskimo heiraten könnte und dieser mich dann auf einem Eisberg herumtreiben lässt und ich nicht weiß, wovon ich mich ernähren soll. Ich mache mir Sorgen, dass mir Verkäuferinnen in die Umkleidekabine folgen könnten, ich mache mir Sorgen über Ölteppiche und dass Carol Channing eine Glatze bekommen könnte. Ich mache mir Sorgen, dass die Wissenschaftler eines Tages entdecken, dass Salat doch dick macht."

Offensichtlich machte auch Martha sich zu viele Sorgen. Sie machte sich so viele Sorgen, dass sie schließlich begann, Gott herumzukommandieren. Das bewirkt das Sorgen in uns. Man vergisst, wer eigentlich das Sagen hat.

Was den Fall von Martha jedoch interessant macht, ist die Tatsache, dass sie sich um eine gute Sache Sorgen macht. Sie hat Jesus zum Essen eingeladen. Sie dient Gott im wahrsten Sinne des Wortes. Ihr Wunsch war es, Jesus zu gefallen. Aber sie beging einen weit verbreiteten, gefährlichen Fehler. Im Verlauf der Arbeit wurde ihr die Arbeit wichtiger als er. Was anfangs ein Mittel war, um Jesus zu dienen, wurde unbemerkt zu einem Mittel, um sich selbst zu dienen.

Vielleicht verlief der Prozess etwa so: Als sie anfing, die Mahlzeit vorzubereiten, stellte sie sich vor, wie sie für das Essen gelobt werden würde. Als sie den Tisch deckte, malte sie sich das Wohlwollen aus, das sie von Jesus bekommen würde. Sie konnte sich die Szene schon lebhaft vorstellen. Jesus würde das Haus betreten und ihr für die viele Arbeit danken. Er würde die Jünger auffordern, ihr Beifall zu klatschen. Johannes würde sie als ein Vorbild für Gastfreundschaft hinstellen und ihr ein ganzes Kapitel in der Bibel widmen.

Die Frauen aus der Umgebung würden von weither kommen und sie fragen, wie sie denn gelernt habe, eine so freundliche und demütige Dienerin zu sein. Und von nun an würde sie ihr Leben damit zubringen, an einer „Schule für Dienen" zu unterrichten – Jesus wäre der Direktor und sie, Martha, die Professorin.

Aber die ganze Sache hatte sich nicht wie geplant entwickelt. Sie bekam nicht die Aufmerksamkeit, die sie sich gewünscht hatte. Kein Klatschen. Kein Lob. Keinen Beifall. Niemand beachtete sie. Und das ärgerte Martha. Sie ist schnell, wenn es um Ärger geht, aber langsam darin, sich an etwas zu erinnern. Sie hat vergessen, dass die Einladung ihre Idee war. Sie hat vergessen, dass es Marias gutes Recht ist, bei Jesus zu sitzen. Und vor allem hat sie vergessen, dass das Mahl zu Ehren von Jesus und nicht zu ihrer Ehre gehalten wird.

Ich weiß genau, wie Martha sich fühlt. Denn ich habe

auch schon in Marthas Küche gestanden. Oder besser, ich habe in Max' Büro gesessen.

Ich weiß, wie es ist, wenn man anfängt, Gott zu dienen, und dann am Ende nur noch sich selbst dient. Ich habe lang und hart an Predigten gearbeitet und war dann verletzt, wenn ich kein Lob dafür erhielt. Ich habe mich in Manuskripte vertieft und plötzlich gemerkt, dass ich mir bereits ausmalte, wie man die Bücher nach ihrem Erscheinen loben würde. Ich habe auf Konferenzen über das Leiden Christi gesprochen und war dann ärgerlich, wenn mein Hotelzimmer nicht bestellt war.

Man vergisst so leicht, wer der Diener ist und wem gedient werden soll.

Der Teufel weiß das. Dieses Werkzeug der Verdrehung ist eins seiner listigsten Mittel. Man beachte: Er vertrieb Martha nicht aus der Küche, sondern raubte ihr den Sinn ihrer Arbeit in der Küche. Der Widersacher bringt uns nicht dahin, uns gegen die Gemeinde zu stellen, sondern er bringt uns dahin, uns gegen uns selbst zu richten. Er wird uns nicht aus dem Dienst vertreiben, aber er wird bewirken, dass wir in unserem Dienst enttäuscht sind.

Und wenn der Blick auf uns selbst gerichtet ist, dann handeln wir genauso, wie Martha es tat – wir machen uns Sorgen. Wir sorgen uns um viele Dinge. Wir sorgen uns darum:

- ▷ ob unsere Mitarbeiter uns mögen;
- ▷ ob unsere Leiter uns nicht zu viel Arbeit übertragen haben;
- ▷ ob unser Leiter uns versteht;
- ▷ ob uns die Gemeinde unterstützt.

Im Laufe der Zeit wird unser Dienen wichtiger als Gott. Uns ist es wichtiger, uns selbst darzustellen, als Gott zu dienen. Und möglicherweise fangen wir sogar an, am Urteil Gottes zu zweifeln.

„Herr, siehst du nicht, dass meine Schwester mir gar nicht hilft? Sie überlässt mir die ganze Arbeit. Kannst du ihr nicht sagen, dass auch sie etwas tun soll?“ (Lukas 10,40).

Sie können sicher sein, dass Martha hinterher bereut hat, diese Worte gesagt zu haben. Ich wette, dass sie diese Worte gern zurückgenommen hätte, nachdem sie sich abreagiert hatte. Ich stelle mir vor, dass sie sich wünschte, Salomos Rat befolgt zu haben: „Ein Tor schreit im Zorn ... aber ein Weiser beherrscht seinen Unmut und beschwichtigt ihn“ (Sprüche 29,11).

Wir sehen hier ein Prinzip. Um zu verhindern, dass eine unserer Verhaltensweisen und Einstellungen „sauer“ wird, müssen wir sie wie einen Becher Milch behandeln. Wir müssen sie abkühlen.

Marthas Leben war durcheinander. Sie benötigte eine Pause. „Martha, Martha, du machst dir viele Sorgen“, erklärte ihr der Meister. „Wichtig ist nur eins! Das hat Maria verstanden und davon werde ich sie nicht abbringen“ (vgl. Lukas 10,41–42).

Was hatte Maria verstanden und gewählt? Sie hatte gewählt, zu den Füßen Jesu zu sitzen. Gott hat größeres Gefallen an einem Menschen, der ihm still Aufmerksamkeit schenkt, als an jemandem, der mit saurer Miene große Dienste vollbringt.

Übrigens, diese Geschichte hätte genauso gut auch umgekehrt verlaufen können. Maria hätte diejenige sein können, die ärgerlich wurde. Die Schwester auf dem Fußboden hätte sich über die Schwester am Spülbecken erheben können. Maria hätte Jesus am Arm packen, ihn in die Küche zerren und sagen können: „Sag Martha, sie soll endlich aufhören, so geschäftig zu sein. Sie sollte lieber kommen, um dir zuzuhören. Warum muss ich hier ganz allein sitzen, über alles nachdenken und für alles beten?“

Wichtiger als die Art des Dienstes ist das Herz, das hinter dem Dienst steht. Eine negative Haltung verdirbt die Gabe, die wir auf den Altar Gottes legen.

Kennen Sie die Anekdote von dem Mann, der mit einer negativen Haltung betete?

Er fragte: „Warum ist mein Bruder mit Reichtum gesegnet und ich habe nichts? Ich habe mein Leben lang täglich morgens und abends gebetet. Ich war jeden Sonntag in der Kirche. Ich habe immer meinen Nächsten geliebt und Geld gespendet. Aber jetzt, wo mein Leben zu Ende geht, habe ich kaum Geld genug, um die Miete zu bezahlen.

Mein Bruder trinkt und spielt und geht keiner richtigen Arbeit nach. Und trotzdem hat er Geld wie Sand am Meer. Ich bitte dich nicht, ihn zu bestrafen, aber bitte sage mir, warum er so viel bekommen hat und ich überhaupt nichts."

Gott erwiderte: „Weil du mir mit deiner Selbstgerechtigkeit regelrecht eine Last bist."

Achten Sie auf Ihre Einstellung.

Gott hat Ihnen Talente anvertraut. Auch Ihrem Nächsten hat er bestimmte Talente gegeben. Wenn Sie sich mit den Talenten Ihres Nächsten befassen, vernachlässigen Sie Ihre eigenen. Aber wenn Sie sich mit Ihren eigenen Talenten befassen, dann können sie für Sie selbst und auch für Ihren Nächsten zu einer Inspiration werden.

7 Eine verrückte Ahnung und eine große Hoffnung

Wie man aufrichtig und im Glauben handelt

Jesus ging mit Jairus, gefolgt von einer dichten Menschenmenge.
In der Menge war auch eine Frau, die seit zwölf Jahren an starken Blutungen litt. Sie hatte sich schon von vielen Ärzten behandeln lassen und dabei ihr ganzes Vermögen ausgegeben. Aber niemand konnte ihr helfen. Ihr Leiden war eher schlimmer geworden. Dann hatte sie davon gehört, dass Jesus Kranke heilt. Deshalb drängte sie sich durch die Menge an Jesus heran und berührte von hinten seinen Mantel. Dabei dachte sie: „Wenn ich wenigstens seine Kleider berühren kann, werde ich bestimmt gesund." Und tatsächlich: Sie merkte sofort, dass sie von ihrem Leiden befreit war. Die Blutung hörte auf.
Aber auch Jesus spürte, dass heilende Kraft von ihm ausgegangen war. Deshalb drehte er sich um und fragte: „Wer hat mich angefasst?" Seine Jünger antworteten: „Die Leute bedrängen dich von allen Seiten, und da fragst du, wer dich angefasst hat?" Aber Jesus sah die Frau an, die ihn berührt hatte. Die war erschrocken und zitterte am ganzen Leib, denn sie wusste ja, was an ihr geschehen war. Sie fiel vor ihm nieder und sagte ihm alles. Jesus sprach zu ihr: „Meine Tochter, weil du so fest an mich geglaubt hast, bist du gesund geworden. Gehe in Frieden. Du bist geheilt."
Markus 5,24–34

„Meine Tochter, weil du so fest an mich geglaubt hast, bist du gesund geworden."
Markus 5,34

Ein elektrischer Wecker ist nicht gerade das, was sich ein achtjähriger Junge zu Weihnachten wünscht. Aber auch wenn ich nicht begeistert war, sagte ich doch Danke, brachte den Wecker in mein Zimmer, stellte ihn auf den Nachttisch und steckte den Stecker in die Steckdose.

Der Wecker hatte ein rechteckiges Zifferblatt, Marke Bulova. Es gab keine Digitalanzeige, sondern richtige Zeiger. Er besaß weder ein integriertes Kassettengerät noch einen CD-Player, und als er älter wurde, fing er an, einen leisen, beruhigenden Summton von sich zu geben, den man nur hören konnte, wenn es im Zimmer still war.

Heute kann man Wecker kaufen, die zum Einschlafen das Geräusch von Regentropfen nachahmen und zum Aufwachen wie die eigene Mutter rufen. Aber so einen Wecker hatte ich nicht. Der Weckton meines Weckers konnte die Hunde zum Heulen bringen. Es gab keinen Wiederholungsknopf für das Klingelsignal, sodass man noch ein paar Minuten weiterschlafen konnte. Meinen Wecker musste man packen und durchs Zimmer schleudern. Es war ein steinzeitliches Modell. Heute, in der Zeit der Digitaluhren und Musikwecker, würde man auf dem Flohmarkt nicht einmal fünfzig Cent dafür bekommen.

Trotzdem fing ich mit der Zeit an, ihn zu mögen. Man entwickelt normalerweise keine Gefühle für einen elektrischen Wecker, aber bei diesem Wecker war es anders. Nicht, weil er so genau ging – im Gegenteil, er ging immer etwas nach. Auch nicht wegen des Summtons, der mich nicht störte. Ich mochte den Wecker wegen des Lichts.

Nachts leuchtete mein Wecker nämlich.

Tagsüber nahm er das Tageslicht in sich auf und speicherte es. Die Zeiger tickten fröhlich in ihrem vorgegebenen Rhythmus. Und wenn die Nacht hereinbrach, war der Wecker bereit. Wenn ich das Licht zum Schlafen ausschaltete, dann schaltete der kleine Wecker sein Licht an und leuchtete. Nicht hell, aber wenn die Welt dunkel ist, dann kommt uns schon ein kleines Licht sehr hell vor.

So ähnlich war es mit dem Licht, das die Frau sah, als sie Jesus begegnete.

Wir wissen nicht, wie sie hieß, aber wir wissen, wie ihr Leben aussah. Ihre Welt war schwarz wie die Nacht. Eine „Im Dunkeln herumtasten und auf Hilfe hoffen"-Finsternis. Lesen Sie die beiden folgenden Verse, dann werden Sie verstehen, was ich meine:

„Jesus ging mit Jairus, gefolgt von einer dichten Menschenmenge. In der Menge war auch eine Frau, die seit zwölf Jahren an starken Blutungen litt. Sie hatte sich schon von vielen Ärzten behandeln lassen und dabei ihr ganzes Vermögen ausgegeben. Aber niemand konnte ihr helfen. Ihr Leiden war eher schlimmer geworden."
Markus 5,24–26.

Sie war ein geknicktes Rohr: Sie litt seit zwölf Jahren an starken Blutungen, sie hatte sich schon von vielen behandeln lassen, dabei ihr ganzes Vermögen ausgegeben und es war eher schlimmer geworden.

Ein chronisches Unterleibsleiden. Ein ständiger Blutfluss. Ein solcher Zustand würde für jede Frau in jedem Teil der Welt sehr belastend sein. Aber für eine Jüdin konnte es nichts Schlimmeres geben. Kein Bereich ihres Lebens blieb davon unberührt.

- Ihr Sexualleben: Sie durfte ihren Mann nicht berühren.
- Ihr Leben als Mutter: Sie konnte keine Kinder bekommen.
- Ihr häusliches Leben: Alles, was sie berührte, wurde als unrein betrachtet. Kein Geschirr abwaschen. Keine Böden wischen.
- Ihr geistliches Leben: Sie durfte den Tempel nicht betreten.

Sie war körperlich am Ende und sozial geächtet.

Sie hatte Hilfe gesucht und „sich schon von vielen Ärzten behandeln lassen" (Markus 5,26). Im Talmud finden sich nicht weniger als elf Therapievorschläge für derartige Leiden. Sicherlich hatte sie alle über sich ergehen lassen. Bei einigen handelte es sich um anerkannte Behandlungsformen. Bei anderen um hohlen Aberglauben, wie zum Beispiel das Tragen der Asche eines Straußen-Eies in einem Stück Leinen.

Sie hatte „ihr ganzes Vermögen ausgegeben" (Markus 5,26). Wenn man zusätzlich zur körperlichen Not noch mit finanziellem Druck belastet wird, ist die Bürde fast unerträglich. Ein Freund von mir, der an Krebs leidet, sagte mir, dass das Drängen der Gläubiger, die das Geld für die offenen Rechnungen der ständigen Behandlungen eintrieben, nicht weniger schrecklich sei als die körperlichen Schmerzen.

„Ihr Leiden war eher schlimmer geworden" (Markus 5,26). Sie ist ein geknicktes Rohr. Jeden Morgen wacht sie mit einem Körper auf, den niemand haben will. Sie weiß nicht mehr, was sie beten soll, mehr als ein Satz ist ihr nicht geblieben. Und an dem Tag, da wir ihr begegnen, spricht sie dieses eine letzte Gebet.

Als sie zu Jesus kommt, ist er von einer großen Menschenmenge umgeben. Jesus ist unterwegs, um der Tochter des Jairus, dem wichtigsten Mann der Stadt, zu helfen. Wie hoch sind die Chancen, dass er den dringenden Auftrag für diesen angesehenen Mann unterbrechen wird, um jemandem wie ihr zu helfen? Sehr gering. Doch wie hoch sind die Chancen, dass sie am Leben bleiben wird, wenn sie diese Gelegenheit vorübergehen lässt? Noch geringer. Deshalb ergreift sie die Gelegenheit.

„Wenn ich wenigstens seine Kleider berühren kann, werde ich bestimmt gesund", denkt sie (Markus 5,28).

Eine riskante Entscheidung. Um ihn zu berühren, wird sie auch andere Menschen berühren müssen. Erkennt sie auch nur irgendjemand ... dann wird man sie beschimpfen, und sie kann ihrer Heilung Ade sagen. Aber hat sie eine andere Wahl? Sie hat kein Geld, keine Kraft, keine Freunde, keine Lösung. Sie hat nichts weiter als die verrückte Ahnung, dass Jesus helfen könnte, und die große Hoffnung, dass er helfen wird.

Vielleicht haben auch Sie nichts anderes: eine verrückte Ahnung und eine große Hoffnung. Sie haben nichts zu bieten; sie haben nur Schmerzen. Das ist das Einzige, was sie ihm geben können.

Vielleicht sind Sie gerade dadurch abgehalten worden, zu Gott zu kommen. Ja, ich weiß, Sie haben ein paar zaghafte Schritte in seine Richtung gewagt. Aber dann haben Sie die anderen Menschen gesehen. Sie sahen so rein, so sauber, so ordentlich aus, so stark im Glauben. Und als Ihr Blick auf diese Menschen fiel, ist Ihnen der Blick auf Jesus verstellt worden. Deshalb traten Sie wieder einen Schritt zurück.

Wenn diese Beschreibung auf Sie zutrifft, dann hören Sie gut zu: Jesus lobte an diesem Tag nur eine einzige Person wegen ihres Glaubens. Bei dieser Person handelte es sich nicht um einen reichen Gönner. Auch nicht um einen treuen Nachfolger oder einen anerkannten Lehrer. Sondern um eine von Scham niedergedrückte, mittellose, ausgestoßene Frau, die sich an eine Ahnung klammerte, dass er helfen könnte, und an die Hoffnung, dass er ihr helfen würde.

Dies ist übrigens nicht die schlechteste Definition für den Glauben: *Eine Überzeugung, dass er helfen kann, und eine Hoffnung, dass er helfen wird.* Klingt ähnlich wie die Definition, die an einer Stelle in der Bibel gegeben wird: „Aber ohne Glauben ist's unmöglich, Gott zu gefallen; denn wer zu Gott kommen will, der muss glauben, dass er ist und dass er denen, die ihn suchen, ihren Lohn gibt." (Hebräer 11,6; LÜ).

Das ist eigentlich nicht schrecklich kompliziert, oder? Der Glaube ist die Überzeugung, dass Gott da ist und dass Gott gut ist. Glaube ist weder eine mystische Erfahrung noch eine mitternächtliche Vision noch eine Stimme im Wald ... Es ist die Entscheidung, zu glauben, dass der, der alles geschaffen hat, die Welt nicht sich selbst überlässt und dass er auch heute noch Licht in der Dunkelheit aufleuchten lässt und auf Handlungen des Glaubens antwortet.

Es gab natürlich keine Garantie. Die Frau hoffte, dass Jesus etwas tun würde ... sie sehnte sich danach ... aber sie war sich dessen nicht hundertprozentig sicher. Sie wusste nur, dass er da war und dass er gute Absichten hatte. Das ist Glaube.

Glaube ist nicht die Überzeugung, dass Gott tun wird, was wir uns wünschen. Glaube ist die Überzeugung, dass Gott das tun wird, was richtig ist.

„Selig sind, die extrem arm sind, die nichts zu geben haben, die in der Klemme sitzen, die verzweifelt und krank sind", sagte Jesus, „denn ihnen gehört das Himmelreich" (meine Übersetzung von Matthäus 5,6).

Gottes Rechnung steht auf dem Kopf (oder sie ist richtig herum und unsere steht auf dem Kopf). Gott sagt, dass die Errettung umso wahrscheinlicher ist, je hoffnungsloser die Situation aussieht. Je größer die Sorgen, desto ernsthafter ist unser Gebet. Je dunkler der Raum, desto dringender brauchen wir Licht.

Womit wir wieder bei meinem Wecker wären. Solange

es hell war, wusste ich die Fähigkeit meines kleinen Bulova-Weckers, im Dunkeln zu leuchten, nicht zu schätzen. Doch je länger die Schatten wurden, desto größer wurde meine Dankbarkeit.

Eine gesunde Frau hätte nie zu schätzen gewusst, wie kostbar es ist, nur den Saum seines Gewandes berühren zu dürfen. Aber diese Frau war krank ... und als ihre Not mit seiner Hingabe in Berührung kam, passierte ein Wunder.

Ihr Anteil an der Heilung war sehr gering. Sie tat nichts weiter, als ihren Arm zwischen den Menschen hindurchzustrecken.

„Wenn ich ihn nur berühren kann."

Wichtig ist nicht, in welcher Weise sich unser Bemühen ausdrückt, wichtig ist allein die Bemühung. Tatsache ist, dass die Frau etwas unternahm. Sie weigerte sich, sich noch einen weiteren Tag mit ihrer Krankheit abzufinden, und beschloss, einen Schritt zu unternehmen.

Die Heilung beginnt in dem Moment, wo wir etwas unternehmen. Heilung beginnt, wenn wir uns ausstrecken. Heilung beginnt, wenn wir einen Schritt tun.

Gottes Hilfe ist nahe und wird uns immer angeboten, aber sie wird nur denen gegeben, die sie suchen. Apathie führt zu nichts. Das große Wunder in dieser Geschichte ist die Heilung der Frau. Aber die Wahrheit ist auch, dass die Heilung damit begann, dass sie Jesus anrührte. Durch diese kleine, mutige Geste erlebte sie die Kraft Jesu.

Verglichen mit dem Anteil Gottes ist unser Anteil winzig klein, aber er ist notwendig. Wir brauchen nicht viel zu tun, *aber wir müssen etwas tun.*

Einen Brief schreiben.
Um Vergebung bitten.
Einen Seelsorger anrufen.
Bekennen.
Unsere Mutter anrufen.

Einen Arzt aufsuchen.
Uns taufen lassen.
Einen Hungrigen speisen.
Beten.
Lehren.
Gehen.

Tun Sie irgendetwas, das Ihrem Glauben Ausdruck verleiht. Denn Glaube ohne Bemühen ist überhaupt kein Glaube. *Gott wird antworten.* Eine ernsthafte Tat des Glaubens hat er noch nie abgewiesen. Noch nie.

Gott belohnt radikalen Glauben – Glauben, der ein Risiko eingeht.

Wenn eine Arche gebaut wird, werden Menschenleben gerettet. Wenn Soldaten marschieren, stürzen Mauern wie die in Jericho ein. Wenn Stäbe erhoben werden, teilt sich noch immer Wasser. Wenn ein Mittagsmahl geteilt wird, werden Tausende satt. Und wenn ein Gewand berührt wird – ob nun durch die Hand einer blutflüssigen Frau in Galiläa oder durch das Gebet eines Bettlers in Bangladesch –, dann bleibt Jesus stehen.

Markus weiß davon zu berichten. Als diese Frau Jesus berührte, geschahen zwei Dinge, die nirgendwo sonst in der Bibel geschahen. Markus erzählt von beiden.

Erstens: Jesus heilt, bevor er selbst es weiß. Die Kraft ging automatisch und unmittelbar von ihm aus. Es ist, als hätte der himmlische Vater das System kurzgeschlossen und als wäre die Göttlichkeit Jesu dem Menschsein von Jesus einen Schritt vorausgewesen.

Ihre Not rief seine Hilfe herbei. Kein Neonlicht, kein lautes Rufen. Kein Rummel. Keine Fanfare. Kein Beifall. Keine Sensation. Einfach nur Hilfe.

Wie mein dunkles Zimmer das Licht des Weckers zum Leuchten brachte, so bringt unsere dunkle Welt Gottes Licht zum Leuchten.

Zweitens: Jesus nannte sie *Tochter*. „Meine Tochter, weil

du so fest an mich geglaubt hast, bist du gesund geworden“ (Markus 5,34). Es ist das einzige Mal, dass Jesus irgendwo irgendjemanden als Tochter bezeichnete. Stellen Sie sich vor, wie sich die Frau bei diesen Worten fühlte! Wie lange war es her, dass irgendjemand sie liebevoll mit einem Kosenamen angeredet hatte! Wie lange war es her, dass irgendjemand sie freundlich angeschaut hatte!

Leo Tolstoi, der große russische Schriftsteller, erzählt, wie er einmal die Straße entlangging und an einem Bettler vorbeikam. Tolstoi griff in die Tasche, um dem Bettler Geld zu geben, aber die Tasche war leer. Tolstoi wandte sich dem Mann zu und sagte: „Es tut mir leid, mein Bruder, aber ich kann dir nichts geben.“

Das Gesicht des Bettlers hellte sich auf, als er erwiderte: „Du hast mir mehr gegeben als das, worum ich dich gebeten hatte – du hast mich Bruder genannt.“

Wer geliebt wird, für den ist ein liebes Wort nur ein Krümel, aber für den, der nach Liebe hungert, kann ein liebevolles Wort wie ein Festmahl sein.

Jesus setzte dieser Frau ein Festmahl vor.

Man erzählt, sie habe nie vergessen, was Jesus an ihr tat. Und die Legende berichtet, dass sie bei Jesus blieb und ihm folgte, als er das Kreuz nach Golgatha trug. Manche halten sie für Veronika, die Frau, die ihn auf seinem Weg zum Kreuz begleitete. Und als ihm Schweiß und Blut in den Augen brannten, wischte sie ihm die Stirn ab.

In einer Stunde der größten Not erlebte sie seine Berührung – und in einer Stunde der Schmerzen erlebte er ihre Berührung. Wir wissen nicht, ob die Legende wahr ist, aber wir wissen, dass sie wahr sein könnte. Ebenso wenig weiß ich, ob Sie etwas Ähnliches erlebt haben, aber ich weiß, dass es möglich sein könnte.

8 Ewig jung?

Wie man gern älter wird

Wer sich an sein Leben klammert, wird es verlieren. Wer sein Leben aber für Gott einsetzt, wird es für immer gewinnen.
Lukas 17,33

Hassen Sie es auch, wenn andere Sie daran erinnern?

Die Friseuse: „Na, Herr Müller, hier oben wird es langsam ein bisschen dünn."

Oder: „Das nächste Mal, wenn Sie kommen, Frau Meier, dann rücken wir diesen grauen Strähnen hier mal zu Leibe."

Die Einladung: „Du bist herzlich zu unserem Klassentreffen anlässlich des dreißigjährigen Jubiläums unseres Schulabschlusses eingeladen."

Ihre Kinder: „Erzähl doch noch mal, wer waren die Rolling Stones?"

Ihr Arzt: „Es ist nichts Schlimmes, Herr Schulze. Solche Beschwerden sind ganz normal, wenn man in die Jahre kommt."

Das Alter rückt heran. Die ersten Seiten des letzten Kapitels. Ein goldgelber Fleck erscheint auf den grünen Blättern Ihres Lebens, und Sie müssen der Tatsache in die Augen blicken – in Augen, die bereits von Falten umgeben sind und Ihnen unmissverständlich klarmachen, dass Sie älter werden.

Auch wenn wir Witze darüber machen („Alt ist man dann, wenn man die Zähne in ein Steak gräbt ... und sie darin stecken bleiben"), lacht doch nicht jeder mit. Besonders der nicht, dem man eingehämmert hat, was für ein Schatz die Jugend doch ist.

Gehören wir nicht letztlich alle dazu?

Jahrzehntelang haben Sie sich über alles Mögliche Gedanken gemacht, nur nicht darüber, dass Sie älter werden. Es gab vieles, auf das Sie sich nicht verlassen konnten, aber eine Sache war Ihnen sicher, und das war Ihre Jugend. Sie konnten essen wie ein Scheunendrescher und sahen trotzdem gut aus. Alle Lehrer in der Schule waren älter als Sie. Die Sportprofis waren ungefähr so alt wie Ihr älterer Bruder. Das Leben war eine endlose Straße und der Tod schien Tausende von Jahren entfernt.

Doch dann kamen sie, die leisen Botschaften der Sterblichkeit:

> Sie schließen eine Lebensversicherung ab, und diese Versicherung enthält eine Klausel über Beerdigungskosten.
> Ihre Freunde, mit denen Sie eine Fahrgemeinschaft bilden, fragen, warum Sie die Augen zusammenkneifen, wenn Sie die Straßenschilder lesen.
> Ein Kind bietet Ihnen an, beim Tragen Ihrer Einkäufe zu helfen.

Erst sind es nur einzelne Regentropfen, die auf das Aquarell Ihrer Vorstellungen einer ewigen Jugend fallen. Doch im Lauf der Zeit werden die Regentropfen größer und fallen dichter.

Morgens, wenn Sie aufwachen, tut Ihnen alles weh. Und was nicht wehtut, funktioniert auch nicht mehr richtig.

Ihre Eltern fangen an, sich wie kleine Kinder zu benehmen.

Die Lachfalten gehen auch dann nicht mehr weg, wenn Sie aufhören zu lachen.

Und dann – peng! Aus dem Regen wird ein Sturm. Aus den leisen Tropfen wird ein Gewitter. Herzstillstand. Der Akku ist leer. Die Kraft reicht nicht mehr. Eine Brille für die Fern- und Nahsicht wird nötig.

Jetzt können Sie es nicht mehr leugnen. Ponce de Leon hat den Jungbrunnen nicht gefunden und auch Sie werden ihn nicht finden. Aber wie sehr bemühen sich viele dennoch, dieses Ziel zu erreichen! Hanteln werden gewuchtet. Schwarzes Haar, das grau geworden ist, wird wieder schwarz, oder noch besser, blond. Der Wagen wird in Zahlung gegeben und ein Landrover mit Allradantrieb gekauft, ein regelrechtes Monster, mit dem man die gefährlichen Straßenschluchten hinauffahren kann. Alles wird geliftet: Gesicht, Kinn, Busen.

Doch wie sehr wir uns auch anstrengen, der Kalender geht weiter. Die Uhr tickt unaufhörlich. Und unser Körper wird älter. Jede Tablette, die wir schlucken, erinnert uns daran, dass das Alter eine Pille ist, um die wir nicht herumkommen.

Doch warum rutscht diese Pille nur so langsam hinunter? Warum fällt es uns so schwer, sie einzunehmen? Warum jagen uns die Geburtstage einen Schauer über den Rücken?

Ein Teil des Problems ist mit Sicherheit der Spiegel (oder zumindest das, was sich in ihm widerspiegelt). Was einmal straff war, ist jetzt schlaff. Was sich einst schwungvoll bewegte, ist nun gebrechlich. Es heißt, die Zeit heilt Wunden, aber im Blick auf die Schönheit hat die Zeit eine erbärmliche Wirkung.

Einige haben vielleicht mit Misserfolgen oder Versagen zu kämpfen. Was Sie sich vorgenommen haben, ist nie Wirklichkeit geworden. Sie waren fest entschlossen, nicht den Fehler zu machen, ein Haus in der Vorstadt zu kaufen, und nun müssen Sie Ihre Hypothek abbezahlen. Sie hatten sich geschworen, sich nie irgendwelchen Kleidungsvorschriften zu unterwerfen, doch nun hängen in Ihrem Schrank lauter graue Flanellanzüge. Sie waren entschlossen, ein Vermächtnis zu hinterlassen, aber alles, was Sie bisher hinterlassen haben, ist eine Spur aus Windeln und Scheckbelegen.

Aber der wahre Schmerz sitzt noch tiefer. Für einige ist es die Sinnlosigkeit des Erfolgs. Das Leben auf der obersten Stufe der Leiter kann sehr einsam sein. Verkaufsprämien verlieren ihren Glanz. Diplome verblassen. Und auch das teuerste Auto bekommt irgendwann Kratzer. Für manche ist ein Traum wahr geworden, und doch sind sie enttäuscht, weil die Wirklichkeit nicht das bietet, was sie sich erhofft haben.

Viel Zeit wird mit Bedauern verbracht. Der Klempner wünscht sich, er hätte Medizin studiert, und der Arzt, er wäre Klempner geworden. Die berufstätige Frau bedauert, dass sie nicht mehr Zeit mit ihren Kindern verbracht hat, und die zu Hause gebliebene Mutter wünscht sich, sie hätte Karriere gemacht.

Aber es kann noch schlimmer werden. Bedauern kann zur Rebellion führen. Rebellion gegen alle Ansprüche. Rebellion gegen alles Banale. Rebellion gegen die Langeweile. Rebellion gegen alles, was Sie festhält: Ihre Arbeit, Ihre Regierung, Ihr Landrover oder noch schlimmer ... Ihre Familie.

Wer rebelliert – wer in den Hintergassen der Flucht herumstreunt – ist ein Nummer-Eins-Kandidat für eine der ältesten Fallen Satans ... für Ehebruch.

Eine hübsche junge Sekretärin aus einem anderen Zimmer bringt Ihnen einige Papiere und gleichzeitig ein bisschen Sympathie in Ihr Büro ...

Der Mann von nebenan kann nicht glauben, dass Sie vier Kinder und dabei noch eine so gute Figur haben ...

Der David in uns ruft nach Bathseba. Potiphars Frau hat ein Auge auf Joseph geworfen. Das Ganze fängt harmlos an, aber da beginnt die Verletzung.

Ich will es ganz deutlich sagen: Alt werden kann gefährlich sein. Der Weg birgt Risiken und es gibt viele Fallen. Es ist klug, sich vorzubereiten. Sie wissen, dass diese Zeit kommt. Gott hat aus dieser Tatsache kein Geheimnis gemacht. Sie müssen sich nicht erst einen Weg bahnen, um älter zu werden. Es ist nicht so, als wäre nie zuvor jemand auf diesem Weg gegangen. Schauen Sie sich um. Sie haben reichlich Gelegenheit, sich vorzubereiten, es gibt genug Fälle, die Sie studieren können. Wenn Sie vom Älterwerden überrascht werden, dann dürfen Sie die Schuld dafür nicht Gott geben. Er hat Ihnen genug Ratschläge gegeben. Und er hat Sie auch vor den Gefahren gewarnt.

Sie wollen ein paar Beispiele hören? Ich bin froh, dass Sie fragen. Wie wäre es mit Lukas 17,33?

„Wer sich an sein Leben klammert, wird es verlieren. Wer sein Leben aber für Gott einsetzt, wird es für immer gewinnen."

„Es gibt zwei Möglichkeiten, das Leben zu betrachten", sagt Jesus, „man kann es beschützen oder man kann es leben. Am klügsten sind nicht die Menschen mit den meisten Jahren in ihrem Leben, sondern die mit dem meisten Leben in ihren Jahren."

Was Annie Dillard in „Ich schreibe" („The writing life") über *ihre* schriftstellerische Tätigkeit sagt, trifft auch auf unser Leben zu: „Das Wenige, das ich über das Schreiben weiß, ist Folgendes: Gib alles, verlier alles, sofort und zu jeder Zeit. Was dir gut erscheint, hebe nicht für eine spätere Stelle im Buch auf oder für ein anderes Buch. Gib, gib alles und gib alles sofort."

Das Leben besitzt eine gewisse Unberührtheit, es ist in gewisser Hinsicht ein Wunder. Streben Sie nach dem Leben. Jagen Sie ihm nach. Geben Sie alles, um das Leben zu erlangen. Hören Sie nicht auf das Gejammer derjenigen, die sich mit einem zweitklassigen Leben zufrieden gegeben haben und von Ihnen dasselbe erwarten. Sonst fühlen Sie sich nur schuldig. Ihr Ziel ist nicht ein langes Leben, sondern das Leben selbst.

Jesus sagt, dass es zwei Möglichkeiten gibt. Auf der einen Seite ertönt die Stimme der Sicherheit. Wir können ein Feuer im Kamin anzünden, im Haus bleiben und sind warm, trocken und sicher. Wenn man nie nach draußen geht, kann man auch nicht verletzt werden, oder? Niemand kann Sie wegen irgendetwas kritisieren, das Sie erst gar nicht versucht haben, nicht wahr? Man kann nicht fallen, wenn man keinen Standpunkt einnimmt. Man kann nicht das Gleichgewicht verlieren, wenn man erst gar nicht die Herausforderung annimmt, nach oben zu klettern. Also versuchen Sie es lieber nicht. Wählen Sie den sicheren Weg.

Oder Sie hören auf den Ruf des Abenteuers – Gottes Abenteuers. Statt ein Feuer im Kamin anzuzünden, entfachen Sie ein Feuer in Ihrem Herzen. Folgen Sie Gottes Impulsen. Adoptieren Sie das Kind. Ziehen Sie ins Ausland. Übernehmen Sie die Gruppe und unterweisen Sie die Ihnen anvertrauten Menschen. Wechseln Sie den Beruf. Bewerben Sie sich um das Amt. Nehmen Sie Einfluss auf die Situation. Natürlich haben Sie keine Sicherheit, aber was macht das schon?

Sie meinen, es wäre sicher, im Haus zu bleiben und nicht in die Kälte hinauszugehen? Jesus ist da anderer Meinung. „Wer sich an sein Leben klammert, wird es verlieren." Mir gefällt, was Douglas MacArthur sagte, als er siebenundachtzig war: „Niemand wird nur dadurch alt, dass er eine bestimmte Anzahl von Jahren gelebt hat. Die Menschen werden alt, wenn sie ihre Ideale aufgeben. Die Jahre mögen die Haut faltig machen, aber wenn man seine Interessen aufgibt, bekommt die Seele Falten."

Der Pilot Charles Lindbergh, der als Erster den Atlantik überquerte, sagte über ein sicheres Leben Folgendes:

„Ich beschloss: Wenn ich zehn Jahre fliegen könnte, bevor ich bei einem Absturz ums Leben käme, wäre dies für ein normales Menschenleben ein lohnender Beruf ... Für wen hat das Leben wohl einen höheren Wert: für die Flieger, die es für die Kunst einsetzten, die sie so sehr liebten, oder für die Geizkragen, die wie Ameisen ihre

Tage verbrachten und das Leben nur centweise ausgaben?"

Lesen Sie noch einmal die Worte, mit denen Jesus uns ermahnt: „Wer sich an sein Leben klammert, wird es verlieren. Wer sein Leben aber für Gott einsetzt, wird es für immer gewinnen."

Bemühen Sie sich darum, die Neugier Ihrer Kindheit wiederzugewinnen. Die Tatsache, dass Sie schon fast oben auf dem Berg angelangt sind, bedeutet noch längst nicht, dass Sie Ihren Höhepunkt bereits überschritten haben.

Ihr letztes Kapitel kann das beste werden. Ihr letztes Lied kann das schönste werden. Es könnte sein, dass Ihr ganzes Leben nur die Vorbereitung auf einen großartigen Abgang war. Die ältesten Gottesmänner und -frauen gehörten immer zu denen, die Gott ganz besonders auserwählt hatte.

Das, was Mose als Achtzigjähriger tat, fand Eingang in die Bibel. Der alte und reife Abraham war viel weiser als der junge und forsche Abram. Kaleb erhob auch im Alter von fünfundachtzig noch Anspruch auf seinen Berg. Hanna war eine vierundachtzigjährige Witwe und trotzdem noch stark genug, für das Kommen des Messias zu beten. Ihre Vision war noch groß genug, um ihn zu erkennen, als er erschien.

Und sehen wir uns einmal Johannes an, den betagten Apostel Johannes, den letzten der Apostel, den geliebten Freund Jesu. Seine letzten Tage wären gewiss still und ruhig verlaufen. Mit Sicherheit hatte er seine Aufgabe schon erfüllt.

„Keineswegs", würde er sagen. Damit darf man Johannes nicht kommen. Und Gott darf man damit auch nicht kommen. Denn keiner von beiden hatte sich zur Ruhe gesetzt. Johannes musste noch ein weiteres Kapitel schreiben. Was für ihn eigentlich eine Insel der Isolation sein sollte, wurde zu einem Ort der Inspiration – in seinen letzten Jahren schrieb Johannes das letzte Buch der Bibel. Könnte es sein, dass Johannes' Leben bis dahin nur eine Vorbereitung auf diesen Augenblick war?

Diesen Gedanken muss auch Robert Browning gehabt haben, als er die bekannten Worte schrieb:

„Werde mit mir alt.
Das Beste kommt erst noch.
Das letzte Stück des Lebens,
worauf das erste Stück nur zielte."

Ihre letzten Jahre können die besten sein. Fragen Sie Othmar Ammann. Als er sich im „Ruhestand" befand, entwarf er großartige Bauwerke, zum Beispiel die Autobahnen von Connecticut und New Jersey, die *Civic Arena* von Pittsburgh, den Dulles-Flughafen, die *Throngs Neck Bridge* und die *Verrazano Narrows Bridge*.

Auch Heinrich Schliemann würde den Worten von Browning zustimmen. Er trat als Geschäftsmann in den Ruhestand, damit er Zeit hatte, nach Troja zu suchen, der legendären Stadt Homers. Und er fand sie.

Winston Churchill hätte es verdient, nach dem Zweiten Weltkrieg einen ruhigen Lebensabend zu verbringen, aber er wählte einen anderen Weg. Er griff nach Stift und Papier und gewann im Alter von neunundsiebzig Jahren den Nobelpreis für Literatur.

Manche werden alt und gehen angeln. Andere werden alt und gehen auf die Jagd – sie jagen dem nach, was sie schon immer tun wollten; und jetzt tun sie es.

Ein Freund des verstorbenen amerikanischen Journalisten Oliver Wendell Holmes fragte ihn einmal, warum er im Alter von vierundneunzig noch angefangen hätte, Griechisch zu lernen. Holmes antwortete: „Nun, mein lieber Herr, entweder jetzt oder nie."

Als J. C. Penney fünfundneunzig war, erklärte er: „Mein

Augenlicht mag schwächer werden, aber meine Vision wird deutlicher."

Wenn wir älter werden, sollte unsere Sicht sich verbessern. Nicht unsere Sicht von dieser Welt, sondern unsere Sicht vom Himmel. Wer sein ganzes Leben lang Ausschau nach dem Himmel gehalten hat, macht einen Freudensprung, wenn die himmlische Stadt ins Blickfeld rückt. Nachdem Michelangelo gestorben war, fand man in seinem Atelier ein Stück Papier, auf dem er eine Notiz für seinen Lehrling hinterlassen hatte. Mit der Handschrift eines hochbetagten Mannes schrieb der große Künstler: „Male, Antonio, male und verschwende nicht deine Zeit."

Diese Dringlichkeit ist wohlbegründet, Michelangelo. Die Zeit verfliegt. Die Tage verrinnen. Die Jahre verblassen. Und das Leben geht seinem Ende zu. Unsere Aufgabe müssen wir ausführen, solange wir noch Zeit haben.

Wir fänden es höchst unvernünftig, wenn sich ein Reisender nicht auf das Ziel seiner Reise vorbereiten würde. Wir würden den armen Fahrgast bemitleiden, der nie in seinen Fahrplan geschaut hat. Wir wären sehr verwundert, wenn jemand meinte, der Sinn der Reise sei die Reise selbst.

Einer der traurigsten Verse in der Bibel ist vielleicht dieser: „Die Ernte ist vergangen, der Sommer ist zu Ende und wir sind nicht gerettet" (Jeremia 8,20).

Viele Menschen jedoch beschäftigen sich mit ihrem Reiseziel. Ich hoffe, Sie gehören auch zu dieser Gruppe. Und ich hoffe, dass Sie vorbereitet sind, wenn Sie zu Hause eintreffen. Wenn Sie mit dieser Einstellung leben, dann ist für Sie das Alter kein Feind, sondern ein Meilenstein – eine freundliche Erinnerung daran, dass Ihr Zuhause noch nie so nah war.

Sagen Sie das Ihrem Friseur.

9 Lesen Sie die Geschichte

Wenn man von anderen enttäuscht wird

Am selben Tag wanderten zwei Jünger nach Emmaus, einem Dorf, das ungefähr zehn Kilometer von Jerusalem entfernt liegt. Unterwegs redeten sie über nichts anderes als über die Ereignisse der letzten Tage. Während sie miteinander sprachen, gesellte sich Jesus zu ihnen. Aber – wie mit Blindheit geschlagen – konnten sie ihn nicht erkennen.
„Worüber unterhaltet ihr euch?", fragte sie Jesus. Die Jünger blieben traurig stehen, und verwundert bemerkte Kleopas, einer von den beiden: „Ich glaube, du bist der Einzige in Jerusalem, der nichts von den Ereignissen der letzten Tage gehört hat." „Was ist denn geschehen?", wollte Jesus wissen.
„Du hast nichts von Jesus gehört, dem Mann aus Nazareth?", antworteten die Jünger. „Er war ein Prophet, den Gott geschickt hat. Jeder im Volk konnte das an seinen Worten und Taten erkennen. Aber unsere Hohenpriester und die Männer vom Hohen Rat haben ihn an die Römer ausgeliefert. Er wurde zum Tode verurteilt und dann ans Kreuz geschlagen. Dabei hatten wir gehofft, dass er der von Gott verheißene Retter ist, der Israel befreien sollte.
Das war vor drei Tagen. Heute Morgen wurden wir sehr beunruhigt durch einige Frauen, die zu uns gehören. Schon vor Sonnenaufgang waren sie zum Grab gegangen, aber sein Leichnam war nicht mehr da. Ihnen seien Engel erschienen, die sollen gesagt haben: ‚Jesus lebt!' Einige von uns sind gleich zum Grab gelaufen. Es war tatsächlich leer, wie die Frauen berichtet hatten. Aber Jesus haben sie nicht gesehen."
Darauf sagte Jesus zu ihnen: „Wie unverständig seid ihr doch! Warum begreift und glaubt ihr nicht, was die Propheten vorhergesagt haben? Musste Christus nicht all dies erleiden, bevor Gott ihn zum Herrn über alles einsetzt?" Dann erklärte

ihnen Jesus, was in der Heiligen Schrift über ihn gesagt wird – von den Büchern Mose angefangen bis zu den Propheten.
Inzwischen waren sie kurz vor Emmaus. Es sah aus, als wollte Jesus weitergehen. Deshalb drängten ihn die Jünger: „Bleibe doch über Nacht bei uns! Es wird ja schon dunkel." So ging er mit ihnen ins Haus. Als sie sich zum Essen gesetzt hatten, nahm Jesus das Brot, dankte dafür, teilte es in Stücke und gab es ihnen. Da plötzlich erkannten sie ihn. Doch er verschwand vor ihren Augen.
Jetzt fiel es ihnen wie Schuppen von den Augen: „Haben wir nicht im Innersten gespürt, dass es Jesus ist, als er unterwegs mit uns sprach und uns die Verheißungen der Heiligen Schrift erklärte?"
Ohne Zeit zu verlieren, liefen sie sofort nach Jerusalem zurück. Dort waren die elf Jünger und andere Freunde Jesu zusammen. Von ihnen wurden sie mit den Worten begrüßt: „Der Herr ist auferstanden! Er ist tatsächlich auferstanden! Petrus hat ihn gesehen!" Nun erzählten die beiden, was auf dem Weg nach Emmaus geschehen war, und dass sie ihren Herrn daran erkannt hatten, wie er das Brot austeilte.
Lukas 24,13–35

Jetzt fiel es ihnen wie Schuppen von den Augen: „Haben wir nicht im Innersten gespürt, dass es Jesus ist, als er unterwegs mit uns sprach und uns die Verheißungen der Heiligen Schrift erklärte?"
Lukas 24,32

Der zehnjährige Phineas war lange vor Sonnenaufgang aufgestanden. Er hatte die Nacht kaum geschlafen. Lange bevor irgendein Geräusch im Haus zu hören war, hatte er sich mit gepackter Tasche nach unten begeben und war bereit, den Wagen zu besteigen.

Es war im Jahr 1820. Phineas sollte eine Insel sehen. Seine Insel. Die Insel, die ihm bei seiner Geburt versprochen worden war. Am Tag seiner Geburt hatte sein Großvater ihm eine Übertragungsurkunde geschenkt, ein ansehnliches Stück Land in Connecticut, das als „Efeu-Insel" bezeichnet wurde. Und heute sollte Phineas diese Insel zum ersten Mal sehen.

Nicht jeder Junge wird als Grundbesitzer geboren. Phineas' Eltern waren darauf bedacht, ihren Sohn immer wieder daran zu erinnern. Sie legten ihm ans Herz, den Besitz nicht zu vergessen, wenn er die Volljährigkeit erlangt haben würde. Nachbarn machten sich Sorgen, ob der junge Grundbesitzer überhaupt mit ihren Kindern spielen würde.

Ihre Bedenken waren berechtigt. Phineas war anders als seine Spielkameraden. Wenn sie von Drachen und Rittern träumten, träumte er von der Efeu-Insel. Eines Tages würde er Herr über das eigene Land sein. Er würde ein Haus bauen. Eine Farm anlegen. Vieh züchten. Seinem Gut vorstehen.

Wenn man eine Insel besitzt, fühlt man sich wichtig.

Wenn man eine Insel besitzt, möchte man sie sehen. Das stand Phineas noch bevor. Er drängte seinen Vater immer wieder, mit ihm zu seiner Insel zu fahren, und schließlich, im Sommer des Jahres 1820, willigte der Vater ein.

Drei schlaflose Nächte gingen der Expedition voraus. Dann, früh am Morgen, bestiegen Phineas, sein Vater und ein Knecht den Einspänner und machten sich auf die lang ersehnte Reise. Endlich würde Phineas sein Land sehen.

Der Junge konnte kaum still sitzen. Immer wenn sie oben auf einem Hügel angekommen waren, fragte er: „Ist es noch weit? Kann ich die Insel von hier aus sehen?“ Sein Vater ermahnte ihn zur Geduld und versicherte ihm, dass es nicht mehr weit sei.

Schließlich zeigte der Vater nach Norden, wo hinter einem Feld eine Reihe hoher Bäume in den Himmel aufragte.

„Da“, sagte er. „Dort ist die Efeu-Insel.“

Nun konnte Phineas es nicht mehr aushalten. Er sprang vom Wagen, ließ den Vater einfach stehen und stürmte über die Wiese. Er rannte bis zu den Bäumen, hinter denen sich eine Lichtung öffnete, von der aus die Efeu-Insel zu sehen war.

Als er das Land sah, blieb er stehen. Ihm sank aller Mut.

Die Efeu-Insel war ein fünf Morgen großes Stück Marschland, auf dem es von Schlangen wimmelte. Der Großvater hatte es als das wertvollste Land in Connecticut beschrieben. Aber es war wertlos. Der Vater hatte Phineas erklärt, es habe sich um ein großzügiges Geschenk gehandelt. Aber es war ein Witz ... ein grausamer Witz. Während der sprachlose Phineas auf die Insel starrte, brüllten hinter ihm der Vater und der Knecht vor Lachen.

Phineas war nicht der glückliche Erbe, sondern wurde zum allgemeinen Gespött der Familie. Großvater Taylor hatte seinen Nachkommen zum Narren gehalten.

Phineas war nicht zum Lachen zumute. Und vergessen konnte er diesen Tag auch nicht. Die erlittene Enttäuschung prägte sein ganzes Leben. Er, der Betrogene, machte es sich zum Lebensmotto, andere zu betrügen.

Der kleine Junge, der getäuscht worden war, wurde dadurch berühmt, dass er andere Menschen täuschte.

Vielleicht hat er sogar Sie getäuscht.

Sie kennen ihn nicht unter dem Namen Phineas. Sie kennen ihn unter P. T. Sie kennen ihn nicht als Grundbesitzer. Sie kennen ihn als Promoter. Sie kennen ihn als den, der das Sprichwort geprägt hat: „Jede Minute wird ein Trottel geboren." Er hat sein Leben damit verbracht, diesen Satz zu beweisen. So sah das Leben von P. T. aus – von P. T. Barnum.

Und so sieht auch das Leben vieler anderer Menschen aus, Menschen, denen man versprach, sie würden in das verheißene Land geführt werden, und die dann feststellen mussten, dass sie in einen Sumpf geführt wurden.

Ich fuhr diese Woche zusammen mit einem Geschäftsmann zum Flughafen. Das Einkommen dieses Geschäftsmannes war vor zehn Jahren zwanzigmal höher als heute. Das war vor dem Niedergang seines Industriezweigs. Das war, bevor er bankrottging.

Nach der Predigt am letzten Sonntag fragte mich eine Frau, die aus einer anderen Stadt kam, was sie mit ihren Erinnerungen machen sollte. Ich fragte sie, was sie damit meinte, und sie antwortete: „Ich möchte gern in die Kirche gehen, aber als junges Mädchen bin ich von einem Prediger missbraucht worden. Und jetzt muss ich immer daran denken, wenn ich in die Kirche gehe."

Eine gute Freundin erzählte mir, dass ihrem Mann Golfspielen wichtiger sei als sie.

Und als ich einmal in meinem Büro saß und schrieb, kam ein Mitarbeiter vorbei, um mich über den neuesten Stand des Gerichtsprozesses zu informieren, den er gegen den Bauunternehmer führt, der sein Haus unvollendet hat stehen lassen.

Stimmt mit diesen Leuten irgendetwas nicht? Nein, ihre Wünsche sind in Ordnung. Der eine möchte ein florierendes Geschäft; der andere wünscht sich einen Gottesdienst, der ihn stärkt; einen Ehemann, der sein Eheversprechen einhält; einen Bauunternehmer, der sein Wort hält. Wer wollte sie beschuldigen, dass sie solche Träume hatten? Wer wollte sie anklagen, dass sie überhaupt träumten? Wer hätte gedacht, dass ihre Träume zerplatzen würden?

Sie selbst ganz bestimmt nicht.

Doch nun stehen diese Menschen vor einer Entscheidung. Was machen sie mit ihrer Enttäuschung? Was machen sie mit ihrem zerbrochenen Herzen? Wir sprechen hier nicht von Unannehmlichkeiten oder Strapazen. Es geht hier nicht um langes Warten in einer Schlange oder vor einer roten Ampel, auch nicht um ein verlorenes Tennismatch. Es geht um zerbrochene Herzen. Es geht um das, was zwei Freunde von Jesus zwei Tage nach seinem Tod fühlten. Ihre Welt ist zusammengebrochen. Man sieht es an ihrem Gang. Ihr Schritt ist schwer, sie lassen den Kopf hängen, die Schultern sind gebeugt. Die zehn Kilometer lange Strecke von Jerusalem nach Emmaus muss ihnen zehnmal so lang vorgekommen sein.

Während sie laufen, sprechen sie „über nichts anderes als über die Ereignisse der letzten Tage" (Lukas 24,14). Es fällt nicht schwer, sich das Gespräch vorzustellen.

„Warum haben sich die Leute gegen ihn gewandt?"

„Er hätte doch vom Kreuz heruntersteigen können. Warum hat er es nicht getan?"

„Er hat sich einfach von Pilatus herumstoßen lassen."

„Was sollen wir jetzt tun?"

Während sie gehen, taucht hinter ihnen ein Fremder auf. Es ist Jesus, aber sie erkennen ihn nicht. Die Enttäuschung bewirkt, dass sie ihn nicht als den erkennen, der er ist. Enttäuschung macht uns blind für die Gegenwart Gottes. Sie kehrt unseren Blick nach innen. Gott kann direkt neben uns gehen, aber die Verzweiflung vernebelt unsere Sicht.

Verzweiflung bewirkt noch etwas anderes. Sie vernebelt nicht nur unsere Sicht, sie verhärtet auch unser Herz. Wir werden zynisch. Wir werden gefühllos. Und wenn uns dann eine gute Nachricht erreicht, wollen wir sie aus Angst, erneut enttäuscht zu werden, nicht glauben. Genau das war mit jenen zwei Männern geschehen.

Im weiteren Verlauf der Geschichte sprechen sie folgende Worte:

„Heute Morgen wurden wir sehr beunruhigt durch einige Frauen, die zu uns gehören. Schon vor Sonnenaufgang waren sie zum Grab gegangen; aber sein Leichnam war nicht mehr da. Ihnen seien Engel erschienen, die sollen gesagt haben: ‚Jesus lebt!' Einige von uns sind gleich zum Grab gelaufen. Es war tatsächlich leer, wie die Frauen berichtet hatten. Aber Jesus haben sie nicht gesehen."
Lukas 24,22–24

Wenn wir die Bibel lesen, können wir nicht unbedingt sagen, in welchem Tonfall bestimmte Worte gesprochen wurden. Manchmal wissen wir nicht, ob der Sprecher die Worte jubelnd, traurig oder gelassen gesagt hat. Doch in unserem Fall besteht kein Zweifel daran, was die Männer denken: *Als wenn es nicht schon schlimm genug wäre, dass Jesus umgebracht wurde! Jetzt ist sein Leichnam auch noch von Grabräubern gestohlen worden und unsere Freunde haben sich davon täuschen lassen.*

Diese beiden Jünger Jesu sind nicht bereit, den Frauen zu glauben. Wenn man sich einmal täuscht, dann liegt die Schuld beim andern. Aber wenn man sich zweimal täuscht, dann muss man sich selbst die Schuld geben. Kleopas und sein Freund schützen ihr Herz mit einem Panzer. Sie wollen nicht schon wieder ein Risiko eingehen. Sie wollen nicht noch einmal verletzt werden.

Eine weitverbreitete Reaktion, nicht wahr? Sind Sie durch Liebe verletzt worden? Hat jemand sein Versprechen nicht gehalten? Dann vertrauen Sie nie wieder. Ist Ihr Herz gebrochen? Dann verschenken Sie es nicht mehr. Leben Sie wie P. T. Barnum. Gewinnen Sie das Spiel, indem Sie der Welt die Schuld geben und Ihr Herz verhärten.

Es gibt eine Linie, eine sehr schmale Linie. Wenn Sie diese Linie überschreiten, kann das fatale Auswirkungen haben. Es ist die Linie zwischen Enttäuschung und Zorn. Zwischen Verletzung und Hass, zwischen Bitterkeit und Schuld. Wenn Sie sich dieser Linie nähern, so gebe ich Ihnen den dringenden Rat, sie nicht zu überschreiten. Treten Sie einen Schritt zurück und stellen Sie sich die folgenden Fragen: Wie lange will ich den Preis für meine Enttäuschung bezahlen? Wie lange will ich meine Verletzung weiter nähren?

Irgendwann müssen Sie weitergehen. Irgendwann müssen Sie gesund werden. Irgendwann müssen Sie Jesus das an sich tun lassen, was er an jenen Männern tat.

Wissen Sie, was er tat? Zuallererst einmal kam er zu ihnen. Ich weiß, dass ich diesen Punkt bereits erwähnt habe, aber es lohnt sich, ihn noch einmal zu wiederholen. Jesus lehnte sich nicht zurück, verschränkte die Arme und sagte: „Warum kapieren diese beiden nicht, was läuft?“ Er beklagte sich nicht bei den Engeln: „Warum glauben sie dem leeren Grab nicht? Warum ist es so schwer, ihnen eine Freude zu machen?“

Was tat er stattdessen? Er begegnete ihnen inmitten ihres Schmerzes. Obwohl dem Tod die Macht genommen und die Sünde ein für alle Mal bezahlt ist, hat Jesus sich nicht zurückgezogen. Der Auferstandene wurde erneut Fleisch und Blut, hat menschliche Kleider angezogen und sich zu den Menschen aufgemacht, deren Herz vom Schmerz beschwert war.

„Was ist denn geschehen?“, wollte Jesus wissen. „Du hast nichts von Jesus gehört, dem Mann aus Nazareth?“, ant-

worteten die Jünger. „Er war ein Prophet, den Gott geschickt hat. Jeder im Volk konnte das an seinen Worten und Taten erkennen. Aber unsere Hohenpriester und die Männer vom Hohen Rat haben ihn an die Römer ausgeliefert. Er wurde zum Tode verurteilt und dann ans Kreuz geschlagen. Dabei hatten wir gehofft, dass er der von Gott verheißene Retter ist, der Israel befreien sollte."
Lukas 24,19–21

Da haben wir es: „Dabei hatten wir gehofft ..." Die Jünger hatten gehofft, Jesus würde Israel befreien. Sie hatten gehofft, er würde die Römer hinauswerfen. Sie hatten gehofft, Pilatus würde abgesetzt und Jesus als König eingesetzt werden. Aber Pilatus war nach wie vor an der Macht – und Jesus war tot.

Unerfüllte Erwartungen. Gott handelte nicht so, wie die Jünger es erwartet hatten.

Sie wussten, was sie von Jesus erwarteten. Sie wussten, was er eigentlich tun sollte. Sie mussten ihn nicht erst fragen. Wenn Jesus wirklich der Messias ist, dann wird er nicht schlafen, wenn es um mich stürmt. Dann wird er niemals sterben. Dann wird er sich der Tradition nicht widersetzen. Er wird tun, was man von ihm erwartet.

Aber so war es nicht. Und eigentlich könnten wir uns doch darüber freuen, oder? Ist es nicht gut, dass das Gebet von Kleopas und seinem Freund nicht erhört wurde? Ist es nicht gut, dass Gott seinen Plan nicht den Wünschen dieser beiden Jünger angepasst hat?

Es waren tüchtige Jünger mit einem guten Herzen. Und mit aufrichtigen Gebetsanliegen. Sie hatten einfach nur falsche Erwartungen.

Als meine älteste Tochter ungefähr sechs Jahre alt war, unterhielten wir uns einmal über meine Arbeit. Es schien, als wäre sie mit meiner Berufswahl nicht einverstanden. Sie wollte, dass ich aufhörte, als Pastor zu arbeiten. „Ich finde schon, dass du ein guter Prediger bist", erklärte sie, „aber ich wünsche mir, dass du Eisverkäufer wirst."

Ein aufrichtiger Wunsch aus einem reinen Herzen. Für sie war einfach klar, dass die Männer, die mit dem Eiswagen umherfuhren, die glücklichsten Menschen der Welt sein mussten. Man lässt Musik spielen. Verkauft Eis und Süßigkeiten. Macht Kinder glücklich. Was will man mehr? (Also, es lohnt sich wirklich, das einmal ernsthaft zu überlegen. Vielleicht hat sie ja Recht. Ich würde ein festes Einkommen haben, könnte einen Lieferwagen kaufen ... Aber nein, ich würde zu viel essen.)

Ich hörte ihren Wunsch, aber ich nahm ihn mir nicht zu Herzen. Warum? Weil ich es besser wusste. Ich wusste, wozu ich berufen bin und was ich tun muss. Die Tatsache war einfach, dass ich mehr Ahnung vom Leben hatte als sie.

Und Tatsache ist auch, dass Gott mehr Ahnung vom Leben hat als wir.

Die Menschen wollten, dass er Israel befreite, aber er wusste es besser. Er ließ es zu, dass sein Volk zeitweilig unterdrückt wurde, aber nicht ewig verloren ging. Als er sich zwischen dem Kampf gegen Pilatus und dem Kampf gegen Satan entscheiden musste, wählte er den Kampf, den wir niemals gewinnen würden. Er sagte Nein zu dem, was seine Jünger wollten, aber Ja zu den Dingen, die sie brauchten. Er sagte Nein zu einem befreiten Israel, aber Ja zu einer befreiten Menschheit.

Ich will die Frage noch einmal stellen: Ist es nicht gut, dass er so handelte? Und ist es nicht gut, dass er immer noch so handelt?

Wir wollen ehrlich sein. Ist es nicht gut, dass er Nein sagt zu dem, was wir wollen, aber Ja zu dem, was wir benötigen? Nicht immer erscheint uns das gut. Wenn wir um eine neue Ehe bitten und er sagt, wir sollen unsere bestehende Ehe in Ehren halten, dann sind wir nicht glücklich. Wenn wir um Heilung bitten und er sagt, wir sollen durch den Schmerz etwas lernen, sind wir unzufrieden. Und auch wenn wir um mehr Geld bitten und er sagt, wir sollen das Unsichtbare schätzen lernen, sind wir keinesfalls immer glücklich damit.

Wenn Gott nicht das tut, was wir wollen, ist das in den wenigsten Fällen leicht zu akzeptieren. Es war nie leicht. Es wird nie leicht sein. Aber der Glaube ist die Überzeugung, dass Gott mehr vom Leben weiß als wir und dass er uns durch jede Schwierigkeit hindurchführen kann.

Erinnern wir uns daran, dass Enttäuschung entsteht, wenn Erwartungen nicht erfüllt werden.

Enttäuschung wird dadurch geheilt, dass wir unsere Erwartungen verändern.

Kennen Sie die Geschichte von dem Mann, der in eine Tierhandlung ging, um sich einen singenden Kanarienvogel zu kaufen? Wahrscheinlich war dieser Mann Junggeselle, dem es zu Hause zu still war. Der Ladenbesitzer besaß einen Vogel, der genau den Wünschen des Mannes entsprach, und schnell war der Kauf getätigt. Als der Junggeselle am nächsten Tag von der Arbeit nach Hause kam, war das Haus von Gesang erfüllt. Er ging zum Käfig, um den Vogel zu füttern, und merkte erst jetzt, dass der Kanarienvogel nur ein Bein hatte.

Er fühlte sich betrogen, weil der Zoohändler ihm einen Vogel mit nur einem Bein verkauft hatte, rief den Verkäufer an und beschwerte sich.

„Was wollen Sie denn?“, erwiderte der Ladenbesitzer, „einen Vogel, der singen kann, oder einen Vogel, der tanzt?“

Eine gute Frage für Zeiten der Enttäuschung. Was wollen wir eigentlich? Genau das fragt Jesus auch seine Jünger. Was wollt ihr? Wollt ihr eine Befreiung auf Zeit – oder ewige Freiheit? Jesus setzte alles daran, die Erwartungen der Jünger zurechtzurücken.

Wissen Sie, was er tat? Er erzählte ihnen eine Geschichte. Aber nicht irgendeine Geschichte. Er erzählte ihnen die Geschichte von Gott und seinem Plan für die Menschen. „Dann erklärte ihnen Jesus, was in der Heiligen Schrift über ihn gesagt wird – von den Büchern Mose angefangen bis zu den Propheten“ (Lukas 24,27).

Faszinierend. Die göttliche Therapie für zerbrochene Herzen ist die Geschichte, die von Gott und seinen Taten handelt – von dem, was er seit Mose an den Menschen bewirkt hat. Warum erzählt Jesus das? Warum wiederholte er die alte Geschichte? Warum ging er zweitausend Jahre bis zur Geschichte von Mose zurück? Ich glaube, ich weiß, warum. Was die Jünger hörten, ist das, was wir alle hören müssen, wenn wir enttäuscht sind.

Wir müssen hören, dass Gott immer noch alles in der Hand hält. Wir müssen hören, dass die Geschichte erst dann zu Ende ist, wenn Gott es sagt. Wir müssen hören, dass die Missgeschicke und Tragödien des Lebens kein Grund sind, auszusteigen. Sie sollen uns dazu verhelfen, dass wir noch fester im Sattel sitzen.

Corrie ten Boom pflegte oft zu sagen: „Wenn der Zug durch einen Tunnel fährt und die Umgebung dunkel wird, springt man dann etwa aus dem Zug? Natürlich nicht. Man bleibt still sitzen und vertraut darauf, dass einen der Zugführer durch den Tunnel bringt.“

Warum erzählte Jesus die Geschichte? Damit wir wissen, dass der Zugführer nach wie vor die Kontrolle über den Zug hat.

Sie wollen wissen, wie man mit Entmutigung umgeht? Sie suchen nach einer Therapie gegen Enttäuschung? Wenden Sie sich wieder der Geschichte zu. Lesen Sie die Geschichte immer wieder. Lassen Sie sich daran erinnern, dass Sie nicht der erste Mensch sind, der weint. Und Sie sind auch nicht der Erste, dem geholfen wird.

Lesen Sie die Geschichte und denken Sie daran, dass die Geschichte jener Menschen Ihre Geschichte ist!

Ist die Herausforderung zu groß? Lesen Sie die Geschichte. Da, sehen Sie, das sind Sie, der mit Mose durch das Rote Meer zieht.

Sind die Sorgen zu groß? Lesen Sie die Geschichte. Da, sehen Sie, das sind Sie, der zusammen mit den Israeliten Speise vom Himmel empfängt.

Sind Ihre Wunden zu groß? Lesen Sie die Geschichte. Sehen Sie Joseph? Das sind Sie, und Sie vergeben Ihren Brüdern den Verrat an Ihnen.

Ist Ihr Feind zu mächtig? Lesen Sie die Geschichte. Sehen Sie sich, wie Sie mit Josaphat in die Schlacht ziehen, die bereits geschlagen ist.

Sind Ihre Enttäuschungen zu groß? Lesen Sie die Geschichte der Jünger, die auf dem Weg nach Emmaus waren. Der Retter, den sie für tot hielten, ging an ihrer Seite. Er betrat ihr Haus und setzte sich an ihren Tisch. Und im Herzen der Jünger ging eine Verwandlung vor: „Haben wir nicht im Innersten gespürt, dass es Jesus ist, als er unterwegs mit uns sprach und uns die Verheißungen der Heiligen Schrift erklärte?" (Lukas 24,32).

Wenn Sie das nächste Mal enttäuscht sind, dann geraten Sie nicht in Panik. Springen Sie nicht aus dem Zug. Geben Sie nicht auf. Sondern haben Sie einfach Geduld, und lassen Sie sich von Gott daran erinnern, dass er immer noch alles in seinen Händen hält. Es ist erst dann zu Ende, wenn es wirklich zu Ende ist.

Der glimmende Docht

Fasern, verwoben für die Flamme
Flamme, entzündet für das Licht
Kalte Böen – heiße Winde
Eine Kerze, überwältigt von der Nacht
Und trotzdem
Die hartnäckige Glut kämpft
Ringt mit Schatten und sucht
Eine hellere Flamme zur Kraft
Tanzendes Feuer zur Glut.

10 Die Kraft eines zaghaften Gebets

Wenn man sich fragt, ob die eigenen Gebete etwas bewirken

Bei ihrer Rückkehr fanden sie [Jesus, Petrus, Jakobus und Johannes] die anderen Jünger zusammen mit einigen Schriftgelehrten mitten in einer großen Volksmenge. Die Schriftgelehrten hatten die Jünger in ein Streitgespräch verwickelt. Als die Leute Jesus sahen, liefen sie ihm aufgeregt entgegen und begrüßten ihn. „Worüber streitet ihr euch denn?", fragte er sie. Einer aus der Menge antwortete: „Herr, ich habe meinen Sohn hergebracht, damit du ihn heilst, denn er kann nicht sprechen, weil er von einem bösen Geist beherrscht wird. Wenn dieser Geist Gewalt über ihn gewinnt, wirft er ihn zu Boden. Hilflos wälzt er sich dann auf der Erde, Schaum tritt ihm vor den Mund, er knirscht mit den Zähnen und bleibt schließlich bewusstlos liegen. Ich habe schon deine Jünger angefleht, den bösen Geist auszutreiben; aber sie konnten es nicht."

„Wann wollt ihr endlich anfangen zu glauben?", rief Jesus. „Wie lange muss ich noch bei euch sein, bis ihr das gelernt habt? Bringt das Kind her zu mir!" Sie brachten es. Als aber der böse Geist Jesus erkannte, schüttelte er den Jungen mit fürchterlichen Krämpfen. Der stürzte zu Boden, wälzte sich hin und her und der Schaum stand ihm vor dem Mund.

„Wie lange leidet er schon darunter?", fragte Jesus den Vater. „Von Kindheit an. Schon oft hat ihn der böse Geist in ein Feuer oder ins Wasser geworfen, um ihn umzubringen. Habe doch Erbarmen mit uns! Hilf uns, wenn du kannst!" „Wenn ich kann?", meinte Jesus verwundert. „Alles ist möglich, wenn

du mir vertraust." Verzweifelt bat ihn der Mann: „Ich will dir ja vertrauen. Aber hilf mir doch, dass ich es kann!"
Als Jesus sah, dass die Menschenmenge immer größer wurde, bedrohte er den bösen Geist, der das taubstumme Kind quälte: „Ich befehle dir, verlass dieses Kind und kehre nie wieder zu ihm zurück!" Da stieß der Dämon einen furchtbaren Schrei aus, zerrte den Jungen hin und her und verließ ihn. Der Junge lag regungslos da, sodass die meisten sagten: „Er ist tot!" Aber Jesus nahm seine Hand und half ihm aufzustehen.
Als Jesus mit seinen Jüngern ins Haus gegangen war, fragten sie ihn: „Weshalb konnten wir diesen Dämon nicht austreiben?" Jesus antwortete: „Das könnt ihr nur durch Beten und Fasten."
Markus 9,14–29

Diese Art kann durch nichts ausfahren als nur durch Beten.
Markus 9,29 (LÜ)

Dieses Kapitel ist nicht für Düsenjets geschrieben, sondern für landwirtschaftliche Flugzeuge zur Schädlingsbekämpfung.

Manche von Ihnen beten wie ein Düsenjet – glatt, elegant, hoch und voll Energie. Ihre Worte hallen in den Wolken wider und durchbrechen die Schallmauern des Himmels. Wenn Sie wie ein Düsenjet beten, dann ziehe ich meinen Hut vor Ihnen. Wenn Sie nicht so beten, kann ich sehr mit Ihnen mitfühlen.

Vielleicht sind Sie wie ich – mehr ein landwirtschaftliches Flugzeug zur Schädlingsbekämpfung als ein Düsenjet. Sie glänzen nicht. Sie fliegen tief über der Erde. Es sieht so aus, als würden Sie immer wieder über demselben Stück Land kreisen. Und an manchen Tagen ist es schwer, morgens den alten Motor anzuwerfen.

Den meisten von uns geht es so. Unser Gebetsleben könnte in den meisten Fällen eine Motivationsspritze vertragen.

Einigen fehlt es in ihrem Gebetsleben an Beständigkeit. Sie befinden sich entweder in einer Wüste oder in einer Oase. Lange, dürre Trockenperioden, die von kurzen Sprüngen in das tiefe Wasser der Gemeinschaft unterbrochen werden. Tage- oder wochenlang leben wir ohne regelmäßiges Gebet, doch dann geschieht plötzlich etwas – wir hören eine Predigt, lesen ein Buch, erleben eine Tragödie – irgendetwas bringt uns dazu zu beten und wir springen ins Wasser. Wir tauchen im Gebet unter und setzen unseren Weg erfrischt und erneuert fort. Der Weg geht weiter, unsere Gebete jedoch bleiben auf der Strecke.

Anderen unter uns fehlt es an Ernsthaftigkeit. Ihre Gebete sind ein wenig hohl, auswendig gelernt und steif.

Mehr Liturgie als Leben. Und obwohl sie täglich beten, geschieht es ohne Antrieb und Freude.

Wieder anderen fehlt es, nun ja, an Ehrlichkeit. Sie fragen sich ehrlich, ob ihr Beten wirklich etwas bringt: Warum um alles in der Welt will Gott im Himmel ausgerechnet mit mir reden? Wenn Gott sowieso alles weiß, warum sollte dann gerade ich ihm etwas sagen? Wenn Gott über alles herrscht, was nutzt ihm dann mein Tun?

Wenn das Gebet für Sie ein Kampf ist, dann habe ich genau den richtigen Mann für Sie. Machen Sie sich keine Sorgen, es handelt sich nicht um einen heiligen Mönch. Es ist kein Apostel mit Schwielen an den Knien. Es ist auch kein Prophet, dessen zweiter Rufname „Meditation" lautet. Es handelt sich nicht um ein für mich viel zu heiliges, mahnendes Vorbild, an dem uns deutlich werden soll, wie weit wir im Gebet gehen können. Nein, dieser Mann stellt gerade das Gegenteil dar. Ein Beispiel für ein ganz normales landwirtschaftliches Flugzeug. Ein Vater mit einem kranken Sohn, der auf ein Wunder angewiesen ist. Das Gebet des Vaters ist nicht großartig, aber die Erhörung ist großartig. Und das Ergebnis erinnert uns daran: Die Kraft liegt nicht im Gebet; sie liegt bei dem, der das Gebet hört.

Der Mann betete aus Verzweiflung. Sein Sohn, sein einziger Sohn, wurde von einem Dämon beherrscht. Der Sohn war nicht nur taubstumm und hatte Epilepsie, sondern war auch noch von einem bösen Geist besessen. Von klein auf hatte der Dämon den Jungen immer wieder ins Feuer und ins Wasser geworfen.

Stellen Sie sich den Schmerz des Vaters vor. Andere Väter konnten zusehen, wie ihre Kinder gesund aufwuchsen und heranreiften. Doch er musste zusehen, wie sein Sohn litt. Während die anderen Väter ihren Söhnen ein Handwerk beibrachten, musste er seine ganze Kraft dafür einsetzen, seinen Sohn am Leben zu erhalten.

Was für eine Herausforderung! Er konnte den Sohn

nicht eine Minute allein lassen. Wer weiß, wann der nächste Anfall kommt? Der Vater musste in ständiger Alarmbereitschaft sein, vierundzwanzig Stunden am Tag. Er war verzweifelt und müde, sein Gebet spiegelt beides wider.

„Habe doch Erbarmen mit uns! Hilf uns, wenn du kannst!"

Hören Sie sich dieses Gebet an. Klingt es mutig und kühn? Zuversichtlich? Stark? Wohl kaum.

Ein einziges Wort nur hätte das Gebet sehr verändert. Was wäre gewesen, wenn der Vater nicht *wenn*, sondern *weil* gesagt hätte? „Habe doch Erbarmen mit uns! Hilf uns, *weil* du kannst!"

Aber seine Worte lauteten anders. Er sagte „wenn". Im Griechischen wird dies noch stärker ausgedrückt. Die Zeitform, die dort verwendet wird, bringt Zweifel zum Ausdruck. Es scheint so, als ob der Mann sagte: „Dieser Fall ist wahrscheinlich auch für dich zu schwer, aber wenn du kannst ..."

Die klassische Bitte eines landwirtschaftlichen Flugzeugs. Mehr schwach als stark. Mehr zaghaft als entschlossen. Mehr wie ein verkrüppeltes Schaf, das zum Hirten läuft, als ein stolzer Löwe, der im Dschungel brüllt. Wenn das Gebet dieses Mannes Ihrem Gebet ähnelt, dann seien Sie nicht entmutigt, denn das ist der Punkt, an dem Gebet beginnt.

Es fängt mit einer Sehnsucht an. Mit einer ehrlichen Bitte. Nichts wird vorgetäuscht, keine Show wird abgezogen. Es ist nur Gebet. Ein schwaches Gebet. Aber es ist trotzdem Gebet.

Oft sind wir versucht, so lange mit dem Beten zu warten, bis wir wissen, wie wir beten können. Wir haben die Gebete der geistlich reifen Christen gehört. Wir haben die energischen Gebete der Disziplinierten gelesen. Und wir sind überzeugt, dass wir noch einen langen Weg vor uns haben.

Wir beten lieber gar nicht, als mit armseligen Worten zu beten. Oder wir beten nur ab und zu. Wir warten mit dem Beten, bis wir es gelernt haben.

Welches Glück, dass jener Mann nicht denselben Fehler beging. Er war kein großer Beter. Und sein Gebet war kein großartiges Gebet. Er gibt es sogar zu! „Ich will dir ja vertrauen. Aber hilf mir doch, dass ich es kann!" (Markus 9,24).

Dieses Gebet ist nicht für ein Gebetbuch bestimmt. Aus diesen Worten wird kein Psalm entstehen. Die Worte waren einfach – weder eine Beschwörung noch ein Lied. Aber Jesus antwortete. Er antwortete jedoch nicht auf die Wortgewandtheit des Mannes, sondern auf den Schmerz in seinem Herzen.

Jesus hätte viele Gründe, die Bitte des Mannes abzulehnen.

Zum einen war Jesus gerade vom Berg herabgestiegen, von dem Berg der Verklärung. Oben auf dem Berg hatte sich sein Gesicht verändert und seine Kleider hatten so hell geleuchtet wie der Blitz (siehe Lukas 9,29). Ein strahlender Glanz war von ihm ausgegangen. Die irdischen Mühsale waren der Herrlichkeit des Himmels gewichen. Mose und Elia erschienen und Engel ermutigten ihn. Jesus wurde über den staubigen Horizont der Erde erhoben. Er wurde verklärt. Der Weg nach oben war ein freudiges Hochgefühl.

Aber der Weg nach unten war entmutigend.

Als wir in Rio de Janeiro wohnten, machten wir gelegentlich Urlaub in Teresopolis, einem Bergdorf, das ein paar Stunden von der Stadt entfernt lag. Teresopolis war alles, was Rio nicht war. Es war ruhig. Es war sauber. Es war still. Und vor allem war es kühl. Rio dagegen glich einer Sauna.

Der Weg hinunter, zurück in die Stadt, war immer bedrückend. Armut, Hitze und Luftverschmutzung brachen wie eine Flut über uns herein. Jedes Mal mussten wir mächtig gegen die Versuchung kämpfen, umzudrehen und zurückzufahren.

Wenn Denalyn und ich schon nach einer Woche in den Bergen mit diesen Gefühlen zu kämpfen hatten, wie muss es erst Jesus ergangen sein, nachdem er einen Blick in den Himmel geworfen hatte!

Sehen Sie sich das Chaos an, das er vorfand, als er zurückkehrte. Die Jünger und die geistlichen Leiter stritten miteinander. Eine Menschenmenge stand gaffend um sie herum. Ein Junge, der sein Leben lang gelitten hatte, war den neugierigen Blicken der Menge ausgesetzt. Und ein verzweifelter Vater, der zu den Jüngern gekommen war, um von ihnen Hilfe zu erhalten, fragte sich, warum ihm niemand helfen konnte.

Kein Wunder, dass Jesus sagt: „Wann wollt ihr endlich anfangen zu glauben? Wie lange muss ich noch bei euch sein, bis ihr das gelernt habt?“ (Markus 9,19).

Noch nie ist der Kontrast zwischen Himmel und Erde so drastisch gewesen.

Noch nie ist der Schauplatz des Gebets so armselig gewesen. Wo ist der Glaube in dieser Begebenheit? Die Jünger haben versagt, die Schriftgelehrten haben sich amüsiert, der Dämon ist mächtig und stark und der Vater verzweifelt. Man kommt schon sehr in Bedrängnis, wenn man unter diesen Umständen einen Funken Glauben finden will.

Vielleicht kommen auch Sie in Bedrängnis, wenn Sie in Ihrem eigenen Aschehäufchen des Zweifels einen Funken finden sollen. Vielleicht ist auch Ihr Leben weit vom Himmel entfernt. Ein lautes Familienleben – schreiende Kinder statt singender Engel. Zwietracht in religiösen Fragen – Ihre Leiter streiten sich mehr, als dass sie der Gemeinde dienen. Ausweglose Probleme. Sie können sich gar nicht mehr an eine Zeit erinnern, in der Sie morgens aufwachten und nicht diesem Dämon in die Augen sahen.

Und trotzdem hören Sie inmitten des verzweifelten

Lärms Ihre zaghafte Stimme: „Wenn du irgendetwas für mich tun kannst ..."

Bewirkt ein solches Gebet irgendetwas?

Lassen wir diese Frage von Markus persönlich beantworten:

„Als Jesus sah, dass die Menschenmenge immer größer wurde, bedrohte er den bösen Geist, der das taubstumme Kind quälte: ‚Ich befehle dir, verlass dieses Kind und kehre nie wieder zu ihm zurück.' Da stieß der Dämon einen furchtbaren Schrei aus, zerrte den Jungen hin und her und verließ ihn. Der Junge lag regungslos da, sodass die meisten sagten: ‚Er ist tot!' Aber Jesus nahm seine Hand und half ihm aufzustehen."
Markus 9,25–27

Das verwirrte die Jünger. Als sie die Menschenmenge hinter sich gelassen hatten, fragten sie Jesus: „Warum konnten wir diesen Dämon nicht austreiben?"

Was antwortete Jesus? „Diese Art kann durch nichts ausfahren als nur durch Gebet."

Was für ein Gebet? Welches Gebet bewirkte die Veränderung? War es das Gebet der Apostel? Nein, sie beteten nicht. Dann muss es das Gebet der Schriftgelehrten gewesen sein. Vielleicht gingen sie in den Tempel und taten Fürbitte? Nein. Auch die Schriftgelehrten beteten nicht. Dann muss es die Volksmenge gewesen sein. Vielleicht hielten sie eine Gebetsnacht für den Jungen? Nein. Das Volk betete nicht. Kein Einziger beugte seine Knie. Welches Gebet war es dann, das Jesus dazu bewegte, den Dämon auszutreiben?

Es gibt nur ein einziges Gebet in dieser Geschichte. Es ist das aufrichtige Gebet eines Not leidenden Mannes. Und da unsere Not Gottes Herz mehr berührt als unsere Wortgewandtheit, antwortete er. Das ist die Art, wie Väter handeln.

Genauso handelte auch Jim Redmond.

Sein Sohn Derek, ein 26-jähriger Brite, gewann 1992 bei der Olympiade in Barcelona den Vierhundert-Meter-Lauf. Als er die Hälfte der Strecke im Semifinale hinter sich hatte, spürte er im rechten Bein einen stechenden, brennenden Schmerz. Er brach mit einer gerissenen Achillessehne auf der Bahn zusammen.

Schon kamen die Erste-Hilfe-Kräfte herbeigeeilt, doch Redmond kämpfte sich wieder auf die Beine. „Es war wie der Instinkt eines Tieres", berichtete er später. Hüpfend setzte er den Lauf fort und stieß in dem wahnsinnigen Versuch, das Rennen doch noch zu beenden, die Trainer von sich.

Als er am Ende seiner Kräfte angelangt war, drängte sich ein großer Mann durch die Menge. Er trug ein T-Shirt, auf dem zu lesen war: „Hast du heute schon dein Kind umarmt?" Und auf seinem Hut stand die Aufforderung: „Tu es doch!" Der Mann war Jim Redmond, Dereks Vater.

„Du musst doch nicht weiterlaufen", erklärte er seinem weinenden Sohn.

„Doch, ich muss", erklärte Derek.

„Also gut", meinte Jim, „dann werden wir diesen Lauf gemeinsam beenden."

Und das taten sie. Jim legte Dereks Arm um seine Schulter und half ihm, bis zur Ziellinie zu humpeln. Indem sie alle Sicherheitskräfte abwehrten und der Sohn seinen Kopf manchmal an die Schulter des Vaters lehnte, blieben sie bis zum Schluss auf Dereks Bahn.

Die Zuschauer klatschten Beifall, standen auf, brüllten vor Begeisterung und weinten schließlich, als Vater und Sohn gemeinsam den Lauf beendeten.

Was hat den Vater zu diesem Handeln bewogen? Warum verließ der Vater seinen Zuschauerplatz und begab sich zu seinem Sohn auf die Laufbahn? War es die Stärke seines Kindes? Nein, es war der Schmerz seines Kindes. Sein Sohn war verletzt und kämpfte darum, das Rennen zu beenden. Deshalb kam der Vater; er wollte ihm dabei helfen.

Gott handelt genauso. Unsere Gebete mögen merkwürdig klingen. Unsere Versuche mögen schwach sein. Aber weil die Kraft des Gebets von dem abhängt, der es hört, und nicht von dem, der es spricht, bewirken unsere Gebete Veränderung.

11 Helles Licht in dunkler Nacht

Wenn man keine Chance hat

An einem der jüdischen Feiertage ging Jesus nach Jerusalem. Dort liegt in der Nähe des Schaftors der Teich Bethesda, wie er auf Hebräisch genannt wird. Er ist von fünf Säulenhallen umgeben. Viele Kranke, Blinde, Gelähmte und Gebrechliche lagen in diesen Hallen und warteten darauf, dass sich Wellen auf dem Wasser zeigten. Von Zeit zu Zeit bewegte nämlich ein Engel Gottes das Wasser. Wer dann als Erster in den Teich kam, der wurde gesund; ganz gleich, welches Leiden er hatte. Einer von den Menschen, die dort lagen, war schon seit achtunddreißig Jahren krank. Als Jesus ihn sah und hörte, dass er schon so lange an seiner Krankheit litt, fragte er ihn: „Willst du gesund werden?" „Ach, Herr", entgegnete der Kranke, „ich habe niemanden, der mir in den Teich hilft, wenn sich das Wasser bewegt. Versuche ich es aber allein, komme ich immer zu spät." Da forderte ihn Jesus auf: „Steh auf, rolle deine Matte zusammen und geh!" In demselben Augenblick war der Mann geheilt. Er nahm seine Matte und ging glücklich seines Weges.
Das geschah an einem Sabbat. Einige der Juden, die den Geheilten sahen, hielten ihm vor: „Heute ist doch Sabbat! Da ist es nicht erlaubt, diese Matte zu tragen!" „Aber der Mann, der mich heilte, hat es mir ausdrücklich befohlen", antwortete er ihnen. „Wer hat dir so etwas befohlen?", fragten sie nun. Doch das wusste der Mann nicht, denn Jesus war unbemerkt in der Menschenmenge verschwunden.
Später traf Jesus den Geheilten im Tempel und sagte zu ihm: „Du bist gesund geworden. Sündige nicht mehr, damit du nicht etwas Schlimmeres als deine Krankheit erlebst!" Da ging der Mann zu den Juden und berichtete: „Es war Jesus, der mich geheilt hat!"

Von dieser Zeit an verfolgten die Juden Jesus, weil er sogar am Sabbat Kranke heilte. Aber Jesus sagte ihnen: „Immer, an jedem Tag, tut mein Vater Gutes, und ich folge nur seinem Beispiel." Nach dieser Antwort waren die Juden erst recht entschlossen, ihn umzubringen. Denn Jesus hatte nicht nur ihre Sabbatvorschriften missachtet, sondern auch Gott seinen Vater genannt und sich dadurch mit Gott gleichgestellt.
Johannes 5,1–18

Jesus fragte ihn: „Willst du gesund werden?" „Ach Herr", entgegnete der Kranke, „ich habe niemanden, der mir ... hilft."
Johannes 5,6–7

Lange Zeit hat diese Geschichte für mich keinen Sinn ergeben. Ich habe sie einfach nicht begriffen. Sie handelt von einem Mann, der so gut wie keinen Glauben aufzuweisen hat, und trotzdem behandelt Jesus ihn so, als hätte er seinen Sohn für Gott auf den Altar gelegt. Märtyrer und Apostel verdienen es, in dieser Weise geehrt zu werden, aber doch nicht irgendein armer Bettler, der, als er Jesus sieht, nicht einmal weiß, wer da vor ihm steht. So dachte ich jedenfalls.

Lange Zeit dachte ich, Jesus sei zu gutmütig gewesen. Ich fand die Geschichte sehr seltsam. Eine Geschichte, die zu gut ist für diese Welt. Doch dann stellte ich etwas fest. Diese Geschichte handelt nicht von einem Behinderten in Jerusalem. Sie handelt von mir. Sie handelt von Ihnen. Der Name des Kranken wird nicht genannt. Aber er hat einen Namen – meinen Namen. Ihren Namen. Er hat ein Gesicht – mein Gesicht. Er hat ein Problem – mein Problem.

Jesus begegnet dem Mann an einem großen Teich, der nördlich des Tempels in Jerusalem gelegen ist. Er umfasst ungefähr hundert Meter in der Länge, vierzig Meter in der Breite und ist dreiundzwanzig Meter tief. Ein Säulengang mit fünf Hallen umgibt das Wasserbecken. Es ist ein monumentales Denkmal des Reichtums und Wohlstands, aber die Bewohner dieses Gebäudes sind Menschen, die von Krankheit und Leiden gezeichnet sind.

Der Ort heißt Bethesda. Er könnte genauso gut *Central-Park-Metropolitan-Klinik* heißen. Es könnte auch ein Ort für die Obdachlosen sein, die unter einer Überführung im Stadtzentrum hausen. Es könnte jede beliebige Gemeinde sein. Es könnte sich um jede beliebige Gruppe Not leidender Menschen handeln.

Eine unterirdische Quelle bewirkte, dass der Teich von Zeit zu Zeit in Bewegung geriet. Die Menschen glaubten, die Wasserblasen entständen dadurch, dass die Flügel eines Engels das Wasser berührten. Und sie glaubten, dass die erste Person, die danach ins Wasser stieg, geheilt würde. Ist je eine Heilung geschehen? Ich weiß es nicht. Aber ich weiß, dass eine große Schar Kranker zum Teich kam, um es wenigstens einmal zu versuchen.

Stellen Sie sich ein Schlachtfeld vor, das mit Verwundeten übersät ist, dann haben Sie ein richtiges Bild von Bethesda. Halten Sie sich eine überbelegte Pflegestation vor Augen, auf der Personalmangel herrscht, und Sie sehen den Teich. Stellen Sie sich die Waisen in Bangladesch vor oder die obdachlosen Menschen in Neu-Delhi, dann haben Sie vor Augen, was die Menschen sahen, wenn sie an Bethesda vorübergingen. Was hörten sie im Vorübergehen? Eine Welle endloser Seufzer. Was sahen sie? Ein Feld namenlosen Leids. Was taten sie? Die meisten gingen vorüber und schenkten den Kranken keine Beachtung.

Aber nicht so Jesus. Er ist anlässlich eines Festes nach Jerusalem gekommen. Wir wissen nicht, ob er auf dem direkten Weg zum Tempel gehen wollte, aber wir wissen, dass er an den Teich Bethesda kam.

Er ist allein. Er ist nicht dort, um die Jünger zu lehren oder eine Menschenmenge um sich zu sammeln. Die Kranken dort brauchen ihn – darum ist er da.

Können Sie sich die Szene vorstellen? Jesus geht zwischen den Leidenden hindurch.

Was denkt er? Was tut er, wenn eine entzündete Hand nach seinem Fuß greift? Beugt er sich vor, wenn ein blindes Kind an ihm vorübergeht und stolpert, und fängt er es auf? Wie reagiert Jesus, wenn eine faltige Hand sich ausstreckt und um ein Almosen bettelt?

Ob der Teich nun Bethesda heißt oder *Central-Park-Metropolitan-Klinik* ... was bewegt Gottes Herz, wenn Menschen Not leiden?

Wenn wir nichts anderes tun, als Jesus dabei zuzusehen, wie er dort entlanggeht, dann lohnt es sich allein schon deswegen, die Geschichte zu erzählen. Es lohnt sich, sie zu erzählen – einfach nur, um zu wissen, dass er überhaupt gekommen ist. Er hätte ja nicht kommen müssen, oder? Ganz bestimmt gibt es in Jerusalem Menschen, die gesünder sind. Ganz bestimmt könnte man sich mit Sachen beschäftigen, die mehr Freude machen. Schließlich wird das Passahfest gefeiert. Die heilige Stadt ist zu dieser Zeit des Jahres voller Trubel. Viele Menschen sind von weit her gekommen, um Gott im Tempel nah zu sein.

Kaum einer ahnt, dass Gott bei den Kranken ist.

Kaum einer ahnt, dass Gott mit langsamen Schritten umhergeht und vorsichtig über Bettler und Blinde steigt.

Kaum einer ahnt, dass der kräftige, junge Zimmermann, der über die zerklüftete Landschaft der Schmerzen blickt, Gott ist.

„Als sie litten, litt er ebenfalls", schrieb Jesaja (Jesaja 63,9). An jenem Tag muss Jesus viel gelitten haben.

An jenem Tag, als er am Teich Bethesda entlangging, muss Jesus oft geseufzt haben ... und er seufzt genauso, wenn er zu Ihnen und zu mir kommt.

Erinnern Sie sich, dass ich sagte, diese Geschichte würde von Ihnen und von mir handeln? Erinnern Sie sich, dass ich sagte, ich hätte unsere Gesichter in der Bibel wiedergefunden? Nun, jetzt sind wir an dieser Stelle. Jetzt füllen wir die Lücken zwischen den Buchstaben der Worte im Vers 5 aus: „Einer von den Menschen, die dort lagen, war schon seit achtunddreißig Jahren krank."

Vielleicht gefällt es Ihnen nicht, in dieser Weise beschrieben zu werden. Vielleicht möchten Sie sich lieber mit dem Mut Davids oder der Hingabe Marias identifizieren. Das würden wir alle viel lieber tun. Doch bevor wir so sein können wie sie, müssen wir zugeben, dass wir wie der Gelähmte sind. Invaliden, die keine Wahl haben. Wir können nicht gehen, nicht arbeiten, nicht für uns selbst sorgen. Wir können uns nicht einmal bis an den Rand des Teichs bewegen, um an das vom Engel berührte Wasser heranzukommen.

Vielleicht sind Ihre Hände, mit denen Sie dieses Buch festhalten, und Ihre Augen, mit denen Sie es lesen, vollkommen gesund, und Sie können sich nicht vorstellen, was Sie und jener 40-jährige Invalide gemeinsam haben. Wie können Sie und er identisch sein?

Ganz einfach. Es handelt sich um unsere Notlage und um unsere Hoffnung. Was für eine Notlage? Sie kommt in Hebräer 12,14 zum Ausdruck: „Jagt ... der Heiligung nach, ohne die niemand den Herrn sehen wird."

Das ist unsere Notlage: Nur die Heiligen werden Gott sehen. Heiligung ist eine Voraussetzung, um in den Himmel zu kommen. Vollkommenheit ist eine Bedingung für die Ewigkeit. Wir wünschten, es wäre nicht so. Wir handeln, als wäre es nicht so. Wir tun so, als würden die „Anständigen", die „Guten" einmal Gott sehen. Wir meinen, dass der zu Gott findet, der sich mit aller Kraft darum bemüht. Wir sind davon überzeugt, dass wir dann gut sind, wenn wir nichts wirklich Schlechtes tun. Und wir denken, „Gutes tun" würde ausreichen, um in den Himmel zu kommen.

In unseren Ohren klingt das richtig, aber in Gottes Ohren ist das ein Irrtum. Er ist es, der den Maßstab setzt. Und der Maßstab ist hoch. „Ihr aber sollt so vollkommen sein wie euer Vater im Himmel" (Matthäus 5,48).

Wie Sie sehen, ist nach dem Plan Gottes Gott selbst der Maßstab für Vollkommenheit. Wir sollten uns nicht mit anderen Menschen vergleichen. Sie sind genauso verdorben wie wir selbst. Das Ziel ist, vollkommen wie Gott zu sein. Alles, was darunterliegt, ist nicht ausreichend.

Darum habe ich gesagt, dass wir – Sie und ich – wie der

Invalide in der Geschichte sind. Wie der Kranke sind auch wir gelähmt. Wie der Behinderte sitzen auch wir in der Falle. Wie der Gehandicapte stecken auch wir fest. Wir haben keine Lösung für unsere Notlage.

Wir sind es, Sie und ich, die dort auf der Erde liegen. Wir sind es, die verwundet und müde sind. Wenn es um die Heilung unserer geistlichen Situation geht, haben wir keine Chance. Man könnte uns genauso gut auffordern, einen Stabhochsprung über den Mond zu versuchen. Was nötig ist, um geheilt zu werden, besitzen wir nicht. Unsere einzige Hoffnung besteht darin, dass Gott an uns genauso handelt, wie er es an jenem Mann am Teich Bethesda tat – dass er aus dem Tempel herauskommt und unsere Krankenstation betritt, unserem Schmerz und unserer Hilflosigkeit begegnet.

Und genau das hat er getan.

Lesen Sie langsam und mit Sorgfalt, wie Paulus beschreibt, was Gott für uns getan hat: „Durch euren Egoismus und eure Sünden wart ihr für Gott tot, aber er hat euch mit Christus lebendig gemacht und alle Schuld vergeben. Gott hat den Schuldschein, der uns mit seinen Forderungen so schwer belastete, eingelöst und auf ewig vernichtet, indem er ihn ans Kreuz nagelte. Auf diese Weise wurden die finsteren dämonischen Mächte entmachtet und in ihrer Ohnmacht bloßgestellt, als Christus über sie am Kreuz triumphierte" (Kolosser 2,13–15).

Schauen Sie sich noch einmal diese Worte an und beantworten Sie die folgenden Fragen: Wer tut dieses Werk? Sie oder Gott? Wer ist aktiv? Sie oder Gott? Wer rettet? Sie oder Gott? Wer ist derjenige, der Kraft hat? Und wer ist derjenige, der gelähmt ist?

Betrachten Sie mit mir einige Worte aus dieser Bibelstelle näher. Erstens: Sehen Sie sich den Zustand an, in dem Sie sich befinden: „Durch ... eure Sünden wart ihr für Gott tot."

Der Invalide war besser dran als wir. Wenigstens lebte

er. Paulus sagt, dass wir tot sind, wenn wir ohne Jesus leben. Tot für Gott. Leichen. Ohne Leben. Kadaver. Tot. Was kann ein toter Mensch machen? Nicht viel.

Aber sehen wir uns nun an, was Gott mit den Toten machen kann.

„Gott hat euch lebendig gemacht."

„Gott hat vergeben."

„Gott hat den Schuldschein eingelöst."

„Gott hat den Schuldschein vernichtet."

„Gott hat die finsteren dämonischen Mächte entmachtet."

„Gott hat sie bloßgestellt."

„Gott triumphierte über sie."

Nun noch einmal die Frage: Wer handelt hier? Sie und ich – oder Gott? Wer sitzt in der Falle und wer darf Hilfe erfahren?

Gott wirft Menschen aus jeder Generation den Rettungsring zu.

Sehen wir uns Jona im Bauch des Fisches an – umgeben von Magensaft und heruntergeschlungenen Seealgen. Drei Tage hat Gott ihn dort im Bauch gelassen. Drei Tage lang hat Jona über seine Chancen nachgedacht. Und drei Tage lang ist er immer wieder zu demselben Schluss gekommen: Er hat keine Chance. Von dort aus, wo er feststeckt, gibt es nur zwei Ausgänge – und keiner von beiden ist besonders attraktiv. Aber Jona ist schließlich auch nicht besonders attraktiv. Als Prediger hat er alles vermasselt. Er ist ein Versager, er ist vor seiner Aufgabe geflohen. Milde ausgedrückt ist er ein Feigling, grob gesagt ein Verräter. Es hat ihm rundherum an Mut gefehlt – und nun sitzt er im Schlamassel.

Darum tut Jona das Einzige, was er tun kann: Er betet. Er spricht mit keinem Wort davon, wie gut er ist – aber er spricht viel davon, wie gut Gott ist. Er bittet nicht einmal um Hilfe, und trotzdem bekommt er sie. Noch bevor er „Amen" sagen kann, zieht sich der Magen zusammen, der

Fisch würgt und Jona landet mit dem Gesicht nach unten am Strand.

Sehen wir uns Daniel in der Löwengrube an. Seine Aussichten waren nicht viel besser als die von Jona. Jona wurde verschlungen, und Daniel steht kurz davor, dasselbe zu erleben. Er liegt flach auf dem Rücken; die Köpfe der Löwen sind so dicht über ihm, dass er ihren Atem riechen kann. Der größte von ihnen legt seine Pranke auf Daniels Brust, beugt sich vor, um hineinzubeißen und ... nichts geschieht. Statt laut knirschender Fressgeräusche hört Daniel nur ein dumpfes Plumpsen. Daniel blickt nach unten und sieht, wie sich die Nase eines anderen Löwen an seinem Bauch reibt. Der Löwe knurrt, aber sein Maul öffnet sich nicht.

Da hört Daniel ein Kichern in der anderen Ecke. Er weiß nicht, wer der Bursche ist, aber eins ist gut zu erkennen: Er leuchtet hell und offensichtlich ist er sehr vergnügt. In seiner Hand hält er mehrere Seile und in seinem Gesichtsausdruck kann man die Worte „Jetzt hab ich dich aber doch überrascht!" lesen.

Oder sehen wir uns Joseph an, der in der Grube steckt, einem tiefen Loch im Kalkgestein der heißen Wüste. Die über ihm haben den Deckel auf die Öffnung gelegt und ihm Sand in die Augen gestreut. Die über ihm sind seine Brüder; sie lachen und essen, als hätten sie ihm nur gesagt, er solle sie in Ruhe lassen (das hatte er von ihnen allerdings schon häufig zu hören bekommen). Die über ihm stehen, sind seine Brüder, und sie sind entschlossen, ihn die restlichen Tage seines Lebens mit Spinnen und Schlangen verbringen und dann in der Grube sterben zu lassen.

Wie Jona und Daniel sitzt auch Joseph in der Falle. Er hat keine Chance. Es gibt keinen Ausweg. Keine Hoffnung. Aber weil Jakobs Söhne ebenso geldgierig wie gemein sind, wird Joseph an ein paar Nomaden verkauft, die Richtung Süden ziehen – was der Geschichte eine völlig neue Richtung gibt. Auch wenn der Weg in den Palast zunächst auf Umwege führt, auf denen Joseph im Gefängnis landet: Schließlich kommt er doch am Thron an. Und dann steht Joseph vor seinen Brüdern ... Doch diesmal sind sie es, die ihn um Hilfe anflehen. Und er ist weise genug, ihnen zu geben, worum sie bitten – und nicht, was sie verdient haben.

Oder sehen Sie sich Barabbas in der Todeszelle an. Der letzte Einspruch ist bereits verworfen. Der Termin der Hinrichtung steht fest. Barabbas vertreibt sich die Zeit damit, in seiner Zelle Solitaire zu spielen. Er hat sich damit abgefunden, dass das Ende nahe ist. Er fleht nicht, er bittet nicht, er fordert nicht. Die Entscheidung ist gefallen, Barabbas wird sterben.

Wie vor ihm bei Jona, Daniel und Joseph scheint alles vorbei zu sein. Und wie bei diesen Männern, die sich in einer ausweglosen Lage befanden, tritt der Zeitpunkt des Todes auch bei Barabbas nicht ein. Die Schritte des Gefängnisaufsehers hallen in der Zelle wider und Barabbas denkt an Handschellen und eine letzte Zigarette. Falsch, der Aufseher bringt Straßenkleidung. Und Barabbas verlässt das Gefängnis als freier Mann, weil jemand, den er wahrscheinlich noch nie gesehen hat, seinen Platz einnahm.

So sind viele Geschichten der Bibel: Viele Menschen, die dem Tod sehr nahe gekommen sind, erlebten gerade in dem Augenblick, als der Kopf auf dem Block lag – gerade dann, wenn die Schlinge um den Hals gelegt wurde – Rettung. Gerade dann erlebten sie die Kraft von Golgatha.

- ▷ Engel klopfen an Lots Tür (vgl. Genesis 19).
- ▷ Der Sturm spricht zu dem leidenden Hiob (vgl. Hiob 28–42).
- ▷ Der Jordan reinigt Naëman von seiner Plage (vgl. 2. Könige 5).

▷ Ein Engel erscheint in Petrus' Zelle
(vgl. Apostelgeschichte 12).

Gottes Handeln erweist sich dann am mächtigsten, wenn unser Tun sinnlos erscheint.

Gehen wir für einen Moment zurück an den Teich Bethesda. Sehen wir uns das kurze, aber aufschlussreiche Gespräch zwischen dem Gelähmten und Jesus an. Bevor Jesus ihn heilt, stellt er ihm eine Frage: „Willst du gesund werden?"

„Ach Herr", entgegnete der Kranke, „ich habe niemanden, der mir in den Teich hilft, wenn sich das Wasser bewegt. Versuche ich es aber allein, komme ich immer zu spät" (Johannes 5,7).

Beklagt sich der Mann? Bemitleidet er sich selbst? Oder berichtet er einfach nur von den Tatsachen? Ich weiß es nicht. Aber bevor wir uns darüber unnötige Gedanken machen, sehen wir uns lieber an, was als Nächstes geschieht.

„Steh auf, rolle deine Matte zusammen und geh!"

„In demselben Augenblick war der Mann geheilt. Er nahm seine Matte und ging glücklich seines Weges."

Ich wünschte, wir würden es genauso machen. Ich wünschte, wir würden Jesus beim Wort nehmen und begreifen, dass das, was er sagt, auch geschieht. Was ist das für eine merkwürdige Lähmung, die uns gefangen nimmt? Warum leben wir mit einer solchen hartnäckigen Unwilligkeit, geheilt zu werden?

Wenn Jesus Sie auffordert aufzustehen, dann stehen Sie auf!

Wenn er Ihnen sagt, dass er Ihnen vergibt, dann laden Sie Ihre Schuld bei ihm ab.

Wenn er sagt, dass Sie wertvoll sind, dann glauben Sie ihm das.

Wenn er sagt, dass Sie ewig leben werden, dann begraben Sie all Ihre Furcht.

Wenn er sagt, dass er für Sie sorgt, dann hören Sie auf, sich Sorgen zu machen.

Wenn er sagt: „Steh auf!“, dann tun Sie es!

Ich liebe die Geschichte des einfachen Soldaten, der hinter dem entlaufenen Pferd Alexander des Großen herrannte und es wieder einfing. Alexander der Große dankte ihm mit den Worten: „Danke, Hauptmann.“

Mit einem einzigen Wort war der Soldat befördert worden. Als der Feldherr es sagte, glaubte es der Soldat. Er ging zum Quartiermeister, suchte sich eine neue Uniform aus und zog sie an. Er begab sich in die Offiziersunterkünfte und suchte sich ein Bett aus. Er betrat das Offizierskasino und nahm dort seine Mahlzeit ein.

Weil der Feldherr es sagte, glaubte er es. Wenn wir doch nur dasselbe täten!

Ist das Ihre Geschichte? Sie könnte es sein. Es ist möglich, sich mit allen Einzelheiten zu identifizieren. Ein freundlicher Fremder ist in Ihre notbeladene Welt eingetreten und hat Ihnen seine Hand angeboten.

Nun liegt es an Ihnen, sie zu ergreifen.

12 Das Schwerste, was Gott je getan hat

Gottes Priorität verstehen

Nach einigen Tagen kehrte Jesus nach Kapernaum zurück. Es sprach sich schnell herum, dass er wieder zu Hause war. Viele Menschen strömten zusammen, sodass nicht einmal mehr vor der Tür noch Platz war. Ihnen allen verkündete Jesus die Heilsbotschaft.
Da kamen vier Männer, die einen Gelähmten trugen. Weil sie wegen der vielen Menschen nicht bis zu Jesus kommen konnten, deckten sie über ihm das Dach ab. Durch diese Öffnung ließen sie den Gelähmten auf seiner Trage hinunter.
Als Jesus sah, wie fest sie darauf vertrauten, dass er ihrem Freund helfen würde, sagte er zu dem Gelähmten: „Mein Sohn, deine Sünden sind dir vergeben!"
Aber einige der anwesenden Schriftgelehrten dachten: „Das ist Gotteslästerung! Was bildet der sich ein! Nur Gott allein kann Sünden vergeben." Jesus durchschaute sie und fragte: „Wie könnt ihr nur so etwas denken! Ist es leichter zu sagen: ‚Dir sind deine Sünden vergeben' oder diesen Gelähmten zu heilen? Ich will euch beweisen, dass der Menschensohn die Macht hat, schon jetzt Sünden zu vergeben." Und er forderte den Gelähmten auf: „Steh auf, nimm dein Bett und geh nach Hause! Du bist gesund!"
Der Mann stand auf, nahm seine Trage und ging hinaus. Fassungslos sahen ihm die Menschen nach und riefen begeistert: „Noch nie haben wir so etwas erlebt!" Und alle lobten Gott.
Markus 2,1–12

„Ist es leichter zu sagen: ‚Dir sind deine Sünden vergeben' oder diesen Gelähmten zu heilen?"
Markus 2,9

Lassen Sie mich kurz etwas über „Liebesausbrüche" sagen.

Sie haben sicherlich schon erlebt, wie ein Bündel Sonnenstrahlen die Düsterkeit eines schattigen Waldes durchbricht. Sie haben *Sterne explodieren* sehen – Lichtstrahlen, die in einer dunklen Nacht aufsteigen. Sie haben *Kraftausbrüche* erlebt – pure Energie, die in die Stille donnert. Und Sie haben *Liebesausbrüche* gefühlt. Vielleicht haben Sie diese nicht so genannt, aber Sie haben sie gefühlt.

Eruptionen der Liebe. Spontane herzliche Zuneigung. Zarte Momente strahlender Liebe. Brennende Hingabe. Explosionen der Zärtlichkeit. Darf ich ein Beispiel nennen?

Sie und Ihr Mann befinden sich auf einer Party, einer jener „Im Wohnzimmer herumstehen, sich unterhalten und essen"-Partys. Sie plaudern mit ein paar Frauen; Ihr Mann steht auf der anderen Seite des Raums, wo er sich mit einer Gruppe von Männern unterhält. Das Thema in Ihrer Gesprächsrunde sind die Ehemänner, und die allgemeine Meinung ist negativ. Die Frauen beklagen sich über das viele Golfspielen, die vielen schmutzigen Socken und die vielen Abende, an denen die Männer bis spät in die Nacht arbeiten. Doch Sie selbst schweigen. Sie sagen wenig, weil Sie wenig zu sagen haben. Der Mann, den Sie geheiratet haben, ist nicht vollkommen, aber er nervt Sie auch nicht. Im Gegenteil, verglichen mit den Männern der anderen Frauen scheint er schon ein besonderer Kerl zu sein. Wie oft hat er den Kindern die Windeln gewechselt – öfter, als er es hätte tun müssen – und seine Golfschläger hat er seit der Geburt des letzten Babys gar nicht mehr vom Speicher geholt. Sie schauen hinüber zu Ihrem

Mann und lächeln darüber, wie er an dem Schlips herumzerrt, zu dem Sie ihn überredet haben. Er sieht noch genauso gut aus wie damals, als Sie ihn zum ersten Mal trafen. Vielleicht ein bisschen dicker und ein bisschen kahler, aber das beachten Sie nicht weiter. Sie sehen nur den Mann, der Ihnen das Herz gestohlen hat. Und ganz bestimmt würden Sie mit dem Ruderboot nach China fahren, nur um ihm zu zeigen, wie glücklich Sie sind, dass er es tat.

Das sind Eruptionen der Liebe! Hier ist ein weiteres Beispiel:

Es ist schon eine Weile her, seit Sie das letzte Mal ein Baby im Arm gehalten haben. Es ist schon lange her, seit Sie das letzte Mal ein Baby so nah bei sich hatten. Doch jetzt sind Sie mit dem Kleinen allein. Ihre Kinder haben es vorbeigebracht; Sie sollen es einen Abend lang betreuen. Ihre Frau ist noch schnell zum Tante-Emma-Laden um die Ecke gelaufen, um etwas Milch zu kaufen. Und nun sind Sie ganz allein mit Ihrem Enkelsohn. Er ist erst ein paar Tage alt und so fest eingewickelt wie eine Zigarre. Als Sie ihn in Ihren Armen schaukeln, wird Ihnen bewusst, dass Sie beide zum ersten Mal miteinander allein sind. Bei all dem Rummel und den vielen Freunden im Krankenhaus gab es noch keinen ruhigen Moment, um mit ihm allein zu sein – bis jetzt. Nun setzen Sie sich in Ihren großen Sessel und drehen den Kleinen ein wenig zu sich, damit Sie sein Gesicht sehen können. Sie denken über die Zukunft nach, seine Zukunft: die ersten Schritte, den ersten Schultag, den ersten Kuss ... Sie fragen sich, wie es wohl sein wird, in einer Welt groß zu werden, in der hinter jeder Ecke Schwierigkeiten und Missstände zu lauern scheinen.

Während Sie die kleinen Augenlider und die kleine Nase betrachten, die von der anderen Seite der Familie stammen, trifft es Sie plötzlich wie ein Schlag. Aus dem Nichts kommt ein Blitzstrahl der Hingabe. Auf einmal ist

Ihnen bewusst, dass Sie sich sogar der Hölle in den Weg stellen würden, wenn diese versuchen würde, sich an den heranzumachen, der Ihren Namen trägt. „Es wird schon alles gut werden“, hören Sie sich beruhigend auf den schlafenden Jungen einreden. „Was immer auch geschieht, denk daran, dass ich da bin. Es wird schon alles gut werden.“

Darf ich noch ein Beispiel erzählen?

Sie kamen schlecht gelaunt nach Hause, weil eine Frist verschoben wurde. Ihre Frau kam mürrisch nach Hause, weil die Betreuer in der Kindertagesstätte vergessen hatten, Ihrer Fünfjährigen die Medizin gegen die Halsschmerzen zu geben. Jeder hatte sich ein wenig Mitgefühl vom andern erhofft, aber keiner von Ihnen bekam, was er sich erhoffte. Nun sitzen Sie am Esstisch – schlecht gelaunt und unzufrieden –, zusammen mit der kleinen Emily. Emily faltet die Hände zum Gebet (so wie sie es gelernt hat), und Sie und Ihre Frau beugen den Kopf (aber nicht das Herz) und hören zu. Gott allein weiß, woher dieses Gebet kam.

„Hallo Gott, hier spricht Emily. Wie geht es dir? Mir geht es gut, danke. Mami und Papa sind sauer. Ich weiß nicht, warum. Wir haben Vögel und Spielzeug und Kartoffelbrei und uns. Kannst du vielleicht machen, dass sie aufhören, sauer zu sein? Ach bitte, sonst werden nur wir beide heute Abend Spaß miteinander haben. Amen.“

Das Gebet wird erhört, noch bevor Ihre Tochter „Amen“ gesagt hat. Sie und Ihre Frau schauen mitten im Gebet auf, lachen zum Schluss, schütteln den Kopf und sagen, dass es Ihnen leid tut. Und beide danken Sie Gott für die kleine Stimme, die Sie an das erinnert hat, was wirklich wichtig ist.

Das ist genau das, was Eruptionen der Liebe bewirken. Sie erinnern uns an das, was wichtig ist. An der Hintertür des Vertrauten wird ein Brief abgegeben, in dem Sie aufgefordert werden, den Schatz, den Sie haben, wertzuschätzen, solange Sie ihn haben. Das Flüstern eines Engels oder eines Menschen, der ein Engel zu sein scheint, erinnert Sie daran, dass das, was Sie haben, größer ist als das, was Sie sich wünschen – und dass das, was dringend ist, nicht immer auch wichtig ist.

Das sind Eruptionen der Liebe. Sie erleben sie. Ich erlebe sie. Und vielleicht überrascht es Sie: Jesus erlebte sie ... sogar sehr häufig.

Eine von ihnen ereignete sich, als Jesus einem Behinderten begegnete. Der Mann konnte nicht gehen. Er konnte nicht stehen. Seine Glieder waren krumm und sein Körper verdreht. Die Welt, die an ihm vorbeizog, wenn er saß, war nur hüfthoch.

Vielleicht war er bereits von Geburt an gelähmt. Während die anderen Kinder umhersprangen und umherliefen, hatte er sich damit abgequält, einen Löffel zum Mund zu führen. Während seine Brüder und Schwestern redeten und sangen, kamen ihm die Worte nur undeutlich und gebrochen über die Lippen. Vielleicht hatte er nie erlebt, was es heißt, gesund zu sein.

Oder vielleicht hatte er es erlebt. Vielleicht war er früher einmal gesund gewesen. Gab es einmal eine Zeit, in der Menschen wussten, was er konnte, und nicht nur, was er nicht konnte? Gab es einmal eine Phase, in der er schneller laufen konnte als alle anderen? Gab es einmal eine Zeit, in der er der Stärkste der ganzen Gegend war? Gab es den Moment, in dem alle Kinder im Dorf so sein wollten wie er?

Dann kam der Sturz – der Sturz in die Schlucht, vielleicht ein Sturz die Treppe hinunter. Die Schmerzen im Schädel waren unerträglich, aber die Taubheit der Beine und Arme war weitaus schlimmer. Seine Füße hingen wie eine Verzierung an den Beinen. Die Arme baumelten wie Hemdsärmel an der Seite. Er konnte seine Gliedmaßen sehen, aber er konnte sie nicht spüren.

Ob er nun gelähmt geboren oder erst später gelähmt

wurde – das Endergebnis war dasselbe: absolute Abhängigkeit von anderen. Andere mussten ihm das Gesicht waschen und seinen Körper baden. Er konnte sich weder die Nase putzen noch spazieren gehen. Laufen konnte er nur in seinen Träumen, und wenn er aus diesen Träumen erwachte, konnte er sich nicht einmal umdrehen und weiterschlafen, weil ihm der Traum zu viele Schmerzen bereitet hatte.

„Was er braucht, ist ein neuer Körper“, würde jeder sagen, der halbwegs bei Verstand ist. Was er braucht, ist ein Gott im Himmel, der wiederherstellt, was ihm durch einen tragischen Umstand geraubt wurde: Arme, die sich bewegen, Hände, die greifen, und Füße, die tanzen.

Wenn die Leute ihn betrachteten, sahen sie nicht den Menschen. Sie sahen den Körper, der ein Wunder benötigte. Das ist nicht das, was Jesus sah, sondern das, was das Volk sah. Und was Jesus sah, ist ganz bestimmt das, was auch seine Freunde sahen. Darum taten sie, was jeder von uns für seinen Freund tun würde: Sie versuchten, ihm Hilfe zu verschaffen.

Die Nachricht hatte sich herumgesprochen, dass ein Zimmermann in der Stadt sei, der sich zum Lehrer und schließlich zum Wundertäter entwickelt hatte. Und während sich die Nachricht verbreitete, strömten die Leute herbei. Sie kamen aus allen Ecken und von jedem Hügel Israels. Sie kamen wie Soldaten, die aus einem Krieg heimkehren – verbunden, verkrüppelt, ohne Augenlicht. Die Alten mit runzligen Gesichtern und zahnlosen Mündern. Die Jungen mit tauben Babys und zerbrochenen Herzen. Väter mit Söhnen, die nicht sprechen konnten. Frauen mit einem Leib, der keine Frucht tragen wollte. Es schien, als würde die ganze Welt herbeikommen, um zu prüfen, ob er wirklich da ist und ob sein Wort wahr ist.

Als die Freunde schließlich am Ort des Geschehens angelangt waren, war das Haus bereits voll. Die Leute drängten sich in den Türen. Kinder saßen in den Fenstern. Andere schauten ihren Vordermännern über die Schultern. Wie sollte die kleine Gruppe von Freunden jemals die Aufmerksamkeit von Jesus erlangen? Sie mussten sich entscheiden: Gehen wir hinein oder geben wir auf?

Was wäre geschehen, wenn die Freunde aufgegeben hätten? Was wäre gewesen, wenn sie mit den Schultern gezuckt und vor sich hingemurmelt hätten, dass die Menge zu groß sei und das Essen kalt würde? Und wenn sie sich dann umgedreht hätten und nach Hause gegangen wären? Immerhin war allein schon die Tatsache, dass sie überhaupt so weit gegangen waren, etwas außerordentlich Beachtliches. Wer könnte sie anklagen, wenn sie jetzt umkehren würden? Irgendwann gibt es bei dem, was man für andere tun kann, eine Grenze. Aber diese Freunde hatten noch nicht genug getan.

Einer erklärte, er habe eine Idee. Die vier beugten sich über den Gelähmten und hörten sich den Plan an: Einer der Freunde sprach davon, auf das Dach des Hauses zu klettern, ein paar Ziegel abzuheben und den Freund mithilfe von Seilen hinunterzulassen.

Es war riskant – sie hätten stürzen können. Es war gefährlich – er, der Gelähmte, hätte hinunterfallen können. Es war unorthodox – ein Dach abzudecken, ist unverschämt. Es war aufdringlich – Jesus war gerade beschäftigt. Aber es war die einzige Chance, zu Jesus zu gelangen. Deshalb erstiegen sie das Dach.

Der Glaube ist es, der solche Dinge bewirken kann. Der Glaube tut das Unerwartete. Und der Glaube bekommt Gottes Aufmerksamkeit. Lesen wir, was Markus sagt: „Als nun Jesus ihren Glauben sah, sprach er zu dem Gelähmten: ‚Mein Sohn, deine Sünden sind dir vergeben'“ (Markus 2,5; LÜ).

Endlich nahm ihn jemand beim Wort! Vier Männer setzten genug Hoffnung in ihn und hatten genug Liebe für ihren Freund, dass sie die Chance wahrnahmen. Die

Trage war ein Zeichen – jemand glaubt! Jemand war bereit, das Risiko einer peinlichen Situation und einer möglichen Verletzung in Kauf zu nehmen, nur um ein paar Minuten mit dem Galiläer zusammen zu sein.

Jesus war bewegt.

Wie die Ehefrau, die von der Liebe zu ihrem molligen, aber kostbaren Mann überwältigt war.

Wie der Großvater, der entschlossen war, seinen Enkelsohn unter allen Umständen zu beschützen.

Wie die Eltern, die von dem Gebet ihres Kindes angerührt wurden.

Jesus war von dieser Tat des Glaubens ergriffen. Deshalb klatscht er Beifall – wenn auch nicht mit den Händen, so doch mit dem Herzen. Und er klatscht nicht nur, er segnet. Und wir werden Zeugen eines göttlichen Ausbruchs von Liebe.

Die Männer möchten, dass er ihren Freund heilt. Aber Jesus gibt sich mit einer einfachen Heilung des Körpers nicht zufrieden – er will die Seele heilen. Er überspringt das Körperliche und befasst sich mit dem Geistlichen. Die Heilung des Körpers ist nur etwas auf Zeit, die Heilung der Seele ist für die Ewigkeit.

Die Bitte der Freunde ist einleuchtend – aber zaghaft. Die Erwartungen der Menge sind hoch – aber nicht hoch genug. Sie erwarten, dass Jesus sagt: „Ich heile dich." Stattdessen sagt er: „Ich vergebe dir."

Sie erwarten, dass er den Körper behandelt, denn das ist es, was sie vor Augen haben.

Jesus beschließt aber, nicht nur den Körper zu behandeln, sondern auch den Geist, denn das ist es, was *er* vor Augen hat.

Sie möchten, dass Jesus dem Mann einen neuen Körper gibt, mit dem er wieder gehen kann. Jesus aber gibt zuallererst Gnade, damit der Mann leben kann.

Bemerkenswert. Manchmal ist Gott so bewegt und ergriffen von dem, was er sieht, dass er uns gibt, was wir brauchen – und nicht einfach nur, worum wir bitten.

Das ist eine gute Sache. Denn wem wäre je in den Sinn gekommen, Gott um das zu bitten, was er uns in Jesus gegeben hat? Wer von uns hätte gewagt zu sagen: „Gott, bitte häng dich an ein Folterwerkzeug, stellvertretend für jeden Fehler, den ich begangen habe?“ Und wer hätte dann noch die Dreistigkeit, hinzuzufügen: „Und wenn du mir vergeben hast, könntest du mir dann noch einen Platz in einem Haus vorbereiten, in dem ich für immer leben kann?“

Und als wäre das noch nicht genug: „Und könntest du bitte in mir leben und mich beschützen und mich führen und mich reich segnen, obwohl ich es nie verdient habe?“

Ehrlich, besäßen wir die Unverfrorenheit, darum zu bitten? Nein, wir würden, wie die Freunde, nur um die kleinen Dinge bitten.

Wir würden um kleine Dinge bitten – wie etwa ein langes Leben, um Gesundheit und einen guten Arbeitsplatz. Das sind große Bitten aus unserer Sicht, aber aus Gottes Sicht ist es so, als würden wir ein Moped nehmen, wenn er uns eine Limousine anbietet.

Weil Jesus aber wusste, dass der Gelähmte nicht genug Erkenntnis besaß, um zu erbitten, was er brauchte, gab er es ihm einfach: „Mein Sohn, deine Sünden sind dir vergeben“ (Markus 2,5).

Die Pharisäer beginnen zu murren. Das ist doch nicht in Ordnung! Selbst jemand, der nur wenig vom Judentum weiß, ist überzeugt: „Nur Gott allein kann Sünden vergeben“ (Markus 2,7).

Ihr Aufbegehren löst eine der eindrucksvollsten Fragen aus, die Jesus je gestellt hat: „Ist es leichter zu sagen: ‚Dir sind deine Sünden vergeben‘ oder diesen Gelähmten zu heilen?“ (Markus 2,9).

Beantworten Sie die Frage. Was ist leichter für Jesus? Einem Menschen zu vergeben oder einen Körper zu heilen? Was kostete Jesus weniger Schmerzen – diesem Mann die Gesundheit oder ihm den Himmel zu schenken?

Um den Körper des Mannes zu heilen, war nichts weiter als ein Befehl erforderlich. Um die Sünden des Mannes zu vergeben, war das Blut Jesu nötig. Die Heilung geschah in einem Haus. Die Vergebung geschah auf einem Hügel, zwischen zwei Verbrechern. Für das eine brauchte es nur ein Wort. Für das andere war sein Leben notwendig. Das eine nahm nur einen Augenblick in Anspruch. Das andere kostete ihn alles.

Was war leichter?

Seine Liebe zu diesen Männern des Glaubens war so groß, dass er über ihre Bitte hinaus schon in diesem Moment ans Kreuz ging.

Jesus kennt bereits den Preis der Gnade. Er kennt bereits den Preis der Vergebung. Er bietet beides an. Die Liebe lässt sein Herz zerspringen, wie durch eine Explosion.

Übrigens, er hat sich nicht geändert. Was damals geschah, geschieht auch heute. Gott sieht es, wenn wir einen Schritt des Glaubens wagen. Dasselbe Gesicht, das strahlte, als es den Gelähmten sah, strahlt den Alkoholiker an, der den Griff zur Flasche verweigert. Dieselben Augen, in denen Freudenfunken tanzten, als er die Freunde sah, funkeln, wenn sie die Mutter und den Vater sehen, die alles in ihrer Macht Stehende unternehmen, um ihr Kind zu Jesus zu führen. Und dieselben Lippen, die zu dem Mann in Kapernaum sprachen, sprechen zu dem Mann in Detroit, zu der Frau in Belfast, dem Kind in Moskau ... zu jedem Menschen an jedem Ort, der es wagt, in Gottes Gegenwart zu treten und ihn um Hilfe zu bitten.

Und auch, wenn wir Menschen es hier nicht hören können, so können es doch die Engel hören. Der ganze Himmel hält den Atem an, wenn Jesus als Beweis seiner Liebe die Worte ausspricht, auf die es ankommt: „Deine Sünden sind dir vergeben.“

13 Was nur Gott tun kann

Wenn man in die Falle der Gesetzlichkeit gerät

Einer von den Männern des jüdischen Gerichtshofs war der Pharisäer Nikodemus. Mitten in der Nacht kam er heimlich zu Jesus. „Meister", sagte er, „wir wissen, dass Gott dich als Lehrer zu uns gesandt hat. Deine Taten beweisen: Gott ist mit dir."
Darauf erwiderte Jesus: „Ich sage dir eins, Nikodemus: Wer nicht neu geboren wird, kann nicht in Gottes Reich kommen." Verständnislos fragte der Pharisäer: „Was meinst du damit? Wie kann ein Erwachsener neu geboren werden? Er kann doch nicht wieder in den Mutterleib zurück und noch einmal auf die Welt kommen?"
Aber Jesus wiederholte nur: „Eine andere Möglichkeit gibt es nicht: Wer nicht umkehrt und durch Gottes Geist neu geboren wird, kann nicht in Gottes Reich kommen! Ein Mensch kann immer nur menschliches, vergängliches Leben zeugen; aber der Geist Gottes gibt das neue, das ewige Leben. Wundere dich deshalb nicht, wenn ich dir gesagt habe: Ihr müsst neu geboren werden. Es ist damit wie beim Wind. Er weht, wie er will. Du spürst ihn auch, aber du kannst nicht erklären, woher er kommt und wohin er geht. So kann man auch nicht erklären, wie diese Geburt aus Gottes Geist vor sich geht, obwohl jeder ihre Auswirkung spürt."
„Aber wie soll das nur vor sich gehen?", fragte Nikodemus noch einmal. Jesus erwiderte: „Du bist doch einer der anerkannten Gelehrten in Israel und müsstest das eigentlich verstehen! Glaube mir: Wir reden nur von dem, was wir genau kennen. Und was wir bezeugen, das haben wir auch gesehen. Trotzdem nehmt ihr unser Wort nicht ernst. Ihr glaubt

mir ja nicht einmal, wenn ich von ganz alltäglichen Dingen rede! Wie also werdet ihr mir dann glauben, wenn ich euch erkläre, was im Himmel geschieht? Und doch kann nur der Menschensohn, der vom Himmel gekommen ist, vom Himmel sprechen.

Du weißt doch, wie Mose in der Wüste eine Schlange aus Bronze an einem Pfahl aufrichtete, damit jeder, der sie ansah, am Leben blieb. Genauso muss auch der Menschensohn an einen Pfahl gehängt werden. Jeder, der dann voll Vertrauen auf ihn sieht, wird das ewige Leben haben.

Denn Gott hat die Menschen so sehr geliebt, dass er seinen einzigen Sohn für sie hergab. Jeder, der an ihn glaubt, wird nicht verloren gehen, sondern das ewige Leben haben.

Gott hat nämlich seinen Sohn nicht zu den Menschen gesandt, um über sie Gericht zu halten, sondern um sie vor dem Verderben zu retten. Wer an ihn glaubt, der wird nicht verurteilt werden. Wer aber nicht an den Sohn Gottes glaubt, über den ist wegen seines Unglaubens das Urteil schon ausgesprochen.

Die Menschen werden gerichtet, weil das Licht zwar in die Welt gekommen ist, sie aber die Finsternis mehr lieben als das Licht. Denn alles, was sie tun, ist böse. Wer Böses tut, scheut das Licht und bleibt lieber im Dunkeln, damit niemand seine Schandtaten sehen kann. Wer aber Gott gehorcht, der tritt in das Licht. Es zeigt sich dann, dass er sein Leben nach dem Willen Gottes führt.

Johannes 3,1–21

Aber Jesus wiederholte nur: „Eine andere Möglichkeit gibt es nicht: Wer nicht umkehrt und durch Gottes Geist neu geboren wird, kann nicht in Gottes Reich kommen!"
Johannes 3,5

Es ist wie in der Landwirtschaft. Der fruchtbarste Boden trägt keine Frucht, wenn man keinen Samen sät.

Offensichtlich wusste Nikodemus das nicht. Er glaubte, der Boden könnte auch ohne den Samen Frucht bringen. Über die Aufgabe des Landwirts war er gut informiert, aber die Rolle des Samens hatte er vergessen. Er war gesetzlich. Und seine Denkweise war die eines gesetzlichen Menschen. Wer gesetzlich ist, bearbeitet zwar den Boden, aber vergisst den Samen.

Nikodemus war auf ehrlichem Weg zu seiner Gesetzlichkeit gekommen. Er war ein Pharisäer.

Die Pharisäer lehrten, dass der Glaube eine äußerliche Sache sei. Wie man sich kleidete, wie man sich verhielt, der Titel, den man trug, der Schall der Gebete, die Menge der Almosen – all das diente den Pharisäern als Maßstab für den geistlichen Zustand eines Menschen.

Wären sie Landwirte gewesen, hätten sie den stattlichsten Hof der ganzen Gegend besessen – frisch gestrichene Silos und glänzende Maschinen. Die Zäune wären weiß getüncht und sauber. Die Felder sorgfältig gepflügt und bewässert.

Wären sie Landwirte gewesen, hätten sie viele Stunden in der Wirtschaft gesessen und sich über die Theorie der Landbestellung unterhalten. Ist es besser, vor oder nach dem Regen zu düngen? Lässt man ein Feld jedes zweite oder jedes dritte Jahr brachliegen? Sollte ein Landwirt einen Overall oder Jeans tragen? Einen Cowboy-Hut oder eine Schlägermütze?

Die Pharisäer hatten nur ein Problem. Im Verhältnis zu den vielen Diskussionen über die richtigen Techniken ernteten sie nur wenig. Und der ungelernte Galiläer hatte in ein paar Monaten mehr Frucht hervorgebracht als alle Pharisäer zusammen in einer ganzen Generation. Das machte sie eifersüchtig. Zornig. Hochmütig. Und sie rechneten mit ihm ab, indem sie seine Erfolge ignorierten und seine Methoden schmähten.

Das heißt: alle Pharisäer bis auf Nikodemus. Er war neugierig. Nein, mehr als neugierig, er war beunruhigt. Beunruhigt über die Art, wie die Menschen Jesus zuhörten. Sie hörten ihm zu, als sei er der Einzige, der die Wahrheit besitzt. Als sei er ein Prophet.

Nikodemus war beunruhigt darüber, was er Jesus tun sah. Zum Beispiel war da die Sache mit dem Tempel – als Jesus hineinstürmte und die Tische der Geldwechsler umwarf. Früher hatte auch Nikodemus einmal eine ähnliche Leidenschaft gekannt. Aber das war lange her. Das war, bevor er sich mit den Titeln, den Gewändern, den Regeln befasste.

Nikodemus fühlt sich zu dem Zimmermann hingezogen, aber er darf sich nicht mit ihm sehen lassen. Nikodemus gehört zum Hohen Rat. Er kann nicht tagsüber zu Jesus gehen. Deshalb sucht Nikodemus ihn in der Nacht auf. Er geht in der Dunkelheit.

Ein angemessenes Verhalten. Denn Gesetzlichkeit hat kein Licht anzubieten.

Nikodemus formuliert eine höfliche Einleitung: „Meister, wir wissen, dass Gott dich als Lehrer zu uns gesandt hat. Deine Taten beweisen: Gott ist mit dir“ (Johannes 3,2).

Jesus überhört das Kompliment. „Ich sage dir eins, Nikodemus: Wer nicht neu geboren wird, kann nicht in Gottes Reich kommen“ (Johannes 3,3).

Keine Konversation an dieser Stelle. Kein leeres Gerede. Direkt zur Sache. Direkt ins Herz. Das Problem wird klar angesprochen. Jesus weiß, dass das Herz der Gesetzlichen hart ist. Mit sanften Lobreden lässt es sich nicht knacken.

Man benötigt einen Meißel. Und Jesus beginnt zu hämmern:

Du kannst den Blinden nicht dadurch helfen, dass du das Licht größer machst, Nikodemus.

Du kannst den Tauben nicht dadurch helfen, dass du die Musik lauter stellst.

Du kannst das Innere nicht dadurch ändern, indem du das Äußere schmückst.

Du kannst ohne Samen keine Ernte einbringen.

Du musst von Neuem geboren werden.

Bumm! Bumm! Bumm!

Das Treffen zwischen Jesus und Nikodemus war mehr als nur eine Begegnung zwischen zwei geistlichen Leitern. Es war der Zusammenprall zweier sehr unterschiedlicher Philosophien, zweier völlig entgegengesetzter Anschauungen darüber, wie Gott Menschen rettet.

Nikodemus dachte, der Mensch müsse das Entscheidende tun. Jesus sagt, dass Gott das Notwendige tut. Nikodemus dachte, es sei eine Handelsware. Jesus sagt, es ist ein Geschenk. Nikodemus dachte, die Aufgabe des Menschen bestünde darin, sich Gottes Gnade zu verdienen. Jesus sagt, die Aufgabe des Menschen besteht darin, sie anzunehmen.

Diese beiden Anschauungen vereinigen sämtliche Anschauungen in sich. Alle Weltreligionen können in eine der beiden Kategorien eingeordnet werden: Gesetzlichkeit oder Gnade. Entweder der Mensch tut es oder Gott tut es. Errettung ist ein Lohn, der sich auf vollbrachte Taten gründet – oder aber ein Geschenk, das sich auf den Tod Christi gründet.

Ein Vertreter der Gesetzlichkeit glaubt, die treibende Kraft hinter der Errettung ist der Mensch. Wenn unsere äußere Erscheinung richtig ist, wenn wir das Richtige sagen und zur richtigen Untergruppierung der richtigen Gruppe gehören, werden wir gerettet. Die Hauptverantwortung liegt nicht bei Gott, sondern bei uns.

Das Ergebnis? Das Äußere glänzt. Die Worte sind gut, der Weg ist richtig. Aber sehen wir einmal genau hin. Achten wir genau auf die Worte. Irgendetwas fehlt. Was ist es? Freude. Und was breitet sich dafür immer mehr aus? Angst (dass wir nicht genug tun). Arroganz (weil wir genug getan haben). Versagen (weil wir einen Fehler begangen haben).

Gesetzlichkeit ist eine dunkle Welt.

Vielleicht wussten Sie das noch nicht. Vielleicht bekommt Ihr Gesicht beim Lesen einen verstörten und fragenden Ausdruck: „Max, was soll diese Geschichte in diesem Buch? Ich dachte, dieses Buch würde von Menschen handeln, denen Jesus in ihrer Not begegnete. Nikodemus ist doch nicht in Not. Er hat Energie. Er hat Freunde. Er studiert die Bibel. Er ist doch nicht innerlich verletzt, oder?"

Sie können dankbar sein, wenn Sie diese Frage gestellt haben. Sie können froh sein, wenn Sie den zerstörerischen Druck der Gesetzlichkeit noch nie erfahren haben. Sie sind verschont geblieben.

Aber andere nicht. Andere könnten die obige Frage besser beantworten als ich. Gesetzlichkeit ist eine langsame Folter: Der Geist wird erstickt, die Träume amputiert. Gesetzlichkeit reicht als Religion nicht aus für das Sterben, aber zum Leben ist es auch nicht genug.

Und deshalb hungert man. Die Lehrer wissen selbst nicht, wo sie Nahrung herbekommen sollen, und deshalb hungert man gemeinsam. Der Speiseplan besteht aus Regeln und Normen. Keine Vitamine. Kein Geschmack. Kein Pfiff. Nur nüchterne, vorhersehbare Religion.

Das erinnert mich an eine Gruppe, zu der ich als Kind gehörte. Im Alter von acht Jahren gehörte ich zu einem Knabenchor. Wir trafen uns an zwei Abenden in der Woche für je zwei Stunden. Wir trugen Anzüge und sangen bei Festen und Banketten. Wir gaben sogar Straßenkonzerte.

Die Besonderheit bestand darin, dass unser Dirigent ein ehemaliger Feldwebel war. Bevor er den Knabenchor leitete, war er für die Grundausbildung von Marinesoldaten zuständig gewesen. Etwas von diesem Beruf hatte auf den neuen abgefärbt. Jeden Probenabend gab es eine Pause, in der marschiert wurde. Wir gingen nach draußen und mussten uns in Reih und Glied aufstellen. Der Dirigent gab die Befehle und wir marschierten im Gleichschritt.

„Rechts, zwo, drei, vier. Links, zwo, drei, vier."

Anfangs hinterfragte ich diese Übungen nicht. Ich traute mich nicht. Ich hatte gehörigen Respekt vor dem Dirigenten. Irgendwann, als schließlich mein Mut gewachsen war, fragte ich den Jungen, der neben mir marschierte, nach dem Sinn dieser Übung.

„Warum machen wir das?"

„Ich weiß auch nicht."

„Wo marschieren wir denn hin?"

„Weiß ich nicht."

Niemand wusste es. Zwei Jahre lang marschierten wir zwei Abende pro Woche. Aber niemand wusste, wohin wir gingen, und niemand wusste, warum wir gingen. Wir wussten nur, dass es angeraten war, Schritt zu halten, wenn wir im Chor bleiben wollten.

Das ist Gesetzlichkeit.

Sie ist trocken. Sie ist uniform. Sie ist mechanisch – und sie ist nicht von Gott.

Soll ich die Karten der Gesetzlichkeit aufdecken?

Gott benötigt keine Gesetzlichkeit. Gesetzlichkeit ist das Streben nach Unschuld – nicht nach Vergebung. Es ist ein systematischer Prozess, in dem es nur um das eigene Ich geht. Das Ich wird verteidigt, das Ich wird entschuldigt, das Ich wird erhöht und das Ich wird gerechtfertigt. Gesetzliche Menschen befassen sich mit ihrem Ich – nicht mit Gott.

... wird meine Meinung dem anderen als Last auferlegt. Hier ist nur Platz für eine Meinung. Und dreimal darf man raten, wer die falsche Meinung hat!
... wird meine Meinung zur Begrenzung für den anderen. Die entgegengesetzte Meinung des anderen stellt nicht nur sein Recht, mit mir Gemeinschaft zu haben, infrage, sondern auch seine Errettung.
... wird meine Meinung zur Pflicht des anderen. Christen müssen sich brav einordnen. Die Aufgabe des anderen besteht nicht darin, zu denken, sondern darin, zu marschieren.

Wenn man nicht aus der Gruppe ausgeschlossen werden will, muss man Schritt halten und darf keine Fragen stellen.

Nikodemus wusste, wie man marschiert, aber er sehnte sich danach zu singen. Er wusste, dass es mehr gibt, aber er wusste nicht, wo es zu finden ist. Darum ging er zu Jesus.

Er ging in der Nacht, weil er das Missfallen seiner Kollegen fürchtete. Gesetzlichkeit bewirkt Menschenfurcht. Wir lechzen nach Bestätigung. Wir sind uns ständig bewusst, was andere sagen und denken, und wir tun alles, um den anderen zu gefallen. Anpassung macht nicht froh, aber sie gibt Sicherheit. Die Uniform passt zwar nicht, aber sie wird von den anderen gebilligt, darum tragen wir sie. Wir wissen nicht, warum wir marschieren und wohin wir gehen – aber wer sind wir, dass wir Fragen stellen könnten? Deshalb tanzen wir nicht aus der Reihe, sondern trotten auf dem Weg des geringsten Widerstands.

Und wenn man es wagt, nach einem anderen Weg Ausschau zu halten, muss man es in der Nacht tun, so wie Nikodemus. Er duckte sich in den Schutz nächtlicher Schatten und schlich die dunklen Straßen entlang, bis er in der Gegenwart Jesu stand. In der anschließenden Unterhaltung macht der bekannte Gesetzeslehrer nur dreimal seinen Mund auf: einmal, um ein Kompliment auszusprechen, und zweimal, um eine Frage zu stellen. Nachdem er sein ganzes Leben damit zugebracht hat, alle Tüpfelchen des Gesetzes auf der Waagschale der Logik abzuwägen, verstummt der Gelehrte, als Jesus die Tore öffnet und das Licht der Gnade in den Kerker fällt.

Jesus beginnt damit, dass er die Quelle allen geistlichen Lebens offenbart: „Ein Mensch kann immer nur menschliches, vergängliches Leben zeugen; aber der Geist Gottes gibt das neue, das ewige Leben" (Johannes 3,6).

Das geistliche Leben ist nicht etwas, was aus menschlicher Anstrengung geschieht. Es ist im Heiligen Geist verwurzelt, der die Sehnsucht nach Gott in uns bewirkt. Jede geistliche Errungenschaft kommt von Gott und entfaltet ihre Wirkung durch seine Kraft.

Geistliches Leben, sagt Jesus, entsteht nicht dadurch, dass man in die Kirche geht, gute Werke tut oder Anhänger der richtigen Theologie ist, sondern es stammt direkt vom Himmel. Diese Worte müssen Nikodemus vom Stuhl gehauen haben. Aber Jesus hatte noch viel mehr parat.

„[Der Wind] weht, wie er will. Du spürst ihn auch, aber du kannst nicht erklären, woher er kommt und wohin er geht. So kann man auch nicht erklären, wie diese Geburt aus Gottes Geist vor sich geht, obwohl jeder ihre Auswirkung spürt" (Johannes 3,8).

Haben Sie jemals erlebt, dass eine Windböe Sie um Hilfe gebeten hat? Haben Sie jemals einen Sturm an der Straßenecke stehen und nach Luft schnappen sehen? Nein, bestimmt nicht. Der Wind benötigt unsere Hilfe nicht. Der Wind offenbart uns nicht einmal, wohin er geht. Er ist still und unsichtbar, und genauso ist es mit dem Geist Gottes.

Langsam wird Nikodemus nervös. Das Licht ist zu hell für seine Augen. Wir religiösen Leiter möchten gern alles selbst regeln und managen. Wir definieren gern und umreißen den Plan. Struktur und eine klare Linie sind die Freunde des Predigers. Aber Gott hält sich nicht unbedingt immer an diese Vorgabe.

Errettung ist Gottes Sache. Gnade ist seine Idee, sein Werk, sie geht auf seine Kosten. Er bietet sie an, wem und wann er will. Unsere Aufgabe besteht darin, die Menschen zu informieren, nicht jedoch, sie zu verurteilen.

Nikodemus' Gesicht muss ein einziges Fragezeichen gewesen sein. Warum sollte Gott so handeln? Was könnte ihn dazu bewegen, ein solches Geschenk anzubieten? Was Jesus Nikodemus erklärte, hätte dieser sich selbst in den kühnsten Träumen nicht ausmalen können. Was war der Beweggrund hinter dem Geschenk der neuen Geburt? Liebe. „Denn Gott hat die Menschen so sehr geliebt, dass er seinen einzigen Sohn für sie hergab. Jeder, der an ihn glaubt, wird nicht verloren gehen, sondern das ewige Leben haben" (Johannes 3,16).

Solche Worte hat Nikodemus noch nie gehört. Noch nie. Er hat an vielen Debatten über Errettung teilgenommen. Aber diese hier ist die Erste, in der keine Regeln genannt werden. Kein System wird angeboten. Kein Kodex, kein Ritual. „Jeder, der glaubt, kann in ihm das ewige Leben haben", sagte Jesus. Ist es möglich, dass Gott tatsächlich so großzügig ist? Trotz der dunklen Nacht ist das Erstaunen in Nikodemus' Gesicht zu sehen. *Jeder, der glaubt, kann ewiges Leben haben.* Nicht „jeder, der etwas leistet". Nicht „jeder, der Erfolg hat". Nicht „jeder, der derselben Meinung ist". Sondern „jeder, der glaubt".

Schauen Sie sich an, wie Gott den Gesetzlichen befreit. Merken Sie, wie sein Griff zart und fest zugleich ist? Wie ein Meister der Landwirtschaft schaufelt er die krustige Erde beiseite, bis er ein feuchtes, fruchtbares Stück Boden findet, und dort sät er seinen Samen ein, den Samen der Gnade.

Ist dieser Same aufgegangen? Lesen Sie die folgenden Verse und sehen Sie selbst.

„Auch Nikodemus, der Jesus einmal in der Nacht aufgesucht hatte, kam und brachte etwa hundert Pfund einer Mischung aus Myrrhe und Aloe. Dann nahmen sie den Leichnam Jesu und hüllten ihn mit dieser Mischung aus Myrrhe und Aloe in Leinentücher ein. So war es beim Begräbnis von Juden üblich. In der Nähe der Hinrichtungsstätte lag ein Garten. Dort war ein in den Fels gehauenes, bisher noch nicht benutztes Grab. In dieses Grab legten sie Jesus, denn sie hatten es eilig, weil bald der Sabbat begann."
Johannes 19,39–42

Interessant, wie ein Mensch im Reich Gottes eine ganz neue Richtung einschlagen kann. Er, der in der Nacht gekommen war, erscheint nun bei Tag. Er, der im Schutz der Schatten entlanggeschlichen war, um Jesus aufzusuchen, tritt nun zum Kreuz, um Jesus zu dienen. Und er, der den Samen der Gnade empfangen hatte, legt nun den kostbarsten Samen, den es überhaupt gibt, in die Erde – den Samen des ewigen Lebens.

14 Galiläische Gnade

Wenn man Gott im Stich lässt

Später erschien Jesus seinen Jüngern noch einmal am See von Tiberias; und zwar geschah das so: Simon Petrus, Thomas, der Zwilling genannt wurde, Nathanael aus Kana in Galiläa, die beiden Söhne des Zebedäus und zwei andere Jünger waren dort zusammen. Simon Petrus sagte: „Ich werde jetzt fischen gehen!" „Wir kommen mit", meinten darauf die anderen. Sie stiegen ins Boot und fuhren hinaus auf den See. Aber während der ganzen Nacht fingen sie keinen einzigen Fisch.

Im Morgengrauen stand Jesus am Ufer. Doch die Jünger erkannten ihn nicht. Jesus rief ihnen zu: „Habt ihr denn nichts gefangen?" „Nein", antworteten sie. Da forderte er sie auf: „Werft das Netz auf der rechten Seite des Bootes aus, dann werdet ihr einen guten Fang machen!" Sie folgten diesem Rat und fingen so viele Fische, dass sie das Netz nicht mehr einholen konnten.

Jetzt sagte der Jünger, den Jesus liebte, zu Petrus: „Das ist der Herr!" Kaum hatte Simon Petrus das gehört, zog er sich an (während der Arbeit war er nämlich nackt), sprang ins Wasser und schwamm an das Ufer. Die anderen Jünger waren noch etwa hundert Meter vom Ufer entfernt. Sie folgten Petrus mit dem Boot und zogen das gefüllte Netz hinter sich her. Als sie aus dem Boot stiegen, sahen sie ein Kohlenfeuer, auf dem Fische brieten. Auch Brot lag bereit.

„Bringt ein paar von den Fischen her, die ihr gerade gefangen habt!", bat Jesus die Jünger. Simon Petrus ging zum Boot und zog das Netz an Land. Es war gefüllt mit hundertdreiundfünfzig großen Fischen. Und obwohl es so viele waren, zerriss das Netz nicht.

Johannes 21,1–11

Jetzt sagte der Jünger, den Jesus liebte, zu Petrus: „Das ist der Herr!" Kaum hatte Simon Petrus das gehört, zog er sich an (während der Arbeit war er nämlich nackt), sprang ins Wasser und schwamm an das Ufer.
Johannes 21,7

Die Sonne spiegelte sich im Wasser, bevor Petrus es merkte – ein welliger Kreis aus Gold auf der Wasseroberfläche des Sees. Die Fischer sind normalerweise die Ersten, die die Sonne hinter dem Kamm der Berge aufgehen sehen. Das bedeutet, dass die nächtliche Arbeit endlich vorbei ist.

Doch bei dem Fischer aus unserer Geschichte war es anders. Der See spiegelte das Morgenlicht wider, aber die Dunkelheit in Petrus' Herz wollte nicht weichen. Ein kühler Wind wehte, aber Petrus merkte es nicht. Seine Freunde schliefen tief, aber ihm war das egal. Das Netz zu seinen Füßen war leer, der See hatte seine schwimmenden Schätze nicht preisgegeben, aber darüber dachte Petrus nicht nach.

Seine Gedanken waren weit weg, nicht am See Genezareth. Er war in Jerusalem und erlebte noch einmal jene schreckliche Nacht. Während das Boot hin- und herschaukelte, stürmten die Erinnerungen auf ihn ein:

- das Waffengeklirr der römischen Wachen,
- der Schwerthieb und das Ducken des Kopfes,
- eine Berührung für Malchus,
- eine Erinnerung für Petrus,
- Soldaten, die Jesus abführten.

„Was habe ich mir eigentlich dabei gedacht?", murmelte Petrus vor sich hin, während er auf den Boden des Bootes starrte. *Warum bin ich weggelaufen?*

Petrus war weggelaufen. Er hatte seinem liebsten Freund den Rücken gekehrt und war gerannt. Wir wissen nicht, wohin. Petrus wusste vielleicht auch nicht, wohin. Er fand irgendein Loch, eine Hütte, einen Ort, an dem er sich verstecken konnte, und er versteckte sich.

Er hatte sich gebrüstet: „Wenn auch alle anderen an dir zweifeln, ich halte zu dir!“ (Matthäus 26,33). Aber er hielt nicht zu Jesus. Petrus tat genau das, was er bestritten hatte, jemals zu tun. Er war mit dem Gesicht zuerst in die Grube seiner eigenen Angst gefallen. Und da saß er nun. In seinen Ohren hallte ständig sein eigenes Versprechen wider. *Wenn auch alle anderen an dir zweifeln ... ich halte zu dir. Alle anderen ... ich halte zu dir. Ich halte zu dir. Ich halte zu dir.* In dem Fischer tobte ein Kampf.

Was war stärker – der Instinkt, das eigene Leben zu retten, oder die Treue zu Jesus? Für eine kurze Weile siegte die Treue. Petrus stand auf, verließ das Versteck und folgte dem Klang der Stimmen, bis er im Hof des Kaiphas den von Fackeln beleuchteten Hohen Rat erblickte.

Er trat an ein Feuer und wärmte sich die Hände. Das Feuer flackerte ironisch. Die Nacht war kalt. Das Feuer war heiß. Nur Petrus war keins von beiden. Er war lauwarm.

„Petrus folgte ihnen in sicherem Abstand“, schreibt Lukas (Lukas 22,54).

Er war treu ... aus der Entfernung. In jener Nacht kam er zwar so nah, dass er sehen konnte, aber nicht nah genug, um gesehen zu werden. Das Problem war, dass Petrus trotzdem gesehen wurde. Andere, die ebenfalls am Feuer standen, erkannten ihn. „Du warst auch mit ihm“, forderten sie ihn heraus. „Du warst mit dem Nazarener.“ Dreimal wurde es gesagt und Petrus leugnete jedes Mal. Und jedes Mal hörte es Jesus.

Sie müssen verstehen, dass die Hauptrolle in dieser Szene der Verleugnung nicht Petrus, sondern Jesus hat. Jesus, der das Herz jedes Menschen kennt, hörte dreimal mit eigenen Ohren, dass sein Freund ihn verleugnete. Dreimal brannte das Salz des Verrats in den Wunden des Messias.

Woher weiß ich, dass Jesus Zeuge der Verleugnung war? Durch das, was er tat. „In diesem Augenblick wandte sich Jesus um und sah seinen Jünger an“ (Lukas 22,61). Als der Hahn krähte, drehte Jesus sich um. Seine Augen suchten nach Petrus und fanden ihn. In diesem Moment gab es keine Soldaten, keine Ankläger, keine Priester. In diesem Moment, kurz vor der Morgendämmerung in Jerusalem, gab es nur zwei Menschen – Jesus und Petrus.

Petrus würde diesen Blick nie vergessen. Das Gesicht von Jesus war bereits blutig und zerschlagen, aber seine Augen blickten fest und klar. Sie waren wie ein Skalpell, das Petrus' Herz offenlegte. Zwar hatte der Blick nur einen Moment lang gedauert, doch schien er für eine ganze Ewigkeit anzuhalten.

Und jetzt, viele Tage später, auf dem See Genezareth, durchbohrte ihn dieser Blick noch immer. Es war nicht die Auferstehung, die ihn in seinen Gedanken beschäftigte. Es war nicht das leere Grab. Es war nicht der Sieg über den Tod. Es waren die Augen Jesu, die sein Versagen gesehen hatten. Petrus kannte diese Augen gut. Er hatte sie oft gesehen. Ja, er hatte sie sogar hier auf diesem See gesehen.

Es war nicht die erste Nacht, die Petrus auf dem See Genezareth verbrachte. Schließlich war er Fischer. Wie alle anderen Fischer arbeitete auch er nachts. Er wusste, dass die Fische in der Kühle der Nacht zum Fressen nah an die Wasseroberfläche kamen und tagsüber wieder in die Tiefe hinuntertauchten. Nein, es war nicht die erste Nacht, die Petrus auf dem See Genezareth verbrachte. Und es war auch nicht die erste Nacht, in der er nichts gefangen hatte.

Es hatte da schon einmal so eine Nacht gegeben, vor vielen Jahren ...

Normalerweise verkauften Petrus und seine Kollegen morgens den Fisch, reparierten die Netze und machten sich mit einem dicken Geldbeutel und einem Gefühl der Befriedigung auf den Heimweg. Aber an jenem Morgen hatte es kein Geld gegeben. Es hatte keine Befriedigung gegeben. Sie hatten die ganze Nacht durchgearbeitet, aber am Ende hatten sie nichts weiter vorzuweisen als müde Rücken und kaputte Netze.

Und was am schlimmsten war: Jeder wusste es. Wenn die Dorfbewohner morgens kamen, um Fisch zu kaufen, wurde das Ufer immer zum Marktplatz. Aber an jenem Tag gab es keinen Fisch.

Jesus war an jenem Morgen da und sprach zu den Menschen. Die Leute drängten sich zu ihm hin und er hatte kaum Platz zum Stehen. Darum fragte er Petrus, ob sein Boot nicht als Podium dienen könnte. Petrus stimmte zu und dachte vielleicht, dass das Boot dann wenigstens zu etwas Sinnvollem genutzt würde.

Er hörte zu, während Jesus lehrte. Es war gut, einmal etwas anderes als das Rauschen der Wellen zu hören. Als Jesus seine Rede an die Menschenmenge beendet hatte, wandte er sich Petrus zu. „Fahrt jetzt weiter auf den See und werft eure Netze aus!" (Lukas 5,4).

Petrus stöhnte. Das Letzte, was er jetzt tun wollte, war, fischen zu gehen. Das Boot war sauber. Die Netze waren bereits zum Trocknen ausgebreitet. Die Sonne stand am Himmel und er war müde. Es war Zeit, nach Hause zu gehen. Und außerdem waren alle Blicke auf sie gerichtet. Die Leute hatten ihn schon einmal mit leeren Händen heimkommen sehen. Und überhaupt, was verstand Jesus schon vom Fischen?

Darum sagte Petrus: „Herr, wir haben die ganze Nacht gearbeitet und nichts gefangen" (Lukas 5,5).

Achten Sie auf die Müdigkeit in seinen Worten.

„Wir haben gearbeitet." Wir haben den Schiffsrumpf gesäubert. Die Netze geschleppt. Gerudert. Die Netze hoch in den vom Mondlicht überfluteten Himmel geworfen. Gelauscht, wie die Netze auf die Wasseroberfläche klatschten.

„Die ganze Nacht." Der Himmel hatte sich von Feuer-

orange in tiefes Schwarz verwandelt und dann zum Gold des Morgens. Die Stunden waren langsam vorbeigezogen, wie die Wolkengebilde vor dem Mond. Das Gespräch der Fischer war verstummt, ihre Schultern schmerzten. Während das Dorf schlief, arbeiteten sie. Die ... ganze ... Nacht.

„Und nichts gefangen." Die nächtliche Arbeit hatte ihren eigenen Rhythmus entwickelt: Das Netz weit schwingen und hoch hinauswerfen, bis es sich vor dem Himmel ausbreitet. Dann warten. Das Netz sinken lassen. Einziehen. Das Ganze noch einmal. Werfen. Einziehen. Werfen. Einziehen. Werfen. Einziehen. Jeder Wurf war ein Gebet gewesen. Aber jedes Einziehen des leeren Netzes war ein unbeantwortetes Gebet. Selbst das Netz stöhnte, als die Männer es einzogen und sich bereit machten, es noch einmal auszuwerfen.

Zwölf Stunden lang hatten sie gefischt. Und jetzt ... jetzt will Jesus noch weiterfischen? Und nicht nur in der Nähe des Ufers, sondern in der Tiefe?

Petrus sah, dass seine Freunde mit den Schultern zuckten. Er schaute auf die Menschen am Ufer, die ihn beobachteten. Er wusste nicht, was er tun sollte. Jesus mochte ja sehr viel über viele Dinge wissen, aber was das Fischen anging, kannte er, Petrus, sich wohl etwas besser aus. Petrus wusste, wann es Zeit war zu arbeiten und wann der Moment gekommen war, die Arbeit zu beenden.

Der gesunde Menschenverstand sagte, es wäre an der Zeit, die Arbeit niederzulegen. Die Logik sagte: „Hör auf und geh nach Hause." Die Erfahrung sagte: „Pack die Sachen zusammen und ruh dich aus." Aber Jesus sagte: *„Wenn du willst, können wir es noch einmal versuchen."*

Der schwierigste Weg ist der Weg, der uns an den Ort zurückführt, an dem wir versagt haben.

Jesus weiß das. Darum bietet er sich an, als Begleitung mitzukommen. „Beim ersten Ausflug warst du allein. Diesmal werde ich bei dir sein. Versuch es noch einmal, diesmal bin ich mit an Bord."

Und Petrus willigte schließlich zögernd ein, es mit dem Fischen noch einmal zu versuchen. „Weil du es sagst, will ich es wagen“ (Lukas 5,5). Es war ziemlich unsinnig, aber er war schon oft genug mit diesem Nazarener zusammen gewesen, um zu wissen, dass dessen Anwesenheit vieles verändern konnte. Auf jener Hochzeit in Kana ... als er dem kranken Jungen des königlichen Beamten begegnete ... Jesus hatte etwas, das sonst keiner besaß.

Und deshalb wurden die Ruder erneut ins Wasser getaucht und das Boot glitt hinaus. Der Anker wurde heruntergelassen und die Netze noch einmal ausgeworfen.

Petrus beobachtete, wie das Netz sank, und wartete. Er wartete, bis das Netz so weit gesunken war, wie das Tau es zuließ. Die Fischer waren ganz still. Petrus war still. Jesus war still. Plötzlich ging ein Ruck durchs Seil. Das Netz war vor lauter Fischen so schwer, dass Petrus fast über Bord gezogen wurde.

„Johannes, Jakobus!“, rief er. „Kommt schnell!“

Schon bald waren die Boote so voll mit Fisch beladen, dass die Backbordseite des Schiffs bedenklich nah an die Wasseroberfläche heranreichte. Petrus, knöcheltief in den zappelnden Fischen versunken, drehte sich um, blickte zu Jesus hinüber und merkte, dass Jesus ihn ebenfalls ansah.

Das war der Augenblick, in dem er begriff, wer Jesus ist.

Was für ein seltsamer Ort, um Gott zu begegnen – in einem Fischerboot auf einem kleinen See in einem abgelegenen Land! Aber so handelt der Gott, der in unsere Welt kommt. Das sind die Begegnungen, die diejenigen erleben, die bereit sind, es noch einmal zu versuchen ... mit ihm.

Nach diesem Fischfang war Petrus nicht mehr derselbe.

Er kehrte dem See den Rücken, um dem Messias zu folgen. Er verließ die Boote und dachte, er würde nie wieder hierher zurückkommen. Aber jetzt ist er wieder da. Der Kreis hat sich geschlossen. Derselbe See. Dasselbe Schiff. Vielleicht sogar dieselbe Stelle auf dem See.

Aber das ist nicht derselbe Petrus. Drei Jahre Zusammenleben mit dem Messias haben ihn verändert. Er hat zu viel gesehen; zu viele Gelähmte, die wieder gesund wurden, und zu viele Stunden seinen Worten zugehört. Er ist nicht mehr derselbe Petrus. Es ist dasselbe Galiläa, aber ein anderer Fischer.

Warum kehrte er zurück? Was führte ihn nach der Kreuzigung zurück nach Galiläa? Manche vermuten, es sei Verzweiflung gewesen. Ich nicht. Es ist fast unmöglich, dass in einem Menschen, der Jesus gekannt hat, die Hoffnung stirbt. Das ist es, was ihn zurückführte: Hoffnung. Eine bizarre Hoffnung, dass er ihm an dem See, an dem er ihn zum ersten Mal traf, erneut begegnen würde.

Deshalb ist Petrus mit dem Boot auf den See hinausgefahren. Wieder einmal hat er die ganze Nacht hindurchgefischt. Und erneut hat der See keine Beute herausgegeben.

Petrus' Gedanken werden durch Rufe vom Ufer unterbrochen. „Habt ihr etwas gefangen?" Petrus und Johannes blicken auf. Wahrscheinlich jemand aus dem Dorf. „Nein!", rufen sie hinüber. „Versucht es auf der anderen Seite!", ruft die Stimme zurück. Johannes schaut Petrus an. Was soll's. Und schon wird das Netz ausgeworfen. Petrus bindet sich das Seil um die Brust und stellt sich auf Warten ein.

Aber aus dem Warten wird nichts. Das Seil spannt sich straff und ein großer Fang geht ins Netz. Petrus stemmt sich mit seinem ganzen Gewicht gegen die Bordseite und beginnt, das Netz einzuziehen. Er greift ins Netz, zieht hoch, greift erneut, zieht hoch. Er ist so sehr mit dieser Arbeit beschäftigt, dass er die Botschaft nicht bemerkt.

Nicht so jedoch Johannes. Er hat das Gefühl, die ganze Begebenheit schon einmal erlebt zu haben. Die lange Nacht. Das leere Netz. Die Aufforderung, es noch einmal auszuwerfen. Fische, die auf den Schiffsboden klatschen. Moment mal. Er schaut zu dem Mann dort drüben am Seeufer hinüber. „Das ist er", flüstert er.

Dann lauter: „Es ist Jesus."

Dann ruft er laut: „Es ist der Herr, Petrus! Es ist der Herr!"

Petrus dreht sich um und blickt hinüber. Jesus ist gekommen. Nicht nur Jesus, der Lehrer, sondern Jesus, der Sieger über den Tod, Jesus, der König ... Jesus, der Sieger über die Dunkelheit. Jesus, der Gott des Himmels und der Erde, steht am Ufer ... und macht Feuer.

Petrus springt ins Wasser, schwimmt ans Ufer, stolpert nass und zitternd aus dem Wasser und steht vor dem Freund, den er verraten hat. Jesus hat ein Kohlenfeuer angezündet. Beide denken an das letzte Mal, als Petrus an einem Feuer stand. Petrus hatte Gott im Stich gelassen, aber Gott war zu ihm gekommen.

Es ist einer der wenigen Augenblicke im Leben von Petrus, bei dem er stumm bleibt. Was sollte er auch sagen? Der Augenblick ist zu heilig für Worte. Gott bereitet dem Freund, der ihn verraten hat, ein Frühstück. Und Petrus erlebt ein weiteres Mal Gnade.

Was sagt man in einem solchen Moment?

Was sagen *Sie* in einem solchen Moment?

Sie und Gott ganz allein. Sie und Gott wissen genau, was Sie getan haben. Und weder Sie noch Gott sind stolz darauf. Was tun Sie?

Vielleicht würden Sie dasselbe machen wie Petrus. In Gottes Gegenwart stehen. Vor seinem Angesicht stehen. Still vor ihm stehen und warten. Manchmal kann unsere Seele nichts weiter tun. Die Umkehr ist zu tief, als dass wir Worte finden könnten, aber die Hoffnung ist zu groß, als dass wir fortgehen könnten – deshalb bleiben wir einfach stehen.

Wir stehen voll Staunen.

Er ist zurückgekehrt.

Er lädt uns ein, es noch einmal zu versuchen. Dieses Mal mit ihm.

15 Die Zärtlichkeit Gottes

Wenn man sich fragt, ob Gott sich wirklich um uns kümmert

Zwei Tage darauf wurde in dem Dorf Kana in Galiläa eine Hochzeit gefeiert. Maria, die Mutter Jesu, war dort, und auch Jesus hatte man mit seinen Jüngern eingeladen.
Während des Festes stellte es sich heraus, dass der Wein nicht ausreichte. Da sagte Maria zu ihrem Sohn: „Es ist kein Wein mehr da!" Doch Jesus antwortete ihr: „Was kommst du mit solchen Dingen zu mir! Die Zeit zu helfen ist für mich noch nicht gekommen!" Trotzdem sagte seine Mutter zu den Bediensteten: „Was immer er euch aufträgt, das tut!"
Nun gab es im Haus sechs steinerne Wasserkrüge. Man benutzte sie für die vom jüdischen Gesetz geforderten Waschungen. Jeder von ihnen fasste achtzig bis hundertzwanzig Liter. Jesus forderte die Leute auf: „Füllt diese Krüge mit Wasser!" Und sie füllten die Gefäße bis zum Rand. Dann ordnete er an: „Jetzt bringt dem Küchenchef eine Probe davon!" Dieser probierte den Wein, der vorher Wasser gewesen war. Er wusste allerdings nicht, woher der Wein kam. Nur die Diener wussten Bescheid. Da rief er den Bräutigam zu sich und sagte vorwurfsvoll: „Jeder bietet doch zuerst den besten Wein an! Und erst später, wenn alle schon genug getrunken haben, kommt der billigere Wein auf den Tisch. Aber du hast den besten Wein bis jetzt zurückgehalten!"
Dieses Wunder geschah in Kana. Dort in Galiläa zeigte Jesus zum ersten Mal seine göttliche Macht. Und seine Jünger glaubten an ihn.
Johannes 2,1–11

„Jeder bietet doch zuerst den besten Wein an! Und erst später, wenn alle schon genug getrunken haben, kommt der billigere Wein auf den Tisch. Aber du hast den besten Wein bis jetzt zurückgehalten!"
Johannes 2,10

Nehmen wir einmal an, Sie wären ein Engel. (Es mag Ihnen vielleicht recht schwerfallen, sich das vorzustellen, aber versuchen Sie es einmal.)

Sie sind ein Engel in der Zeit vor Jesus. Gott ist noch nicht auf die Erde gekommen, aber das Ereignis steht unmittelbar bevor. Und das ist der Zeitpunkt, an dem Sie auf der Bildfläche erscheinen. Sie erhalten die Nachricht, dass Ihnen eine besondere Aufgabe übertragen wurde. Eine „Einmal in einer Ewigkeit"-Gelegenheit. Sie sind aufgefordert worden, in einem besonderen Ausschuss mitzuarbeiten. Eine große Ehre, finden Sie nicht auch?

Michael ist der Vorsitzende dieser himmlischen Sondereinheit. „Wir wollen zu Anfang beschließen, was das erste Wunder sein soll", erklärt er. „Das erste Wunder ist entscheidend. Es ist die Start-Proklamation, der Eisbrecher. Es muss eine wohlüberlegte Entscheidung sein."

„Dieses Wunder muss Gottes Macht sichtbar werden lassen", meldet sich jemand zu Wort.

„Es muss unbestreitbar sein."

„Unvergesslich", schaltet sich ein Dritter ein.

„Nun, so weit sind wir einer Meinung", bestätigt Michael. „Das erste Wunder Jesu auf der Erde muss Schlagkraft besitzen. Hat irgendjemand eine Idee?"

Die Engel geraten in Aufregung, die Luft vibriert.

„Er soll jemand von den Toten auferwecken."

„Oder am besten gleich einen ganzen Friedhof!"

„Au ja, den ganzen Platz aufräumen."

„Wie wäre es, wenn er alle Hungernden mit einer Mahlzeit speiste?"

„Zu leicht. Wie wäre es, wenn er sämtliche Krankheiten vom Planeten entfernte?“

„Fantastisch! Das gefällt mir.“

„Nicht schlecht“, hören Sie sich sagen. Alle Engel wenden sich Ihnen zu. „Wie wäre es, wenn er die Erde von allem Bösen befreite? Ich meine, mit einer großen Handbewegung, und alles Böse wäre verschwunden. Nur das Gute würde bleiben.“

Die Versammlung schweigt. „Nicht übel“, meint dann einer.

„Gute Idee“, findet ein anderer.

„Ja, ein für alle mal die Sache erledigen“, stimmt Michael zu. „Gut, in Ordnung. Durch das erste Wunder wird das Böse auf der Erde ausgelöscht.“

Man hört die Flügel vor Zustimmung rauschen und Sie lächeln vor Stolz. (Vielleicht werden Sie mit einer Beförderung belohnt.)

„Nun lasst uns zum zweiten Wunder übergehen ...“

Klingt reichlich weit her geholt, oder? Mag ja sein, aber die Geschichte entbehrt nicht einiger Körnchen Wahrheit.

Zum einen hatte Jesus tatsächlich einen Plan. Das lässt sich aus bestimmten Formulierungen ableiten, die er verwendete.

„Meine Zeit ist noch nicht da“ (Johannes 7,6).

Die Zeit ist gekommen, dass der Menschensohn verherrlicht werde (Johannes 12,23).

„Meine Zeit ist nahe“ (Matthäus 26,18).

„Die Stunde ist gekommen. Siehe, der Menschensohn wird überantwortet in die Hände der Sünder“ (Markus 14,41).

„Jesus hob seine Augen auf zum Himmel und sprach: ‚Vater, die Stunde ist da ...‘“ (Johannes 17,1).

Lesen Sie diese Worte noch einmal: „Meine Zeit ist noch nicht da." „Die Zeit ist gekommen." „Meine Zeit ist nahe." „Die Stunde ist gekommen." Worauf deuten diese Formulierungen hin? Auf einen Zeitplan. Sie machen also deutlich, dass es einen konkreten Ablauf der Ereignisse gab. Das Werk Jesu war geplant. Ich bezweifle, dass je ein Engel-Ausschuss existierte, aber einen Plan gab es ohne Frage.

In meiner kleinen erdachten Szene gibt es noch ein weiteres Fünkchen Wahrheit. Es gab nicht nur einen Plan für das, was Jesus tat, es gab auch ein erstes Wunder. Was für ein Wunder war das?

Die Handlung ist beinah zu einfach. Jesus und seine Jünger befinden sich auf einer Hochzeit. Dem Gastgeber geht der Wein aus. Alle Geschäfte sind geschlossen, darum verwandelt Jesus, auf das Drängen seiner Mutter hin, sechs Krüge voll Wasser in sechs Krüge voll Wein.

Das ist es. Das ist der Startschuss. Reichlich bescheiden, finden Sie nicht auch? Es hat jedenfalls nicht die Wucht einer Totenauferweckung oder die Atmosphäre der Heilung eines gelähmten Beins.

Oder doch? Vielleicht steckt mehr dahinter, als wir meinen.

Wissen Sie, eine Hochzeit zur Zeit Jesu war keine Kleinigkeit. Normalerweise begann sie vor Sonnenuntergang mit einer festlichen Zeremonie in der Synagoge. Dann verließ die Festgesellschaft die Synagoge und bildete eine lange Lichterprozession, die sich im sanften Abendlicht durch die Straßen der Stadt schlängelte. Das Paar wurde an so vielen Häusern wie möglich vorbeigeleitet, damit jeder seine Glückwünsche aussprechen konnte. Nach der Prozession begab sich das Brautpaar nicht etwa auf eine Hochzeitsreise, um dort seine Flitterwochen zu genießen, sondern die Flitterwochen wurden zu Hause arrangiert.

Sie kehrten heim und feierten ein Fest. Mehrere Tage

lang wurden Geschenke überreicht, Reden gehalten, es wurde gegessen und – Sie haben es erraten – Wein getrunken. Die Mahlzeiten und der Wein hatten eine große Bedeutung. Der Gastgeber ehrte seine Gäste dadurch, dass er darauf achtete, dass die Teller immer gefüllt blieben und die Becher bis an den Rand voll waren. Man betrachtete es als Beleidigung der Gäste, wenn dem Gastgeber das Essen oder der Wein ausging.

Gastfreundschaft bei einer Hochzeit sah man als heilige Pflicht an. Dieser kulturelle Brauch wurde so ernst genommen, dass bei Verstoß gegen diese Sitte der Geschädigte sogar einen Gerichtsprozess führen konnte!

„Ohne Wein", so sagten die Rabbiner, „gibt es keine Freude." Wein war sehr wichtig, aber nicht, um sich zu betrinken, was man als Schande betrachtete, sondern um seines symbolischen Charakters willen. Wenn es Wein gab, zeigte dies an, dass es sich um einen besonderen Tag handelte und dass alle Gäste Ehrengäste waren.

Daher war es eine Beleidigung der anwesenden Gesellschaft, wenn der Wein fehlte.

Maria, die Mutter Jesu, ist eine der Ersten, die merkt, dass der Wein ausgegangen ist. Sie geht zu ihrem Sohn und weist ihn auf das Problem hin: „Sie haben keinen Wein mehr."

Die Reaktion von Jesus? „Was geht's dich an, Frau, was ich tue? Meine Stunde ist noch nicht gekommen" (Johannes 2,4; LÜ).

Da haben wir jene beiden Worte wieder. „Meine Stunde." Jesus hat den Plan vor Augen. Er weiß, wo und wann er sein erstes Wunder vollbringen wird. Und jetzt ist der Zeitpunkt noch nicht gekommen.

Etwa zur selben Zeit geben alle Engel, die zum Sonderausschuss „Beratung über die Wunder des Messias" gehören, einen Seufzer der Erleichterung von sich.

„O Schreck, einen Augenblick dachte ich, er würde alles über den Haufen werfen."

„Ich auch. Kannst du dir vorstellen, dass Jesus sein Wirken damit beginnt, Wasser in Wein zu verwandeln?“

„Unmöglich. Jesus, sag Nein! Halte dich an den Plan.“

Jesus kennt den Plan. Zunächst sieht es so aus, als würde er sich auch daran halten. Aber als er die Worte seiner Mutter hört und sich die Hochzeitsgäste ansieht, überdenkt er die ganze Sache noch einmal. Die Bedeutsamkeit des Plans wird langsam von seinem Mitgefühl für die Menschen überlagert. Die Wahl des richtigen Zeitpunkts ist wichtig, aber die Menschen sind ihm noch wichtiger.

Er beschließt, lieber der Not seiner Freunde zu begegnen, als an seinem Plan festzuhalten. Der himmlische Plan wird geändert, um ein paar Freunden aus der Patsche zu helfen. Der Grund für das erste Wunder ist weder eine Tragödie noch eine Hungersnot oder ein moralisches Versagen – sondern Mitgefühl für Freunde, die in der Klemme sitzen.

Nun, wenn Sie ein Engel sind, der zum Ausschuss zur Beratung über die Wunder Jesu gehört, dann wird Ihnen dieser Schritt nicht gefallen. Nein, mein Herr. Nein, meine Dame. Es gefällt Ihnen nicht, was Jesus da gemacht hat. Alles daran ist falsch. Der falsche Zeitpunkt. Der falsche Ort. Das falsche Wunder.

„Also bitte, Jesus. Denk doch an den Plan“, mahnen Sie mit ernster Stimme. „Denk doch an unsere Strategie. So hatten wir die Sache nicht geplant.“

Nein, wenn Sie zu den Engeln im Ausschuss gehören, dann haben Sie keinen Gefallen an diesem Schritt.

Aber wenn Sie ein Mensch sind, der schon einmal in eine Verlegenheit geraten ist, dann finden Sie dieses Wunder mit Sicherheit ausgezeichnet. Warum? Weil es Ihnen zeigt, dass das, was Sie betrifft, auch Gott etwas angeht.

Sie denken wahrscheinlich, dass dies stimmt, wenn es um die großen Dinge des Lebens geht. Wenn es um schwere Nöte wie Tod, Krankheit, Sünde und Katastrophen geht – dann wissen Sie, dass Gott sich um Sie kümmert.

Aber was ist mit den kleinen Dingen? Was ist mit griesgrämigen Chefs oder platten Reifen oder einem fortgelaufenen Hund? Was ist mit zerbrochenem Geschirr, einem verspäteten Flug, Zahnschmerzen oder einem defekten Computer? Kümmert sich Gott auch darum?

Schließlich hat er ja ein ganzes Universum zu verwalten. Er muss dafür sorgen, dass die Planeten nicht aus der Bahn geraten, und hat über Könige zu wachen. Er hat genug zu tun mit all den Kriegen und Hungersnöten. Wer bin ich kleiner Mensch, dass ich Gott mit meinem eingewachsenen Zehennagel belästigen sollte?

Ich bin froh, dass Sie diese Frage stellen. Ich will Ihnen sagen, wer Sie sind. Ja, mehr noch, ich will *verkündigen*, wer Sie sind:

> Sie sind ein Erbe Gottes und ein Miterbe Christi (vgl. Römer 8,17).
> Sie werden wie ein Engel ewig leben (vgl. Lukas 20,36).
> Sie haben eine Krone, die unvergänglich ist (vgl. 1. Korinther 9,25).
> Sie sind ein heiliger Priester (vgl. 1. Petrus 2,5), ein kostbarer Besitz (vgl. 2. Mose 19,5).
> Sie sind von Gott noch vor der Erschaffung der Welt dazu erwählt worden, zu ihm zu gehören (vgl. Epheser 1,4). Gottes Plan für Sie kommt in folgenden Worten zum Ausdruck: „Ja, berühmt und angesehen sollt ihr sein! Ihr werdet ein heiliges Volk sein, das ganz dem Herrn gehört. So hat er es versprochen“ (5. Mose 26,19).

Aber mehr noch als das eben Gesagte, bedeutungsvoller noch als jeder Titel oder jede Stellung ist die einfache Tatsache, dass Sie Gottes Kind sind. „Seht doch, wie groß die Liebe ist, die der Vater uns schenkt! Denn wir dürfen uns nicht nur seine Kinder nennen, sondern wir sind es wirklich" (1. Johannes 3,1).

Ich liebe diese letzten Worte! „Wir sind es wirklich." Es ist, als hätte Johannes gewusst, dass einige von uns den Kopf schütteln und sagen werden: „Nein, ich nicht. Mutter Teresa vielleicht. Billy Graham, das ist in Ordnung. Aber ich doch nicht." Wenn das Ihre Gedanken sind, dann hat Johannes diese Worte extra für Sie angefügt.

„Wir sind es *wirklich*."

Und das hat zur Folge, dass das, was Ihnen wichtig ist, auch Gott wichtig ist.

Wenn Sie Kinder haben, dann kennen Sie das. Stellen Sie sich vor, Sie würden entdecken, dass Ihr fünfjähriger Sohn eine entzündete Wunde an der Hand hat. Sie fragen ihn, was passiert ist, und er sagt, er habe einen Splitter in der Hand. Sie fragen ihn, wie lange der Splitter schon in der Haut steckt, und er antwortet: „Seit letzter Woche." Sie fragen ihn, warum er nichts davon erzählt hat, und er sagt: „Ich wollte dich nicht stören. Ich wusste, dass du so viel zu tun hast: den ganzen Haushalt führen und alles andere ... ich wollte dich einfach nicht damit belästigen."

„Mich belästigen? Mich belästigen! Ich bin dein Papa. Du bist mein Sohn. Es ist meine Aufgabe, dir zu helfen! Ich leide mit dir, wenn du leidest."

Ich habe noch eine Geschichte zu erzählen, die ich auf Video aufgezeichnet habe. Meine achtjährige Tocher Jenna sollte bei einem Fest ein Solo singen. Unter der Bedingung, dass meine Frau die Aufführung filmen würde, willigte ich ein, mit unseren beiden anderen Töchtern zu Hause zu bleiben. Als Jenna und meine Frau nach Hause kamen, hatten sie eine spannende Geschichte zu erzählen und ein aufregendes Video zu zeigen.

Jenna vergaß den Text. Als sie vor der großen Zuhörerschaft auf der Bühne stand, hatte sie plötzlich einen völligen Gedächtnisausfall. Da Denalyn den Auftritt filmte, sah ich die peinliche Situation durch ihre Augen, die

Augen einer Mutter. Man konnte merken, dass Denalyn in dem betreffenden Augenblick nervös wurde – die Kamera begann zu zittern. „Ist schon gut, ist schon gut", hörte man Denalyn beschwichtigend sagen. Sie versuchte, Jenna auf die Sprünge zu helfen, und begann, die nächste Zeile vorzusingen. Aber es war zu spät. Jenna sagte in Richtung der Zuhörer: „Es tut mir leid", brach in Tränen aus und stürzte von der Bühne.

In diesem Augenblick ließ meine Frau die Kamera fallen und lief zu Jenna. Die Kamera filmte den Fußboden und man hörte Denalyn sagen: „Komm her, mein Schatz."

Warum tat Denalyn das? Warum ließ sie alles fallen und lief zu ihrer Tochter? (Übrigens, Jenna gewann ihre Fassung wieder. Denalyn wischte ihr die Tränen ab. Die beiden übten das Lied noch einmal, und Jenna sang und bekam stürmischen Beifall.)

Also, warum nahm sich Denalyn die ganze Geschichte so zu Herzen? Was bedeutet es schon angesichts der großen Dinge des Lebens, wenn man bei einem gesellschaftlichen Anlass versagt? Sie kennen die Antwort, auch ohne dass ich sie sage: Für ein achtjähriges Mädchen bedeutet so etwas ungeheuer viel. Und weil es für Jenna wichtig war, war es auch für die Mutter wichtig.

Und weil Sie Gottes Kind sind, ist alles, was Ihnen wichtig ist, auch Gott wichtig.

Warum verwandelte Jesus das Wasser in Wein? Um die Menschenmenge zu beeindrucken? Nein, die Leute wussten nicht einmal, dass Jesus ein Wunder getan hatte. Um die Aufmerksamkeit des Küchenchefs zu bekommen? Nein, dieser hielt den Bräutigam einfach für großzügig. Warum tat Jesus es dann? Was bewog ihn dazu, sein erstes Wunder zu vollbringen?

Seine Freunde befanden sich in einer Verlegenheit. Was ihnen Not bereitete, machte auch ihm Not. Wenn das Kind leidet, leidet der Vater mit.

Darum zögern Sie nicht. Erzählen Sie Gott, was Sie bekümmert. Sprechen Sie mit ihm. Er wird Sie nicht fortschicken. Er wird nicht denken, dass Ihr Anliegen dumm oder zu gering ist. „Doch er [Jesus] *gehört nicht zu denen, die unsere Schwächen nicht verstehen und zu keinem Mitleiden fähig sind.* Jesus Christus musste mit denselben Versuchungen kämpfen wie wir, auch wenn er nie gesündigt hat. Aber weil er für uns eintritt, dürfen wir mit Zuversicht und ohne Angst zu Gott kommen. Er wird uns seine Barmherzigkeit und Gnade zuwenden, wenn wir seine Hilfe brauchen" (Hebräer 4,15–16, Hervorhebung durch den Autor).

Kümmert sich Gott um die kleinen Dinge in unserem Leben? Sie können sich dessen sicher sein!

Was für Sie wichtig ist, ist auch ihm wichtig.

16 Der Verrückte, der zum Missionar wurde

Wenn man dem Bösen begegnet

Als sie auf der anderen Seite des Sees die Gegend um Gadara erreichten und Jesus aus dem Boot stieg, lief ihnen ein Mann entgegen. Dieser Mensch wurde von Dämonen beherrscht und lebte in Grabhöhlen. Er war so wild, dass er nicht einmal mit Ketten gebändigt werden konnte. Sooft man ihn auch fesselte und in Ketten legte, jedes Mal riss er sich wieder los. Niemand wagte sich in seine Nähe. Tag und Nacht hielt er sich in den Grabhöhlen auf oder irrte in den Bergen umher. Dabei tobte er und schlug mit Steinen auf sich ein.

Kaum hatte er Jesus gesehen, warf er sich vor ihm nieder, und es schrie laut aus ihm: „Was willst du von mir, Jesus, du Sohn Gottes? Ich beschwöre dich beim Allerhöchsten, quäle mich nicht!" Jesus hatte nämlich dem Dämon befohlen: „Verlass dein Opfer, du teuflischer Geist!" Da fragte ihn Jesus: „Wie heißt du?" Der Dämon antwortete: „Mein Name ist Legion, denn nicht nur ich, sondern viele von uns beherrschen diesen Menschen." Immer wieder bat er Jesus: „Vertreibe uns nicht aus dieser Gegend!"

Nicht weit entfernt an einem Abhang wurde gerade eine große Herde Schweine gehütet. „Lass uns in diese Schweine fahren", bettelten die Dämonen. Jesus erlaubte es ihnen. Jetzt ließen die bösen Geister den Mann frei und bemächtigten sich der Schweine, die den Abhang hinunter in den See stürzten. Und alle zweitausend Tiere ertranken.

Verstört liefen die Hirten in die Stadt und berichteten überall, was geschehen war. Viele kamen nun am See zusammen, um sich selbst zu überzeugen. Sie sahen den Mann, den die vielen Dämonen gequält hatten. Er war gekleidet wie jeder

andere und saß ganz ruhig neben Jesus. Da wurde ihnen unheimlich zumute. Die Leute aber, die alles mitangesehen hatten, erzählten, wie der Besessene geheilt wurde und was mit den Schweinen geschehen war. Daraufhin baten die Leute Jesus, er möge ihre Gegend wieder verlassen.
Jesus wollte gerade in das Boot steigen, als ihn der Geheilte bat: „Ich möchte gern bei dir bleiben." Aber Jesus erlaubte es ihm nicht. Er sagte: „Geh nach Hause zu deiner Familie und berichte, welch großes Wunder Gott an dir getan hat und wie barmherzig er zu dir gewesen ist!" Da wanderte der Mann durch das Gebiet der Zehn Städte und erzählte jedem, was für ein Wunder Jesus an ihm getan hatte. Und alle staunten.
Markus 5,1–20

Viele kamen nun am See zusammen, um sich selbst zu überzeugen. Sie sahen den Mann, den die vielen Dämonen gequält hatten. Er war gekleidet wie jeder andere und saß ganz ruhig neben Jesus.
Markus 5,15

Hier ist eine Frage für alle Quizfreunde: Wer war der erste Missionar, den Jesus aussandte?

Bestimmt jemand, der eine gute Ausbildung besaß, oder? Jemand, der eine innige Beziehung zu Jesus hatte. Ein leidenschaftlicher Nachfolger. Ein nahestehender Jünger. Einer, der solide Kenntnis der Schriften besaß und alles über Hingabe wusste, nicht wahr?

Ich will Ihnen einen Tipp geben. Um diesen ersten Missionar zu finden, müssen Sie nicht den Missionsbefehl von Jesus nachlesen. Sie brauchen auch nicht die Namen der Apostel nachzuschlagen. Der Bote, der die Vorhut bildete, lässt sich in dieser Liste nicht finden.

Wie wäre es dann mit den zweiundsiebzig Jüngern, die Jesus aussandte? Tut mir leid, schon wieder falsch. Und wie steht es mit den Briefen des Paulus? Nein. Lange, bevor Paulus zum Stift griff, war jener Prediger schon an der Arbeit.

Wohin ging Jesus, um seinen ersten Missionar zu finden? (Sie werden es nicht glauben.) Auf einen Friedhof.

Wer war der erste Botschafter, den er beauftragte? (Das werden Sie mir auch nicht abnehmen.) Ein Wahnsinniger. Der Mann, den Jesus aussandte, war ein Verrückter – er wurde zum Missionar. Seine Geschichte kann man im fünften Kapitel des Markusevangeliums nachlesen.

„Als Jesus aus dem Boot stieg, lief ihnen ein Mann entgegen. Dieser Mensch wurde von Dämonen beherrscht und lebte in Grabhöhlen. Er war so wild, dass er nicht einmal mit Ketten gebändigt werden konnte. Sooft man ihn auch fesselte und in Ketten legte, jedes Mal riss er sich

wieder los. Niemand wagte sich in seine Nähe. Tag und Nacht hielt er sich in den Grabhöhlen auf oder irrte in den Bergen umher. Dabei tobte er und schlug mit Steinen auf sich ein."
Markus 5,2–5

Er gehört zu der Sorte von Menschen, vor denen Ihre Mutter Sie gewarnt hat. Er gehört zu den Kerlen, die die Polizei routinemäßig überprüft. Er ist einer der Geistesgestörten, die in der Stadt herumschleichen und ganze Familien umbringen. Sein Gesicht ist in Nahaufnahme in den Abendnachrichten zu sehen.

Dieser Mann ist der erste Missionar der Kirche.

Die Menschen in ganz Palästina wussten nicht, was sie mit ihm machen sollten. Sie banden ihn fest, doch er zerbrach die Ketten. Er riss sich die Kleider vom Leib. Er lebte in Höhlen. Er fügte sich mit Steinen Verletzungen zu. Er war ein tollwütiger Fuchs, der die Gegend unsicher machte, eine Bedrohung für die Bevölkerung. Er nutzte niemandem auch nur irgendetwas. Niemand hatte einen Platz für ihn – außer Jesus.

Selbst heute hätte die moderne Medizin einem solchen Menschen im besten Fall nur Medikamente und eine langwierige Therapie anzubieten. Es mag sein, dass man mit viel Zeit, vielen Kosten und professioneller Hilfe ein derartig destruktives Verhalten einigermaßen in den Griff bekommen könnte. Aber es würde Jahre dauern.

Bei Jesus dauert es nur Sekunden.

Die Begegnung ist explosiv. Das Boot der Jünger landet in der Nähe eines Friedhofs und einer Schweineherde am Ufer. Beides ist für Juden rituell und kulturell unrein. Als Jesus aus dem Boot steigt, kommt ein Verrückter aus einer Grabhöhle herbeigestürmt.

Wildes Haar. Blutige Handgelenke. Aufgekratzte Haut. Eine Furie in Menschengestalt. Nacktes Chaos. Die Arme fuchteln umher, er schreit laut. Die Apostel blicken starr vor Schreck, schlucken heftig und treten einen Schritt zurück ins Boot.

Das Grauen packt sie. Aber nicht Jesus. Lesen Sie die nächsten Verse aufmerksam – denn hier haben wir das seltene Vorrecht, einen Blick auf einen unsichtbaren Kampf zu werfen. Für ein paar Minuten wird der verborgene Konflikt sichtbar, und uns wird ein Platz angeboten, von dem aus wir das Kampffeld überschauen können.

> Jesus spricht zuerst: „Verlass dein Opfer, du teuflischer Geist!" (vgl. Markus 5,8).
> Der Geist gerät in Panik: „Was willst du von mir, Jesus, du Sohn Gottes?" (vgl. Markus 5,7).

Jesus will den Mann zurückgewinnen. Die Dämonen sind für ihn keine Herausforderung. Sie stellen keine Bedrohung dar. Sie haben diese Stimme schon einmal gehört. Wenn Gott befiehlt, reagieren alle Dämonen gleich: Sie beginnen zu bitten und zu flehen. „Immer wieder baten sie Jesus: ‚Vertreibe uns nicht aus dieser Gegend!'" (Markus 5,10).

Allein schon Jesu Erscheinen ist eine Demütigung für die Dämonen. Sie haben zwar den Mann aus Gadara in ihrer Gewalt, aber vor Gott ducken sie sich. Eine ganze Region haben sie mit Furcht geschlagen, aber nun flehen sie Jesus um Erbarmen an. Seine Worte lassen die Dämonen zu wimmernden und kriechenden Schwächlingen zusammenschrumpfen.

Da sie sich in einer Schweineherde sicherer fühlen als in der Gegenwart Gottes, bitten die Dämonen, in die Schweine fahren zu dürfen. Jesus stimmt zu, und zweitausend Schweine stürzen sich in den See.

Und in dieser ganzen Zeit unternehmen die Jünger gar nichts. Jesus kämpft und seine Nachfolger schauen starr vor Staunen zu. Sie wissen nicht, was sie sonst machen sollen.

Kommt Ihnen das bekannt vor? Sie beobachten eine Welt, die außer Kontrolle geraten ist, und wissen nicht, was Sie tun sollen? Wenn das so ist, dann machen Sie, was die Jünger taten: Wenn der Kampf zu heftig wird, treten Sie zurück und lassen Sie den Vater kämpfen.

In meiner gedanklichen Bildersammlung habe ich ein Foto, das dieses Prinzip gut veranschaulicht. In der Szene, die ich meine, sitzen mein Vater und ich in einem Fischerboot und kämpfen gegen einen Sturm an. Wir sind von weißen Wellenbergen umgeben, von denen die meisten höher sind als wir selbst. Die Küstenlinie ist nicht mehr zu sehen, der Nebel wird immer dichter, und wir fragen uns langsam ernsthaft, ob wir es schaffen, ans Ufer zurückzukommen.

Ich bin noch jung, vielleicht neun Jahre alt. Das Boot ist klein, vielleicht drei Meter lang. Und die Wellen sind hoch, hoch genug, um unser kleines Schiff umzukippen. Der Himmel verdunkelt sich, große Wolken ziehen sich zusammen und Blitze zucken.

Mein Vater steuert das Boot auf den nächstgelegenen Strand zu, der Bug taucht in die Wellen. Mein Vater sitzt im Heck, die Hand liegt am Steuer, sein Gesicht ist gegen den Wind gerichtet. Ich sitze vorn und schaue nach hinten in seine Richtung. Der Regen schlägt mir in den Nacken und durchdringt meine Kleider. Eine Welle nach der andern hebt uns hoch und wirft uns wieder hinunter. Ich umklammere mit beiden Händen den Bootsrand und halte mich fest.

Vergeblich halte ich Ausschau nach der Küste. Sie liegt hinter dem Nebel verborgen. Ich suche nach der Sonne ... sie ist hinter den Wolken versteckt. Ich suche nach anderen Booten ... aber ich sehe nur Wellen. Alles, was ich sehe, macht mir Angst. Es gibt nur einen Anblick, der mich tröstet, und das ist das Gesicht meines Vaters. Der Regen peitscht ihm ins Gesicht, er schneidet Grimassen und blickt in den Sturm. Das Wasser tropft ihm vom

Schirm seiner Baseballmütze und das Hemd klebt ihm am Leib.

In dem Augenblick fasste ich einen Entschluss. Ich hörte auf, in den Sturm zu blicken, und beobachtete nur noch meinen Vater. Das erschien mir mehr als sinnvoll. Wenn ich die Wellen anschaute, bekam ich Angst. Wenn ich meinen Vater anschaute, wurde ich ruhig. Deshalb konzentrierte ich mich auf meinen Vater. Ich blickte so angestrengt auf ihn, dass ich ihn heute, dreißig Jahre später, immer noch sehen kann, wie er uns aus dem Sturm herausführte.

Gott möchte, dass wir es genauso machen. Er möchte, dass wir unseren Blick ausschließlich auf ihn richten. Was nutzt es, auf den Sturm zu schauen? Warum wollen wir uns den Feind angucken? Wir werden ihn sowieso nicht endgültig besiegen. Das kann nur Gott. Die Jünger können Satan nicht vernichten. Nur Gott kann es.

Und genau das tat Jesus.

Während die Jünger stumm vor Staunen zusehen, wird Jesus aktiv, und Gott befreit einen Wahnsinnigen. Dämonen fahren in Schweine. Und auf einem Friedhof wird ein Mensch zum Jünger.

Eine sonderbare Geschichte? Warten Sie einen Moment. Die Geschichte ist noch nicht zu Ende. Wenn Sie meinen, die Reaktion der Dämonen sei außergewöhnlich, dann warten Sie, bis Sie die Reaktion der Menschen erfahren.

Die Schweinehirten rannten in die Stadt und erzählten allen, was sie beobachtet hatten.

Die Leute kamen an den See, um mit eigenen Augen zu sehen, was geschehen war.

„Sie sahen den Mann, den die vielen Dämonen gequält hatten. Er war gekleidet wie jeder andere und saß ganz ruhig neben Jesus. Da wurde ihnen unheimlich zumute. Die Leute aber, die alles mitangesehen hatten, erzählten,

wie der Besessene geheilt wurde und was mit den Schweinen geschehen war. Daraufhin baten die Leute Jesus, er möge ihre Gegend wieder verlassen."
Markus 5,15–17

Wie bitte? Was taten sie? *Daraufhin baten die Leute Jesus, er möge ihre Gegend wieder verlassen.*

Sie meinen, die Leute baten Jesus ernsthaft fortzugehen? Ja, genau. Statt ihm zu danken, entließen sie ihn? Sie haben richtig gehört. Was bewegt Menschen dazu, so etwas zu tun?

Eine gute Frage. Was bewegt Menschen dazu, Schweine und Verrückte der Gegenwart Gottes vorzuziehen?

Oder ein anderes Beispiel: Was bewegt einen Alkoholiker dazu, das Elend des Trinkens der Nüchternheit vorzuziehen?

Was bewegt eine Gemeinde dazu, den sanften Schlummerzustand der Erweckung vorzuziehen?

Was bewegt eine Nation dazu, die Sklaverei der Freiheit vorzuziehen?

Was bewegt Menschen dazu, die starren Traditionen der Vergangenheit dem lebendigen Gott der Gegenwart vorzuziehen?

Die Antwort: Angst vor Veränderung! Veränderung ist harte Arbeit. Es ist leichter, demselben altbekannten Weg zu folgen, als sich in unbekanntes Terrain aufzumachen.

Deshalb schickten die Menschen Jesus fort. Und da Jesus nie dorthin geht, wo er nicht willkommen ist, besteigt er wieder das Boot.

Nun beoachten Sie, was jetzt geschieht.

„Jesus wollte gerade ins Boot steigen, als ihn der Geheilte bat: „‚Ich möchte gern bei dir bleiben.' Aber Jesus erlaubte es ihm nicht."
Markus 5,18–19

Eine seltsame Art, mit einem gerade zum Glauben gekommenen Menschen umzugehen, finden Sie nicht auch? Warum nahm Jesus ihn nicht mit? Ganz einfach. Er hatte größere Pläne für ihn. „Geh nach Hause zu deiner Familie und berichte, welch großes Wunder Gott an dir getan hat und wie barmherzig er zu dir gewesen ist!" (Markus 5,19).

Da haben wir es. Den Auftrag des ersten Missionars. Bis eben noch wahnsinnig gewesen – nun durch Jesus ein neuer Mensch. Keine Ausbildung. Keine Unterweisung. Er wusste nur, dass Jesus sogar die Hölle aus der Hölle vertreiben konnte, und das war offensichtlich genug.

Doch was noch mehr überrascht als die Aussendung dieses Mannes ist die Tatsache, dass *überhaupt* jemand ausgesandt wurde. Ich würde doch keinen Missionar zu Leuten schicken, die mich gerade rausgeworfen haben. Oder was würden Sie tun? Vielleicht eine Plage schicken, aber doch keinen Missionar. Doch Jesus tat genau das.

Und das tut Jesus auch heute noch. Auch heute noch sendet er die gute Nachricht zu denen, die es eigentlich nicht verdient haben. Und noch immer gebraucht er Menschen, die es aus unserer Sicht nicht wert sind, seine Boten zu sein.

17 Das Unsichtbare sehen

Wenn man Angst vor der Zukunft hat

Kaum war Jesus ans andere Ufer zurückgekehrt, als sich am Strand wieder eine große Menschenmenge um ihn versammelte. Da kam Jairus, ein Vorsteher der jüdischen Gemeinde, und warf sich vor Jesus nieder. Er bat ihn verzweifelt: „Meine Tochter liegt im Sterben. Komm und lege ihr die Hände auf, damit sie wieder gesund wird!" Jesus ging mit Jairus, gefolgt von einer dichten Menschenmenge. [...]
Noch während er redete, kamen einige Leute aus dem Haus des Jairus gelaufen und riefen: „Deine Tochter ist tot. Es hat keinen Zweck mehr, den Meister zu holen." Jesus hörte das und sagte zu Jairus: „Verzweifle nicht! Verlass dich ganz und gar auf mich!" Er wies die Menschen zurück, die ihm folgen wollten. Nur Petrus, Jakobus und Johannes durften ihn begleiten.
Als sie im Hause des Jairus ankamen, sah Jesus die vielen Menschen und hörte ihr Weinen und Jammern. „Weshalb macht ihr solchen Lärm?", fragte er sie. „Warum weint ihr? Das Kind ist nicht tot, es schläft nur." Das fanden die Leute so unsinnig, dass sie spöttisch lachten. Er schickte sie alle weg; nur die Eltern und seine drei Jünger gingen mit zum Bett des Mädchens. Dann fasste er die Tochter des Jairus bei der Hand und sagte: „Steh auf, mein Kind!" Da stand das zwölfjährige Mädchen auf und lief im Zimmer umher. Ihre Eltern waren fassungslos. Sie wussten nicht, was sie sagen sollten. Jesus verbot ihnen aber nachdrücklich, anderen davon zu erzählen. „Und nun gebt dem Kind etwas zu essen!", sagte er.
Markus 5,21–24; 35–43

Der Glaube ist die feste Gewissheit, dass sich erfüllt, was Gott versprochen hat; er ist die tiefe Überzeugung, dass die unsichtbare Welt Gottes Wirklichkeit ist, auch wenn wir sie noch nicht sehen können.
Hebräer 11,1

Gestern Abend habe ich meinen Töchtern gezeigt, wie sie mit geschlossenen Augen sehen können.

Ich forderte die achtjährige Jenna auf, in die eine Ecke des Zimmers zu gehen. Dann sagte ich der sechsjährigen Andrea, sie soll sich gegenüber in die andere Ecke stellen. Die dreijährige Sara und ich saßen auf dem Sofa in der Mitte und schauten zu. Jennas Aufgabe bestand darin, die Augen zu schließen und umherzugehen. Andrea hatte die Aufgabe, für Jenna zu sehen und sie mithilfe von Anweisungen sicher durch den Raum zu führen.

Mit Formulierungen wie: „zwei kleine Schritte nach links" und „vier große Schritte nach vorn" steuerte Andrea ihre Schwester erfolgreich durch ein gefährliches Labyrinth aus Stühlen, einem Staubsauger und einem Wäschekorb.

Dann wurden die Rollen vertauscht. Jetzt führte Jenna Andrea an Mutters Lieblingslampe vorbei und ließ gerade früh genug einen Warnruf erschallen, bevor Andrea gegen die Wand lief, weil sie den linken mit dem rechten Fuß verwechselt hatte.

Nach mehreren Gängen durch die Dunkelheit unterhielten wir uns schließlich über das Spiel.

„Mir hat es nicht gefallen", beschwerte sich Jenna. „Es macht mir Angst zu gehen, ohne etwas zu sehen."

„Ich hatte Angst, dass ich hinfallen würde", stimmte Andrea zu. „Ich bin immer nur ganz kleine Schritte gegangen, um sicher zu sein."

Das kommt mir bekannt vor, Ihnen auch? Wir Erwachsenen mögen die Dunkelheit auch nicht, aber gezwungenermaßen müssen wir im Dunkeln gehen. Wie Jenna beschweren auch wir uns häufig darüber, dass es uns Angst macht zu gehen, ohne etwas zu sehen. Wie Andrea machen wir oft aus Furcht hinzufallen nur kleine Schritte.

Wir haben allen Grund, vorsichtig zu sein: Wir sind blind. Wir können die Zukunft nicht sehen. Wir können keinen einzigen Blick über den Tellerrand der Gegenwart werfen. Ich kann Ihnen nicht einmal zusichern, dass ich lang genug lebe, um diesen Gedanken zu Ende zu schreiben. (Tatsächlich, ich habe es geschafft!) Und genauso wenig können Sie mir sagen, ob Sie lang genug leben, um den nächsten Gedanken zu Ende zu lesen. (Ich hoffe, Sie können es!)

Ich spreche nicht von Kurzsichtigkeit oder einer eingeschränkten Sicht. Ich spreche von Blindheit. Ich spreche nicht von einem Zustand, den wir mit unserer Kindheit abstreifen. Ich beschreibe einen Zustand, den wir erst mit dem Tod ablegen. Wir sind blind. Blind, was die Zukunft betrifft.

Es handelt sich um eine Begrenzung, die wir alle miteinander haben. Die Reichen sind genauso blind wie die Armen. Die Gebildeten haben genauso wenig Sehvermögen wie die Ungelernten. Und die Berühmten dieser Welt wissen genauso wenig über die Zukunft wie die Unbedeutenden.

Niemand von uns weiß, was einmal aus unseren Kindern werden wird. Niemand von uns kennt den Tag, an dem wir sterben. Niemand von uns weiß, wen er einmal heiraten wird oder ob die Zukunft überhaupt eine Ehe für ihn bereithält. Wir sind umfassend, absolut und unabänderlich blind.

Wir sind alle wie Jenna, die sich mit geschlossenen Augen durch einen dunklen Raum tastet und auf eine bekannte Stimme lauscht – allerdings besteht ein Unterschied. Jennas Umgebung ist ihr vertraut. Unsere Umgebung kann feindselig sein und uns zum Verhängnis werden. Jennas größte Angst ist, dass sie sich den Zeh stößt. Unsere größte Angst ist weitaus schrecklicher: Krebs, Scheidung, Einsamkeit, Tod.

Und wenn wir uns auch noch so sehr anstrengen, so aufrecht wie möglich zu gehen, ist es trotzdem sehr wahrscheinlich, dass wir uns den Zeh stoßen und uns wehtun.

Fragen Sie nur einmal Jairus. Er ist ein Mann, der sich mit aller Kraft bemüht hat, geradeaus zu gehen. Aber Jairus ist auch ein Mann, dessen Weg plötzlich in eine Höhle führte – in eine dunkle Höhle. Und er will nicht allein hineingehen.

Jairus ist der Leiter der Synagoge. Das mag für uns nicht viel bedeuten, aber zu Lebzeiten von Jesus war der Synagogenvorsteher der wichtigste Mann des ganzen Ortes. Die Synagoge war das Zentrum der Religion, der Bildung, der Macht und der gesellschaftlichen Aktivitäten. Der Synagogenvorsteher war der rangälteste geistliche Leiter, der angesehenste Professor, der Bürgermeister und der bekannteste Bürger der Stadt – alles in einer Person.

Jairus hat alles, was man sich nur wünschen kann. Eine sichere Arbeit. Eine Garantie dafür, jederzeit im Café um die Ecke willkommen geheißen zu werden. Einen Pensionierungsplan. Jeden Donnerstag geht er Golf spielen und einmal jährlich macht er eine Reise zum Nationalkonvent – die Deckung sämtlicher Kosten ist inklusive.

Was will man mehr? Aber Jairus will mehr. Er *muss* um mehr bitten. Ja, er würde das ganze Bündel der Vergünstigungen und Privilegien für eine einzige Zusicherung eintauschen – für die Zusicherung, dass seine Tochter nicht stirbt.

Der Jairus, den wir in dieser Geschichte sehen, ist nicht der selbstbewusste Leiter im schwarzen Frack und mit gepflegtem Aussehen. Er ist ein blinder Mann, der um eine Gabe bettelt. Er fällt Jesus zu Füßen und „bittet ihn verzweifelt: ‚Meine Tochter liegt im Sterben. Komm und lege ihr die Hände auf, damit sie wieder gesund wird!'" (Markus 5,23).

Er treibt keinen Tausch oder Handel mit Jesus. („Du tust mir einen Gefallen, und ich sorge dafür, dass du bis ans Lebensende versorgt bist.") Er verhandelt nicht mit Jesus. („Die Kerle dort in Jerusalem werden langsam gereizt wegen des Wirbels, für den du sorgst. Ich mach dir einen Vorschlag, du kümmerst dich um mein Problem, und ich häng mich mal für dich ans Telefon ...") Er bringt keine Entschuldigungen vor. („Normalerweise bin ich nicht so verzweifelt, Jesus, aber ich habe da ein ernstes Problem.")

Er bittet einfach.

Es gibt Zeiten in unserem Leben, in denen alles, was wir anzubieten haben, nichts ist im Vergleich zu dem, worum wir bitten. Jairus befindet sich an einem solchen Punkt. Was könnte ein Mann für das Leben seines Kindes bieten? Deshalb ist das Ganze kein Spiel. Keine Feilscherei. Kein Theater. Die Situation ist sehr einfach: Jairus ist blind, was die Zukunft anbelangt, und Jesus kennt die Zukunft. Deshalb bittet Jairus ihn um Hilfe.

Und Jesus, der ein ehrliches Herz liebt, macht sich auf, um ihm zu helfen.

Und Gott, der weiß, was es bedeutet, ein Kind zu verlieren, bevollmächtigt seinen Sohn.

Doch Jesus und Jairus sind noch nicht sehr weit gekommen, da werden sie von einem Boten aus dem Haus von Jairus angehalten.

„Deine Tochter ist tot. Es hat keinen Zweck mehr, den Meister zu holen" (Markus 5,35).

Jetzt passen Sie auf. Halten Sie sich fest. Das ist der Punkt, an dem Bewegung in die Geschichte kommt. Jesus wechselt den Platz: Bisher wurde er geführt, nun ergreift er die Führung. Bisher wurde er von Jairus überzeugt, nun *überzeugt er* Jairus. Bisher wurde er bewundert, nun wird er ausgelacht. Bisher hat er den Menschen geholfen, nun wirft er die Menschen hinaus.

Das ist der Punkt, an dem Jesus die Situation in die Hand nimmt.

„Jesus aber überhörte das Wort, das geredet wurde ..." (Markus 5,36; ELB).

Ich liebe diesen Satz! Er beschreibt das entscheidende Prinzip, um das Unsichtbare sehen zu können: Ignorieren Sie, was die Menschen sagen. Lassen Sie die Menschen nicht hinein. Schicken Sie sie fort. Verschließen Sie Ihre Ohren. Und, wenn nötig, gehen Sie weg.

Hören Sie nicht auf jene, die sagen, es sei zu spät, um noch einmal von vorn zu beginnen.

Schenken Sie den Menschen, die sagen, dass Sie es nie zu etwas bringen werden, keine Beachtung.

Verschließen Sie Ihre Ohren vor denen, die sagen, dass Sie nicht klug genug, schnell genug, groß genug oder wichtig genug sind – ignorieren Sie solche Menschen.

Jesus wendet sich sofort an Jairus und bittet ihn: „Verzweifle nicht! Verlass dich ganz und gar auf mich!" (Markus 5,36).

Jesus fordert Jairus auf, das Unsichtbare zu sehen. Mit den Worten „Verzweifle nicht ..." beschwört Jesus ihn: „Begrenze, was möglich ist, nicht auf das Sichtbare. Höre nicht nur auf das, was du mit deinen Ohren vernehmen kannst. Lass dich nicht von deiner Logik leiten. Glaube, dass es mehr im Leben gibt als das, was deine Augen wahrnehmen!"

„Vertrau mir", bittet Jesus. „Hab keine Angst. Vertrau nur."

Ein Vater auf den Bahamas rief seinem kleinen Sohn, der in einem brennenden Haus eingeschlossen war, dieselbe flehentliche Bitte zu. Als das zweistöckige Gebäude bereits lichterloh brannte, war die Familie – Vater, Mutter und mehrere Kinder – ins Freie geflohen. Doch der jüngste Sohn, von Angst gepackt, hatte sich umgedreht und war die Treppe wieder hinaufgelaufen. Nun rief ihm der Vater von draußen zu: „Spring, mein Sohn, spring! Ich fang dich auf." Der Junge schrie: „Aber Papa, ich kann dich nicht sehen." „Ich weiß", rief der Vater zurück, „aber ich kann dich sehen."

Der Vater konnte sehen, auch wenn der Sohn nichts sehen konnte.

Ein ähnliches Beispiel für Vertrauen fand man auf der Wand eines Konzentrationslagers. Ein Gefangener hatte darauf die Worte eingekratzt:

„Ich glaube an die Sonne,
auch wenn sie nicht scheint.
Ich glaube an die Liebe,
auch wenn sie sich nicht zeigt.
Ich glaube an Gott,
auch wenn er nicht spricht."

Ich versuche mir den Menschen vorzustellen, der diese Worte eingeritzt hat. Ich versuche, vor meinem inneren Auge seine abgemagerte Hand zu sehen, die einen Stein festhält und damit die Inschrift eingraviert. Ich versuche mir vorzustellen, wie seine Augen die Dunkelheit zu durchdringen suchen, während er Buchstabe um Buchstabe einkratzt. Welche Hand konnte diese Überzeugung festhalten? Welche Augen konnten in jenem Grauen immer noch das Gute sehen?

Es gibt nur eine Antwort: Augen, die beschließen, das Unsichtbare zu sehen.

Paulus schrieb einmal: „Deshalb lassen wir uns von dem, was uns zurzeit so sichtbar bedrängt, nicht ablenken, sondern wir richten unseren Blick auf Gottes neue Welt, auch wenn sie noch unsichtbar ist. Denn das Sichtbare vergeht, doch das Unsichtbare bleibt ewig" (2. Korinther 4,18).

Jesus fordert Jairus auf, das Unsichtbare zu sehen. Eine Entscheidung zu treffen. Sich entweder nach den Tatsachen zu richten oder im Glauben zu schauen. Wenn wir von einer Tragödie getroffen werden, haben auch wir die Möglichkeit zu wählen, was wir sehen wollen. Wir können entweder auf den Schmerz schauen oder auf den Heiler.

Die Entscheidung liegt bei uns.

Jairus traf seine Entscheidung. Er wählte den Glauben und Jesus ... und der Glaube an Jesus führte ihn zu seiner Tochter.

Als sie am Haus von Jairus angekommen sind, finden Jesus und Jairus eine weinende Menschenmenge vor. Jesus ist bekümmert über ihr Klagen. Es beunruhigt ihn, dass in ihrem Verhalten so viel Angst vor dem Tod sichtbar wird. „Weshalb macht ihr solchen Lärm? Warum weint ihr? Das Kind ist nicht tot, es schläft nur" (Markus 5,39).

Das ist keine rhetorische Frage. Sie ist ernst gemeint. Aus seiner Sicht ist das Mädchen nicht tot – es schläft nur. Aus Gottes Sicht ist der Tod nicht von Dauer. Er ist ein notwendiger Schritt, um von dieser Welt in die nächste zu gelangen. Der Tod ist nicht das Ende. Er ist der Anfang.

Als kleiner Junge liebte ich zwei Dinge ganz besonders – Spielen und Essen. Der Sommer war dazu da, den Nachmittag auf dem Baseballfeld zu verbringen und beim Abendessen an Mutters Tisch zu sitzen. Aber bei meiner Mutter gab es eine feste Regel. Schmutzige, verschwitzte Jungen durften nicht am Tisch essen. Ihre ersten Worte, wenn wir nach Hause kamen, lauteten immer: „Los, wascht euch und zieht euch um, wenn ihr essen wollt."

Aber kein Junge wäscht sich gern und zieht sich gern um, doch ich beschwerte mich kein einziges Mal und widersetzte mich meiner Mutter nie mit den Worten: „Lieber stinke ich, als dass ich zum Essen komme!" In meiner Rechnung waren ein Bad und ein sauberes Hemd ein niedriger Preis für ein gutes Essen.

Und aus Gottes Sicht ist der Tod ein niedriger Preis für das Vorrecht, an seinem Tisch sitzen zu dürfen. „Menschen aus Fleisch und Blut können nicht in Gottes Reich kommen ... Denn das Vergängliche *muss* mit Unvergänglichkeit und das Sterbliche mit Unsterblichkeit überkleidet werden" (1. Korinther 15,50.53; Hervorhebung durch den Autor).

Gott ist in dieser Hinsicht noch unerbittlicher, als es meine Mutter war. Um an seinem Tisch sitzen zu dürfen, *müssen* die Kleider gewechselt werden. Und wir müssen sterben, damit unser Körper gegen einen neuen ausgetauscht werden kann. Aus Gottes Sicht muss man den Tod deshalb nicht fürchten, sondern sollte ihn willkommen heißen.

Und wenn er sieht, dass Menschen über den Tod klagen und weinen, dann möchte er wissen: „Warum weint ihr?" (Markus 5,39).

Wenn wir den Tod sehen, sehen wir eine Katastrophe. Wenn Jesus den Tod sieht, sieht er Befreiung.

Diese Erkenntnis ist für die Menschen zu hoch. „Das fanden die Leute so unsinnig, dass sie spöttisch lachten" (Markus 5,40). (Wenn Sie das nächste Mal von Menschen verspottet werden, dann denken Sie daran, dass auch er verspottet wurde.)

Und nun schauen Sie genau hin, denn Sie werden nicht glauben, was Jesus als Nächstes tut. Er wirft die Trauernden hinaus! So steht es im Text: „Er aber trieb sie alle hinaus" (Markus 5,40). Er bittet sie nicht einfach nur hinauszugehen. Er *wirft* sie hinaus. Er packt sie am Kragen und wirft sie aus dem Haus. Die Reaktion von Jesus war entschieden und deutlich. Im Grundtext steht an dieser Stelle dasselbe Wort, das auch benutzt wird, um zu beschreiben, was Jesus mit den Geldwechslern im Tempel machte. Es ist dasselbe Wort, das *achtunddreißigmal* benutzt wird, um zu beschreiben, was Jesus mit den Dämonen machte.

Warum? Warum eine derartige Reaktion? Warum diese Intoleranz?

Vielleicht finden wir die Antwort, wenn wir in Gedanken noch einmal zu dem Erlebnis zurückkehren, das ich gestern Abend im Wohnzimmer mit meinen Töchtern hatte. Nachdem Jenna und Andrea einander abwechselnd durch den Raum geführt hatten, beschloss ich, ein verführerisches (eigentlich teuflisches) Element hinzuzufügen. Beim letzten Gang schlich ich mich hinter Jenna, die sich mit geschlossenen Augen vorwärtsbewegte, und flüsterte: „Hör nicht auf sie. Hör auf mich. Ich werde dich sicher führen."

Jenna blieb stehen. Sie überdachte die Situation und überlegte, auf welche Stimme sie jetzt hören sollte. „Sei still, Papa", kicherte sie und setzte dann ihren Weg in Richtung Andrea fort.

Ich ließ mich nicht abwimmeln, nahm einen Topfdeckel, hielt ihn neben Jennas Ohr und schlug mit einem Löffel dagegen. Jenna machte einen Satz und blieb stehen, weil der Krach sie erschreckt hatte. Als Andrea sah, dass ihr kleiner Wanderer Angst bekam, tat sie etwas Großartiges. Sie rannte durch den Raum zu Jenna, nahm ihre Schwester in den Arm und sagte: „Keine Angst, ich bin bei dir."

Sie ließ nicht zu, dass Jenna durch den Lärm von ihrem Weg abgebracht wurde.

Und auch Gott lässt nicht zu, dass der Lärm Sie von Ihrem Weg abbringt. Er wirft auch heute noch die Kritiker hinaus und bringt die Stimmen, die Sie auf einen falschen Weg führen könnten, zum Verstummen.

Einen Teil seines Wirkens haben Sie gesehen. Doch der größte Teil bleibt vor Ihren Augen verborgen. Erst wenn Sie nach Hause kommen, werden Sie wissen, wie oft er Sie vor verlockenden und verführerischen Stimmen beschützt hat. Erst die Ewigkeit wird offenbaren:

... dass er bei einer Versetzung die Finger im Spiel hatte, um Sie davor zu bewahren, in unseriöse Geschäfte verwickelt zu werden;

... dass er den Flughafen in Nebel hüllte, um Sie von einer zweifelhaften beruflichen Möglichkeit abzuhalten;
... dass er Ihren Reifen platt werden ließ, damit Sie das Hotel nicht erreichten, wo Sie einem Mann begegnet wären, der versucht hätte, Sie zu verführen.

Erst im Himmel wird sichtbar werden, wie oft Gott Sie dadurch beschützt hat,

... dass er Ihnen einen Ehepartner gab, der Gott mehr liebt, als Sie es tun;
... dass er Ihnen den Weg zu einem neuen Geschäft ebnete, damit Sie in Ihrer Kirche bleiben konnten;
... dass Sie gerade an dem Tag, an dem Sie seine Ermutigung brauchten, im richtigen Sender den richtigen Sprecher mit der richtigen Botschaft hörten.

Notieren Sie sich: Gott weiß, dass wir, Sie und ich, blind sind. Er weiß, dass wir nicht automatisch unser Leben im Glauben statt im Schauen führen können. Ich glaube, das ist einer der Gründe, warum er die Tochter des Jairus von den Toten auferweckte. Nicht um ihretwillen – sie hätte es im Himmel besser gehabt –, sondern um unsertwillen: um uns beizubringen, dass es der Himmel sieht, wenn wir vertrauen.

Ein letzter Gedanke zum Experiment „Mit geschlossenen Augen sehen“: Ich fragte Jenna nach dem Spiel, wie es ihr gelang, auf die Stimme von Andrea, die sie durch den Raum führte, zu hören, als ich versuchte, sie durch mein Geflüster abzulenken.

Jennas Antwort war: „Ich habe mich einfach mit ganzer Kraft auf Andrea konzentriert und so gut, wie ich konnte, hingehört.“

18 Josephs Gebet

Wenn Gottes Handeln uns verwirrt

Als Joseph erwachte, tat er, was ihm der Engel befohlen hatte.
Matthäus 1,24

Der weiße Platz zwischen Bibelversen ist fruchtbarer Boden für Fragen. Man kann die Bibel kaum lesen, ohne vor sich hin zu murmeln: „Ich frage mich, ob …"

„Ich frage mich, ob Eva noch mehr Früchte aß."
„Ich frage mich, ob Noah bei Stürmen gut schlafen konnte."
„Ich frage mich, ob Jona gern Fisch aß oder ob Jeremia Freunde hatte."
„Ist Mose Dornbüschen aus dem Weg gegangen? Hat Petrus jemals wieder versucht, auf dem Wasser zu gehen?"
„Hätte je eine Frau Paulus geheiratet, wenn Paulus ihr einen Antrag gemacht hätte?"

Die Bibel ist wie ein Zaun mit Astlöchern, durch die wir zwar hindurchsehen können, die uns jedoch nicht das ganze Bild zeigen. Die Bibel ist wie ein Fotoalbum voller Schnappschüsse, auf denen Begegnungen zwischen Menschen und Gott festgehalten sind. Aber nicht immer wird auch berichtet, welche Folgen sich aus diesen Begegnungen ergeben haben. Deshalb fragen wir uns:

Was sagte die junge Frau, die beim Ehebruch ertappt wurde, zu ihrem Mann, als sie nach Hause kam?

Womit verdiente sich der Besessene seinen Lebensunterhalt, nachdem er befreit worden war?

Hat Jairus' Tochter es je bereut, dass sie von den Toten auferweckt wurde?

„Ich frage mich, ob …" Lauter Astlöcher und Schnappschüsse. Wir finden sie in jedem Kapitel der Bibel, bei jeder Person, von der berichtet wird. Aber nichts wirft so viele Fragen auf wie die Geburt Christi: Personen tauchen auf und verschwinden wieder, noch ehe wir sie irgendetwas fragen können. Der Gasthausbesitzer, der zu viel zu tun hatte, als dass er Gott willkommen heißen konnte – hat er je erfahren, wem er den Eintritt verwehrte? Die Hirten – haben sie jemals das Lied gesummt, das die Engel sangen? Die weisen Männer, die dem Stern folgten – wie haben sie sich gefühlt, als sie ein Kleinkind anbeteten? Und da ist noch Joseph … An ihn habe ich viele Fragen:

Hast du mit Jesus Armdrücken gespielt? Hat er dich je gewinnen lassen?

Hast du je beim Beten aufgeschaut und bemerkt, dass Jesus dir zuhörte?

Wie sagt man „Jesus" auf Ägyptisch?

Was ist aus den weisen Männern geworden?

Was ist aus dir geworden?

Wir wissen nicht, was aus Joseph geworden ist. Seine Rolle im ersten Akt ist so bedeutsam, dass man erwartet, er würde auch in allen anderen Akten vorkommen – aber mit Ausnahme der kurzen Szene mit dem zwölfjährigen Jesus im Tempel taucht er in der Geschichte nie wieder auf. Der Rest seines Lebens ist für uns Spekulation und unsere Fragen bleiben unbeantwortet.

Doch von all den vielen Fragen, die ich habe, ist mir die über Bethlehem am wichtigsten. Ich würde gern etwas über jene Nacht im Stall erfahren. Ich kann mir Joseph vorstellen. Weideland, das vom Mond beschienen wird. Oben am Himmel blinken die Sterne. In einiger Entfernung sieht man die Lichter von Bethlehem aufleuchten. Und dort ist er, vor dem Stall geht er auf und ab.

Was dachte er, während Jesus geboren wurde? Woran dachte er, als Maria das Kind zur Welt brachte? Er hatte getan, was er konnte – Wasser heiß gemacht, einen Platz vorbereitet, wo Maria sich hinlegen konnte. Er hatte es Maria im Stall so bequem wie nur möglich gemacht, und dann war er hinausgegangen. Sie hatte ihn gebeten, allein sein zu dürfen. Nie hatte sich Joseph einsamer gefühlt.

Was dachte er in dieser Ewigkeit, die zwischen der Bitte seiner Frau und der Ankunft Jesu lag? Er ging in die Nacht hinaus und blickte auf zu den Sternen. Betete er?

Ich weiß nicht, warum, aber ich kann mir nicht vorstellen, dass er still war. Ich sehe ihn aufgeregt auf und ab gehen. Eine Minute lang schüttelt er den Kopf, dann macht er eine Faust. So hatte er sich die Sache nicht vorgestellt. Ich frage mich, was er wohl sagte ...

„So habe ich die Sache nicht geplant, Gott. Wirklich nicht. Mein Kind, das in einem Stall geboren wird? So habe ich mir das nicht gedacht. Ein finsteres Loch mit Schafen und Eseln, mit Heu und Stroh ... Und niemand außer den Sternen hört die Schmerzen, die meine Frau bei der Geburt durchmacht ...

So habe ich mir das überhaupt nicht vorgestellt. Nein, ich habe mir vorgestellt, dass die Verwandten da sind. Vor meinem inneren Auge habe ich bereits die Großmütter gesehen. Ich habe mir ausgemalt, dass die Nachbarn sich draußen vor der Tür drängen und Freunde an meiner Seite stehen. Ich habe mir vorgestellt, wie das Haus fast auseinanderbricht, wenn das Baby zum ersten Mal schreit. Einen Klaps auf den Po. Lautes Lachen. Jubel.

So hatte ich es mir gedacht.

Die Hebamme hätte mir das Kind gebracht und alle Leute hätten gratuliert. Maria hätte sich ausgeruht und wir hätten gefeiert. Ganz Nazareth hätte gefeiert.

Aber hier. Schau dir das doch an. Nazareth ist fünf Tagereisen weit entfernt. Und hier befinden wir uns – nun ja, auf einer Schafwiese. Wer wird mit uns feiern? Die Schafe? Die Hirten? Die Sterne?

Irgendwie ist das nicht richtig. Was für ein Ehemann bin ich denn? Ich habe meiner Frau keine Hebamme besorgt, die ihr hätte helfen können. Kein Bett, das ihr den Rücken gestützt hätte. Ihr Kissen ist die Decke von meinem Esel. Das Haus, das ich ihr bieten kann, ist ein Stall mit Heu und Stroh.

Der Geruch ist übel, die Tiere sind laut. Ich rieche selbst schon wie ein Hirte.

Gott, habe ich irgendetwas falsch verstanden?

Als du den Engel geschickt hast und er davon sprach, dass Jesus geboren werden soll – da habe ich andere Vorstellungen gehabt. Ich sah Jerusalem, den Tempel, die Priester und viele Menschen, die sich versammeln, um zuzuschauen. Ich dachte an einen Festzug. Eine Parade. Mindestens an ein Festessen. Ich meine, schließlich ist er ja der Messias!

Oder, wenn er schon nicht in Jerusalem geboren werden sollte, wie wäre es dann mit Nazareth gewesen? Wäre Nazareth nicht besser gewesen? Zumindest habe ich da ein Haus und meine Werkstatt. Aber hier, was habe ich hier? Einen müden Esel, ein Bündel Brennholz und einen Topf mit warmem Wasser. So hatte ich es ganz und gar nicht geplant! So wollte ich nicht, dass mein Sohn zur Welt kommt.

O Schreck, jetzt habe ich mich schon wieder vertan. Vater, ich habe es schon wieder falsch gemacht. Ich wollte das nicht. Ich vergesse es nur immer wieder. Es ist ja nicht mein Sohn ... es ist dein Sohn.

Das Kind gehört dir. Der Plan stammt von dir. Die Idee kommt von dir. Bitte vergib mir, wenn ich das frage ... aber ist es richtig, dass Gott auf einem solchen armseligen Weg in die Welt kommt? Das Erscheinen des Engels, das habe ich akzeptiert. Die Fragen, die die Leute über die Schwangerschaft gestellt haben, die konnte ich ertragen. Die Reise nach Bethlehem, in Ordnung. Aber warum diese Geburt im Stall, Gott?

Jede Minute kann es so weit sein, dass Maria das Kind zur Welt bringt. Aber es ist kein Kind, sondern der Messias. Kein Säugling, sondern Gott. Das war es, was der Engel sagte. Das ist es, was Maria glaubt. Und, Gott, mein Gott, das ist es, was auch ich glauben möchte. Aber du verstehst das bestimmt. Es ist nicht so leicht. Es kommt mir so ... so ... wunderlich und seltsam vor.

So seltsame Dinge geschehen nicht so oft, Gott. Ich bin ein Zimmermann. Bei meiner Arbeit müssen die Teile ineinanderpassen. Ich bearbeite das Holz, damit es rechteckig wird. Ich arbeite mit dem Lot. Ich messe zweimal nach, bevor ich etwas absäge. Ein Baumeister ist kein Freund von Überraschungen. Ich möchte den Plan gern vorher kennen. Ich möchte einen Plan haben, bevor ich anfange.

Aber in dieser Sache hier bin nicht ich der Baumeister ... Diesmal bin ich das Werkzeug. Ein Hammer, den du umfasst. Ein Nagel zwischen deinen Fingern. Ein Meißel in deiner Hand. Es ist dein Projekt, nicht meins.

Ich vermute, dass es dumm von mir ist, wenn ich dich frage. Vergib mir meinen inneren Kampf. Manchmal ist es gar nicht so einfach zu vertrauen, mein Gott. Aber du hast ja auch nie versprochen, dass das leicht werden würde, oder?

Eine letzte Frage, Vater. Der Engel, den du geschickt hast – besteht die Möglichkeit, dass du noch einen schickst? Und wenn schon keinen Engel, dann vielleicht einen Menschen? Ich kenne hier niemanden, und ein bisschen Gesellschaft wäre schon ganz nett. Vielleicht der Gasthausbesitzer oder ein Reisender? Selbst mit einem Hirten wäre ich zufrieden ..."

Ich frage mich, ob Joseph je in dieser Weise gebetet hat. Vielleicht tat er es. Vielleicht auch nicht.

Aber Sie haben wahrscheinlich schon einmal so gebetet.

Sie sind vielleicht am selben Punkt angekommen wie

Joseph. Gefangen zwischen dem, was Gott sagt, und dem, was Ihnen vernünftig erscheint. Sie haben getan, was er Ihnen gesagt hat, aber jetzt fragen Sie sich, ob es wirklich Gottes Stimme war, die Sie zu hören gemeint haben. Sie starren in den Himmel, der von Ihren Zweifeln verdunkelt ist. Und Sie fragen sich dasselbe wie Joseph.

Sie fragen sich, ob Sie immer noch auf dem richtigen Weg sind. Sie überlegen, ob Sie hätten links abbiegen sollen, als Sie den rechten Weg gewählt haben. Und Sie fragen sich, ob hinter der ganzen Sache ein Plan steht. Die Dinge haben sich nicht so entwickelt, wie Sie es sich vorgestellt haben.

Jeder von uns weiß, wie das ist, wenn man in der Nacht nach einem Licht sucht. Vielleicht nicht draußen vor einem Stall, aber möglicherweise draußen vor der Ambulanz. Auf dem Schotter am Straßenrand. Auf dem kurz gemähten Gras eines Friedhofs. Auch wir haben unsere Fragen gestellt. Wir haben Gottes Plan infrage gestellt. Und wir haben uns gefragt, warum Gott so handelt, wie er es tut.

Der Himmel über Bethlehem ist nicht der erste Himmel, der die Bitten eines verwirrten Wanderers hört.

Wenn es stimmt, dass Sie sich die gleichen Fragen wie Joseph stellen, dann möchte ich Sie auffordern, auch so zu handeln, wie Joseph es tat. Gehorchen Sie Gott. Das ist es, was er tat. Er gehorchte. Er gehorchte, als der Engel sprach. Er gehorchte, als Maria ihre Erklärung gab. Er gehorchte, als Gott ihn sandte.

Er war Gott gehorsam.

Er war gehorsam, als der Himmel leuchtete.

Er war gehorsam, als der Himmel sich verdunkelte.

Er ließ sich durch seine Verwirrung nicht vom Gehorsam abhalten. Er wusste nicht alles. Aber er tat, was er wusste. Er legte seine Arbeit nieder, nahm seine Familie und zog in ein anderes Land. Warum? Weil Gott es gesagt hatte.

Wie sieht es bei Ihnen aus? Wie Joseph können auch Sie nicht das ganze Bild sehen. Wie bei Joseph besteht auch Ihre Aufgabe darin, dafür zu sorgen, dass Jesus in den Teil der Welt „hineingeboren" wird, in dem Sie leben. Und genau wie Joseph haben Sie die Wahl: zu gehorchen oder es nicht zu tun. Weil Joseph gehorchte, gebrauchte ihn Gott, um die Welt zu verändern.

Kann er Sie genauso gebrauchen?

Gott sucht auch heute noch nach Menschen wie Joseph. Nach Männern und Frauen, die glauben, dass Gott mit der Welt noch nicht am Ende ist. Gewöhnliche Leute, die einem ungewöhnlichen Gott dienen.

Wollen Sie so ein Mensch sein? Wollen Sie dienen ... selbst wenn Sie nicht alles verstehen?

Nein, der Himmel von Bethlehem war nicht der erste Himmel, der das Flehen eines ehrlichen Herzens hörte, aber auch nicht der letzte. Und vielleicht hat Gott Joseph nicht alle Fragen beantwortet. Aber die wichtigste hat er ihm beantwortet: „Bist du immer noch mit mir, Gott?" Und durch die ersten Schreie des göttlichen Kindes erklang die Antwort.

„Ja. Ja, Joseph, ich bin mit dir."

Es gibt viele Fragen, auf die wir wahrscheinlich erst eine Antwort erhalten, wenn wir nach Hause kommen. Im Moment gibt es noch viele Astlöcher und Schnappschüsse. Noch oft werden wir sagen: „Ich frage mich, ob ..."

Aber bei all unserem Nachdenken gibt es eine Frage, die wir uns nie stellen müssen. Sorgt Gott für uns? Sind wir Gott wichtig? Liebt er seine Kinder immer noch?

Durch das kleine Gesicht des Kindes, das im Stall geboren wurde, sagt er: Ja!

Ja, Ihre Sünden sind vergeben.

Ja, Ihr Name steht im Himmel geschrieben.

Ja, der Tod ist besiegt.

Und: Ja, Gott ist in Ihre Welt gekommen.

Immanuel. Gott ist mit uns.

19 Die todernste Tatsache

Den Tod verstehen

Lazarus, der in Bethanien wohnte, war schwer erkrankt. In diesem Dorf wohnten auch seine Schwestern Maria und Martha. (Maria war es gewesen, die mit kostbarem Salböl die Füße des Herrn übergossen und sie mit ihrem Haar getrocknet hatte.) Weil ihr Bruder Lazarus so krank war, ließen die beiden Schwestern Jesus die Nachricht zukommen: „Herr, dein Freund Lazarus ist schwer erkrankt!" Als Jesus das hörte, sagte er: „Diese Krankheit führt nicht zum Tode, sondern durch sie soll die Macht Gottes sichtbar werden, und der Sohn Gottes wird dadurch verherrlicht."
Jesus hatte Martha, ihre Schwester Maria und Lazarus lieb. Aber obwohl er nun wusste, dass Lazarus schwer krank war, wartete er noch zwei Tage. Erst danach sagte er zu seinen Jüngern: „Wir wollen wieder nach Judäa gehen." Doch seine Jünger wandten ein: „Herr, vor Kurzem haben deine Feinde in Judäa versucht, dich umzubringen. Und jetzt willst du wieder dorthin?" Jesus antwortete: „Zwölf Stunden am Tag ist es hell. Wer sicher laufen will, muss diese Zeit nutzen; denn nur bei Tageslicht sieht er den Weg. Wer nachts unterwegs ist, wird sich in der Dunkelheit verirren."
Nachdem er das seinen Jüngern gesagt hatte, meinte er: „Unser Freund Lazarus schläft jetzt, aber ich will hingehen und ihn aufwecken!" „Wenn er schläft, wird er bald wieder gesund sein", erwiderten die Jünger. Sie glaubten nämlich, Jesus hätte vom gewöhnlichen Schlaf gesprochen, aber er redete vom Tod des Lazarus.
Deshalb sagte er ihnen jetzt: „Lazarus ist tot! Doch euretwegen bin ich froh, dass ich nicht bei ihm gewesen bin. Denn jetzt könnt ihr lernen, was Glauben heißt. Wir wollen jetzt gemeinsam zu ihm gehen!" „Ja", sagte Thomas – den man

auch den Zwilling nannte – zu den anderen Jüngern, „wir wollen mit Jesus nach Judäa gehen und dort mit ihm sterben."

Als sie in Bethanien ankamen, lag Lazarus schon vier Tage im Grab. Bethanien ist nur wenige Kilometer von Jerusalem entfernt. Deswegen waren viele Juden zu Maria und Martha gekommen, um die beiden Schwestern zu trösten. Als Martha hörte, dass Jesus auf dem Wege zu ihnen war, lief sie ihm entgegen. Maria aber blieb zu Hause.

Traurig sagte Martha zu Jesus: „Herr, wärst du hier gewesen, würde mein Bruder noch leben. Aber auch jetzt weiß ich, dass Gott dir alles geben wird, worum du ihn bittest." „Dein Bruder wird wieder leben!", versicherte ihr Jesus. „Ja, ich weiß", sagte Martha, „am letzten Tag, am Tag der Auferstehung." Darauf erwiderte ihr Jesus: „Ich bin die Auferstehung und ich bin das Leben. Wer an mich glaubt, der wird leben, selbst wenn er stirbt. Und wer lebt und an mich glaubt, wird niemals sterben. Glaubst du das?" „Ja, Herr", antwortete ihm Martha. „Ich glaube, dass du Christus bist, der Sohn Gottes, auf den wir so lange gewartet haben."

Jetzt lief Martha zu ihrer Schwester Maria. Ohne dass die übrigen Trauergäste es merkten, flüsterte sie ihr zu: „Jesus ist da und will dich sprechen!" Maria stand sofort auf und lief ihm entgegen. Jesus hatte das Dorf noch nicht erreicht, sondern war dort geblieben, wo Martha ihn getroffen hatte. Als Maria aufsprang und ganz eilig das Haus verließ, meinten die Juden, die Maria trösten wollten: „Sie will am Grab weinen" – und folgten ihr. Aber Maria lief zu Jesus. Sie fiel vor ihm nieder und rief: „Herr, wenn du da gewesen wärst, würde mein Bruder noch leben!"

Jesus sah, wie sie und die Trauergäste weinten. Da wurde er zornig, war aber zugleich tief bewegt. „Wo habt ihr ihn hingelegt?", fragte er.

Sie antworteten: „Komm, Herr, wir zeigen es dir!" Alle sahen, dass Jesus weinte. „Seht", sagten die Juden, „er muss ihn sehr lieb gehabt haben!" Doch einige flüsterten einander zu:

„Einen Blinden hat er sehend gemacht. Hätte er nicht verhindern können, dass Lazarus starb?"
Da wurde Jesus erneut zornig. Er trat an das Grab. Es war eine Höhle, die man mit einem großen Stein verschlossen hatte. „Hebt den Stein weg!", befahl Jesus. Aber Martha, die Schwester des Verstorbenen, sagte: „Herr, der Geruch wird unerträglich sein! Er ist doch schon vier Tage tot!"
„Habe ich dir nicht gesagt", entgegnete ihr Jesus, „du würdest die Macht der Herrlichkeit Gottes sehen, wenn du nur glaubtest?"
Nachdem sie den Stein weggeschoben hatten, sah Jesus zum Himmel auf und betete: „Vater, ich danke dir, dass du mein Gebet erhört hast! Ich weiß, dass du mich immer erhörst, aber ich sage es wegen der vielen Menschen, die hier stehen. Sie sollen alles miterleben und glauben, dass du mich gesandt hast."
Dann rief er laut: „Lazarus, komm heraus!" Und Lazarus kam heraus. Hände und Füße waren mit Grabtüchern umwickelt und auch sein Gesicht war mit einem Tuch verhüllt. „Nehmt ihm die Tücher ab", forderte Jesus die Leute auf, „und lasst ihn gehen."
Johannes 11,1–44

Tod, wo ist dein Sieg?
1. Korinther 15,55

Sie verlassen das Kirchengebäude. Der Trauergottesdienst ist vorbei. Nun kommt die Beisetzung. Vor Ihnen schreiten sechs Männer, die den Sarg tragen, in dem der Leib Ihres Sohnes liegt. Ihres einzigen Sohnes.

Sie sind wie betäubt vor Kummer. Fassungslos. Erst haben Sie Ihren Mann verloren, und nun auch noch Ihren Sohn. Jetzt haben Sie keine Familie mehr. Wenn Sie noch Tränen hätten, würden Sie weinen. Wenn Sie noch Glauben hätten, würden Sie beten. Aber beides ist zurzeit Mangelware, und deshalb tun Sie nichts von beidem. Sie starren einfach nur auf das Ende des hölzernen Kastens.

Plötzlich bewegt er sich nicht weiter. Die Sargträger sind stehen geblieben. Sie selbst bleiben auch stehen.

Ein Mann ist vor den Sarg getreten. Sie kennen ihn nicht. Sie haben ihn noch nie gesehen. Er war nicht beim Trauergottesdienst dabei. Er trägt eine Cordjacke und Jeans. Sie haben keine Ahnung, was er vorhat. Aber bevor Sie irgendeinen Einwand erheben könnten, tritt er auf Sie zu und sagt: „Weine nicht."

Weine nicht? Weine nicht! Das hier ist eine Beerdigung. Mein Sohn ist tot. Weine nicht? Was fällt dir ein, mir zu sagen, dass ich nicht weinen soll? Das sind Ihre Gedanken, aber Sie sprechen sie nicht aus. Denn bevor Sie Ihren Mund aufmachen können, handelt er.

Er dreht sich zum Sarg um, legt seine Hand auf den Deckel und sagt mit lauter Stimme: „Ich befehle dir: Steh auf!"

„Moment mal", will einer von den Sargträgern einwenden. Aber seine Worte werden von einer plötzlichen Bewegung im Sarg unterbrochen. Die Männer blicken sich an und setzen den Sarg schnell auf den Boden. Das ist auch gut so, denn als der Sarg die Erde berührt, öffnet sich langsam der Deckel ...

Klingt ein bisschen wie die Szene aus einem Science-Fiction-Roman, nicht wahr? Aber daraus stammt die Geschichte nicht. Sie steht in der Bibel, im Lukasevangelium. „Er ging zu der Bahre und legte seine Hand auf den Sarg. Die Träger blieben stehen. Jesus sagte zu dem toten Jungen: ‚Ich befehle dir: Steh auf!' Da setzte sich der Junge auf und begann zu sprechen" (Lukas 7,14–15).

Und nun passen Sie auf. Lesen Sie diesen letzten Satz nicht zu schnell. Wiederholen Sie ihn noch einmal. Langsam.

„Da setzte sich der Junge auf und begann zu sprechen."

Ein unglaublicher Satz, finden Sie nicht auch? Auf das Risiko hin, dass ich übertreibe, lesen Sie ihn noch einmal. Lesen Sie die Worte diesmal laut. „Da setzte sich der Junge auf und begann zu sprechen."

Okay. (Haben sich die Leute nach Ihnen umgedreht?) Können Sie es noch einmal sagen? Lesen Sie den Satz noch einmal laut, aber gaaanz langsam. Machen Sie nach jedem Wort eine Pause.

„Da ... setzte ... sich ... der ... Junge ... auf ... und ... begann ... zu ... sprechen."

Nun die Frage. Was ist merkwürdig oder sonderbar an diesem Satz?

Ja, richtig. Tote setzen sich nicht auf! Tote sprechen nicht! Tote verlassen nicht ihren Sarg!

Außer wenn Jesus auftaucht. Denn wenn Jesus auftaucht, weiß man nie, was geschieht.

Jairus hat da auch eine Geschichte zu erzählen. Seine Tochter war bereits tot. Die Trauergäste waren schon im Haus. Der Trauergottesdienst hatte angefangen. Die Leute dachten, Jesus könnte im besten Fall ein paar freundliche Worte über Jairus' Tochter sagen. Jesus hatte tatsächlich ein paar Worte parat. Aber nicht über das Mädchen, sondern für das Mädchen.

„Kind, steh auf!" (Lukas 8,54).

Und dann, ein paar Sekunden später, sah der Vater sie bereits essen, Jesus lachte, und die bezahlten Klageweiber wurden vorzeitig nach Hause geschickt.

Und auch Martha kann ihre Geschichte erzählen. Sie hatte gehofft, Jesus würde auftauchen und Lazarus heilen. Doch er kam nicht. Als Nächstes hatte sie gehofft, er würde auftauchen, um Lazarus zu beerdigen. Aber er kam nicht. Als er dann schließlich doch in Bethanien erschien, lag Lazarus bereits vier Tage im Grab, und Martha fragte sich, was für ein Freund Jesus eigentlich ist.

Als sie hört, dass er das Dorf erreicht hat, stürmt sie ihm entgegen. „Herr, wärst du hier gewesen", wirft sie ihm vor, „würde mein Bruder noch leben" (Johannes 11,21).

Die Worte lassen erkennen, dass sie verletzt ist. Verletzt und enttäuscht. Der einzige Mensch, der den Tod hätte abwenden können, tat es nicht, und Martha will wissen, warum nicht.

Vielleicht wollen auch Sie wissen, warum. Vielleicht haben Sie dasselbe unternommen wie Martha. Jemand, den Sie lieben, erreicht die Grenze des Lebens, und Sie wenden sich Hilfe suchend an Jesus. Sie wenden sich, wie Martha, an den Einzigen, der einen Menschen vom Rand des Todes zurückholen kann. Sie bitten Jesus, ihm die Hand zu reichen.

Martha muss gedacht haben: *Er wird sicherlich kommen. Hat er nicht auch dem Gelähmten geholfen? Hat er nicht den Aussätzigen geheilt? Hat er nicht dem Blinden das Augenlicht wiedergegeben? Und diese Menschen kannten Jesus praktisch gar nicht. Lazarus ist sein Freund. Wir sind wie eine Familie. Kommt Jesus nicht oft am Wochenende zu uns? Isst er nicht regelmäßig bei uns? Wenn er hört, dass Lazarus krank ist, wird er sofort kommen.*

Aber er kam nicht. Lazarus ging es immer schlechter. Martha blickte aus dem Fenster. Jesus war nicht zu sehen. Ihr Bruder fiel immer wieder in einen Zustand der Bewusstlosigkeit. „Es kann nicht mehr lange dauern, bis er da ist, Lazarus", versprach sie ihm. „Halte durch."

Aber das Klopfen an der Tür blieb aus. Jesus erschien nicht. Weder um zu helfen, noch um zu heilen. Und auch nicht, um ihn zu beerdigen. Und nun, vier Tage später, taucht er endlich auf. Die Beerdigung ist vorbei. Der Leichnam ist beigesetzt und das Grab ist versiegelt.

Und Martha ist verletzt.

Das Echo ihrer Worte ist auf Tausenden von Friedhöfen erklungen. „Herr, wärst du hier gewesen, würde mein Bruder noch leben."

Wenn du deinen Teil getan hättest, Gott, dann wäre mein Mann am Leben geblieben. Wenn du getan hättest, was richtig ist, Herr, dann wäre mein Baby noch am Leben.

Wenn du meine Gebete erhört hättest, Gott, dann wären meine Arme jetzt nicht leer.

Das Grab bringt ans Licht, welche Sicht wir von Gott haben.

Wenn wir dem Tod gegenüberstehen, wird unsere Definition von Gott infrage gestellt. Und das wiederum stellt unseren Glauben infrage. Das führt mich dazu, eine todernste Frage zu stellen. Wie kommt es, dass wir die Anwesenheit des Todes mit der Abwesenheit Gottes gleichsetzen? Warum denken wir, dass Gott nicht in der Nähe ist, wenn der Leib nicht geheilt wird? Ist Heilung die einzige Art und Weise, auf die Gott seine Gegenwart offenbaren kann?

Manchmal denken wir so. Das hat zur Folge, dass wir zornig werden, wenn Gott unser Gebet um Heilung nicht erhört. Wir werden bitter. Anklage tritt an die Stelle von Glauben. „Wenn du hier gewesen wärst und deinen Teil getan hättest, Gott, dann wäre dieser Tod nie eingetreten."

Es ist bedauerlich, dass diese Vorstellung von Gott keinen Platz für den Tod lässt.

Vor einiger Zeit führte ein Mann, der bei uns zu Besuch war, meinen Töchtern einige Tricks vor. Zauberkunststücke. Einfache Taschenspielertricks. Ich stand dabei und beobachtete die Reaktion der Mädchen. Sie waren erstaunt. Als die Münze verschwand, verschlug es ihnen die Sprache. Als die Münze wieder auftauchte, waren sie verblüfft. Anfangs amüsierte ich mich über ihre Verwirrung.

Doch mit der Zeit regte sich in mir Besorgnis. Irgendetwas in mir fand kein Gefallen an dem, was da geschah. Meine Kinder wurden an der Nase herumgeführt. Der Mann legte sie herein. Sie, die Unschuldigen, wurden von ihm, dem Schlauen, überlistet. Das gefiel mir nicht. Mir gefiel nicht mitanzusehen, wie meine Kinder zum Narren gehalten wurden.

Deshalb flüsterte ich meinen Töchtern ins Ohr: „Sie steckt in seinem Ärmel." Und genauso war es auch. „Hinter seinem Ohr." Und, man sollte es nicht glauben, ich hatte recht! Vielleicht war es unhöflich von mir, die Vorführung zu stören, aber es macht mir keine Freude zuzusehen, wenn ein Schwindler meinen Kindern eins überzieht.

Und Gott macht es genauso wenig Freude.

Jesus konnte es nicht ertragen, einfach nur zuzusehen, wie die Leidtragenden zum Narren gehalten wurden.

Es ist wichtig, dass Sie diesen Punkt verstehen: Er weckte den Toten nicht um des Toten willen auf. Er weckte den Toten um der Lebenden willen auf.

„Lazarus, komm heraus!" (Johannes 11,43).

Martha war still, als Jesus diesen Befehl gab. Die Klageweiber verstummten. Niemand rührte sich, als Jesus dem in den Felsen gehauenen Grab gegenüberstand und befahl, dass es seinen Freund herausgab.

Niemand rührte sich, das heißt, niemand außer Lazarus. Tief im Grab bewegte er sich. Sein Herz, das stillgestanden hatte, fing wieder an zu schlagen. Umhüllte

Augen konnten plötzlich wieder sehen. Steife Finger bewegten sich. Und ein mumifizierter Mann in einem Grab setzte sich auf. Wollen Sie wissen, was dann geschah?

Lassen wir Johannes erzählen: „Der Verstorbene kam heraus, gebunden mit Grabtüchern an Füßen und Händen, und sein Gesicht war verhüllt mit einem Schweißtuch" (Johannes 11,44; LÜ).

Da haben wir es wieder. Haben Sie es gemerkt? Lesen Sie die ersten vier Worte des Verses noch einmal.

„Der Verstorbene kam heraus."

Noch einmal. Ganz langsam.

„Der Verstorbene kam heraus."

Noch ein letztes Mal. Diesmal laut und ganz langsam. (Ich weiß, dass Sie mich für verrückt halten, aber ich möchte, dass Sie begreifen, worum es mir geht.)

„Der ... Verstorbene ... kam ... heraus."

Darf ich noch einmal dieselbe Frage stellen? (Natürlich darf ich das, schließlich schreibe ich ja das Buch!)

Frage: Was ist falsch an dieser Szene?

Antwort: Verstorbene kommen nicht aus Gräbern heraus.

Frage: Was für ein Gott ist das?

Antwort: Der Gott, der die Schlüssel zu Leben und Tod in Händen hält.

Der Gott, der die Ärmel des Betrügers hochschiebt und ans Licht bringt, dass der Tod nur ein fauler Trick ist.

Der Gott, dessen Anwesenheit Sie sich bei Ihrer Beerdigung wünschen.

Und Sie können sicher sein, dass er noch einmal genau in derselben Weise handeln wird. Er hat gezeigt, dass er dazu in der Lage ist.

„Denn er selbst, der Herr, wird, wenn der Befehl ertönt, ... herabkommen vom Himmel" (1. Thessalonicher 4,16; LÜ).

Dieselbe Stimme, die den Jungen am Dorfrand von

Nain erweckte, die Stimme, die Jairus' tote Tochter wieder lebendig werden ließ, die Stimme, die den Leichnam von Lazarus auferstehen ließ – dieselbe Stimme wird noch einmal sprechen. Die Erde und das Meer werden die Toten herausgeben. Es wird keinen Tod mehr geben.

Dafür hat Jesus gesorgt.

20 Christsein ohne Liste

Wenn es nicht ausreicht, ein guter Mensch zu sein

Mit Jesus wurden zwei Verbrecher vor die Stadt geführt zu der Stelle, die man „Schädelstätte“ nennt. Dort wurde Jesus ans Kreuz genagelt und rechts und links von ihm die beiden anderen.
Aber Jesus betete: „Vater, vergib ihnen, denn sie wissen nicht, was sie tun!“ Unter dem Kreuz verlosten die Soldaten seine Kleider. Neugierig stand die Menge dabei, denn sie wollte sich nichts entgehen lassen. Und die führenden Männer des Volkes verhöhnten Jesus: „Er hat so vielen geholfen! Wenn er wirklich der von Gott gesandte Befreier ist, dann soll er sich jetzt doch selber helfen!“ Auch die Soldaten verspotteten ihn. Sie gaben ihm Essig zu trinken und riefen ihm zu: „Wenn du der König der Juden bist, dann rette dich doch selbst!“
Oben am Kreuz nagelten sie ein Brett an. Damit jeder es lesen konnte, stand dort in den Weltsprachen Griechisch, Hebräisch und Latein: „Dies ist der König der Juden!“
Auch einer der Verbrecher, die mit ihm gekreuzigt worden waren, lästerte: „Bist du nun der Messias? Dann beweise es! Hilf dir selbst und uns!“ Aber der am anderen Kreuz wies ihn zurecht: „Fürchtest du Gott nicht einmal jetzt, kurz vor dem Tod? Wir hängen hier zu Recht. Wir haben den Tod verdient. Der hier aber ist unschuldig; er hat nichts Böses getan.“ Zu Jesus sagte er: „Herr, denke an mich, wenn du in dein Königreich kommst!“
Lukas 23,32–42

„Ich versichere dir: Noch heute wirst du mit mir im Paradies sein."
Lukas 23,43

Sie verpasste beinahe das Flugzeug. Ich hatte schon gedacht, ich hätte beide Sitze für mich. Doch als ich aufblickte, kam sie, nach Luft schnappend und zwei schwere Taschen schleppend, den Gang entlanggeschnauft.

„Ich hasse es zu fliegen", platzte sie heraus, als sie sich in ihren Sitz fallen ließ. „Ich zögere es immer bis zum letzten Moment hinaus, das Flugzeug zu besteigen."

„Beinah hätten Sie zu lange gezögert", grinste ich.

Sie war groß, jung, blond, braun gebrannt und redete gern. Ihre Jeans hatten, wie es Mode war, Risse an den Knien. An ihren schwarzen Stiefeln blinkte vorn eine silberne Spitze. Sie hasse es wirklich zu fliegen, erklärte sie mir noch einmal. Und diese Abneigung versuchte sie durch ihr Reden zu überwinden.

„Ich fliege nach Hause, um meinen Vater zu besuchen. Er wird staunen, wie braun ich bin. Er findet es verrückt, dass ich in Kalifornien wohne – unverheiratet und so. Seit Kurzem habe ich einen neuen Freund, er kommt aus dem Libanon. Aber er ist viel unterwegs, deshalb sehe ich ihn nur am Wochenende. Doch das ist okay, dadurch habe ich das Haus ganz für mich allein. Es ist nicht weit bis zum Strand und ..."

Ich habe gelernt, was zu tun ist, wenn man neben einer freundlichen, attraktiven Frau sitzt. So bald wie möglich erkläre ich, welchen Beruf ich habe und dass ich verheiratet bin. Das bewahrt sowohl mich als auch meine Nachbarin davor, in Schwierigkeiten zu geraten.

„Meine *Frau* hasst es auch zu fliegen", warf ich ein, als sie einmal Luft holte, „deshalb weiß ich, wie es Ihnen geht. Und da ich *Pastor* bin, möchte ich Ihnen, wenn wir jetzt losfliegen, eine Stelle in der Bibel zeigen."

Ich holte meine Bibel aus der Aktentasche hervor und schlug Psalm 23 auf.

Zum ersten Mal war die junge Frau still. „Der Herr ist mein Hirte", las sie und schaute mit einem breiten Lächeln auf. „Daran kann ich mich erinnern", sagte sie, während das Flugzeug abhob. „Das kenne ich aus meiner Kindheit."

Sie blickte wieder in die Bibel und las weiter. Als sie das nächste Mal aufschaute, hatte sie Tränen in den Augen.

„Das ist lange her. Sehr lange." Sie erzählte mir, dass sie geglaubt hatte ... früher. Sie wurde Christ, als sie noch ein Kind war, aber sie konnte sich nicht mehr daran erinnern, wann sie das letzte Mal in der Kirche gewesen war.

Wir sprachen eine Weile über den Glauben und die Möglichkeit, noch einmal neu anzufangen. Ich fragte sie, ob ich ihr eine Frage stellen dürfte. Sie willigte ein.

„Glauben Sie, dass es den Himmel gibt?"

„Ja."

„Glauben Sie, dass Sie in den Himmel kommen?"

Sie blickte einen Moment zur Seite, schaute mich dann wieder an und antwortete zuversichtlich: „Ja, doch, ich komme in den Himmel."

„Woher wissen Sie das?"

„Woher ich weiß, dass ich in den Himmel komme?" Sie wurde still und suchte nach einer Antwort.

Noch bevor sie den Mund öffnete, wusste ich irgendwie, was sie antworten würde. Ich konnte es kommen sehen. Sie würde mir ihre „Liste" nennen. (Jeder hat eine.)

„Also, eigentlich bin ich kein schlechter Mensch. Ich rauche nicht mehr als eine Packung Zigaretten pro Tag. Ich treibe Sport. Ich bin verlässlich bei der Arbeit", sie zählte ihre Verdienste an den Fingern ab, „und ich habe meinen Freund dazu bewogen, einen Aids-Test zu machen."

Tra-raa. Das war ihre Liste. Ihre Qualifikationen. Nach ihrer Vorstellung konnte man sich den Himmel dadurch verdienen, dass man den eigenen Körper fit hielt und auf sicheren Sex achtete. Ihre Argumentation war einfach – wenn ich mich hier auf der Erde an die Liste halte, bekomme ich einen Platz im Himmel.

Aber damit wir nicht zu hart mit der jungen Frau ins Gericht gehen, will ich auch Ihnen eine Frage stellen. Wie sieht Ihre Liste aus?

Die meisten von uns haben eine. Die meisten von uns sind wie die junge Frau im Flugzeug. Wir denken, dass wir „eigentlich keine schlechten Menschen sind". Wir sind anständige Leute, die ein ordentliches Leben führen. Und die meisten haben eine Liste, mit der sie diese Tatsache beweisen können. Vielleicht stehen auf Ihrer Liste weder Sportübungen noch Aids-Tests. Aber Liste ist Liste.

„Ich zahle alle Rechnungen."

„Ich liebe meinen Ehepartner und meine Kinder."

„Ich gehe in die Kirche."

„Ich bin allemal besser als jeder Diktator dieser Welt."

„Im Grunde bin ich nicht schlecht."

Die meisten von uns haben eine Liste. Und diese Liste hat einen bestimmten Zweck: Sie soll beweisen, dass wir gut sind. Aber es gibt ein Problem mit dieser Liste, nämlich: Keiner von uns ist gut genug.

Paulus hat diese Tatsache sehr deutlich auf den Punkt gebracht, als er zwei Stangen Dynamit mit kurzer Zündschnur in das dritte Kapitel des Römerbriefs einbaute. Die erste finden wir in Vers 10: „Es gibt niemanden, der immer tut, was richtig ist", schrieb er, „wirklich niemanden." Niemanden. Sie nicht. Ich nicht. Keiner. Die zweite Packung Zündstoff finden wir in Vers 23: „Alle haben gesündigt und sind nicht gut genug für Gottes Herrlichkeit."

Peng. So viel zu den Listen. So viel zu dem Spruch, dass wir „im Grunde gar nicht so schlecht sind".

Nun, wie kommen wir dann in den Himmel? Wenn niemand gut ist, wenn keine Liste ausreichend ist, wenn kein Verdienst angemessen ist, wie kann dann ein Mensch gerettet werden?

Keine Frage ist wichtiger. Um zu hören, was Jesus darauf antwortet, betrachten wir doch einmal die letzte Begegnung, die er vor seinem Tod hatte. Eine Begegnung zwischen Jesus und zwei Kriminellen.

Alle drei werden gekreuzigt.

Man könnte denken, dass es sich bei diesen beiden Räubern um Opfer handelt. Dass sie die Strafe nicht verdient haben. Gute Menschen, die es böse getroffen hat. Patrioten, die den Märtyrertod sterben. Aber das ist nicht der Fall. Matthäus macht mit nur einem Vers diese Vorstellung zunichte: „Ebenso beschimpften ihn die beiden, die mit ihm gekreuzigt worden waren" (Matthäus 27,44).

Tragödien bringen den Charakter eines Menschen ans Licht. Und die Tragödie dieser Kreuzigung bringt zutage, dass jene beiden Räuber keinen Charakter besaßen. Sie verspotten Jesus mit ihren letzten Atemzügen. Können Sie die beiden hören? Stimmen – heiser vor Schmerz – verhöhnen den Messias.

„Du bist ein schöner Judenkönig!"

„Ziemlich hart, heutzutage als Messias zu leben, eh?"

„Wie wär's mit einem kleinen Wunder, du Galiläer?"

„Hast du in Nazareth auch schon mal so große Nägel gesehen?"

Von den Pharisäern würde man solchen Spott erwarten. Oder von der Volksmenge. Selbst der Hohn der Soldaten überrascht nicht. Aber von den Räubern?

Gekreuzigte, die einen Gekreuzigten beschimpfen? Zwei Männer, denen schon die Schlinge um den Hals gelegt ist, die sich über das Schicksal eines Dritten lustig machen. Zwei Kriegsgefangene vor dem Exekutionskommando, die das Unglück eines andern verspotten.

Gibt es größere Blindheit?

Gibt es größere Bosheit?

Kein Wunder, dass diese beiden am Kreuz hängen! Rom findet es angemessen, sie mit grausamer Folter zu würdigen. Ihr einziger Wert für die Gesellschaft besteht darin, als öffentliches Schauspiel zu dienen. Reißt ihnen die Kleider herunter, damit alle wissen, dass sich das Böse nicht verbergen lässt. Nagelt ihnen die Hände fest, damit alle sehen, dass die Bösen keine Kraft haben. Richtet sie hoch auf, damit jeder sein Kind ermahnt: „So ergeht es dem, der Böses tut."

Jeder Muskel an ihrem Körper schreit nach Befreiung. Die Nägel lassen feurige Ströme durch die Arme pulsieren. Die Beine verkrampfen und verdrehen sich auf der Suche nach Linderung.

Aber am Kreuz gibt es keine Linderung.

Doch selbst der Schmerz der Nägel bringt ihre gehässige Zunge nicht zum Schweigen. Diese beiden werden so sterben, wie sie gelebt haben: als Menschen, die Unschuldige angreifen und überfallen. Aber in diesem Fall revanchiert sich der Unschuldige nicht.

Der Mann, den sie verhöhnten, bot keinen schönen Anblick. Sein Leib bestand aus blutig geschlagenem Fleisch, das sich von den Knochen löste. Sein Gesicht war von einer Maske aus Blut und Speichel überzogen. Die geschwollenen Augen quollen hervor. „König der Juden" stand über seinem Haupt geschrieben. Eine Dornenkrone riss ihm die Kopfhaut auf. Die Lippen waren aufgeplatzt. Vielleicht blutete die Nase oder ein Zahn war locker.

Der Mann, den sie verhöhnten, war halb tot. Der Mann, den sie verhöhnten, war geschlagen. Aber der Mann, den sie verhöhnten, hatte Frieden. „Vater, vergib ihnen, denn sie wissen nicht, was sie tun" (Lukas 23,34).

Nachdem Jesus so gebetet hatte, begann der eine Verbrecher, ihn laut zu verhöhnen: „Bist du nun der Messias? Dann beweise es! Hilf dir selbst und uns!" (Lukas 23,39).

Das Herz dieses Räubers bleibt hart. Die Gegenwart Christi, des Gekreuzigten, bedeutet nichts für ihn. Jesus hat es verdient, ausgelacht zu werden, deshalb lacht ihn dieser Räuber aus. Er erwartet, dass seine Worte von dem anderen Kriminellen wiederholt werden. Doch das geschieht nicht. Stattdessen wird er zurechtgewiesen.

„Fürchtest du Gott nicht einmal jetzt, kurz vor dem Tod? Wir hängen hier zu Recht. Wir haben den Tod verdient. Der hier aber ist unschuldig; er hat nichts Böses getan" (Lukas 23,40–41).

Unglaublich. Derselbe Mund, der Jesus verflucht hat, verteidigt ihn jetzt. Was ist geschehen? Was hat er erlebt, seit er am Kreuz hängt? Hat er ein Wunder miterlebt? Hat er eine Predigt gehört? Hat man ihm eine Abhandlung über die Dreieinigkeit vorgelesen?

Nein, natürlich nicht. Nach dem Lukasevangelium hat er nichts weiter gehört als ein Gebet, ein Gebet der Gnade. Aber es reichte aus. Ein Mensch, der in Gottes Gegenwart steht, bleibt nicht unberührt. Und auch dieser Räuber blieb nicht unberührt.

Lesen Sie seine Worte noch einmal. „Wir hängen hier zu Recht. Wir haben den Tod verdient. Der hier aber ist unschuldig; er hat nichts Böses getan."

Das Kernstück des Evangeliums in einem Satz zusammengefasst. Das Wesen der Ewigkeit aus dem Mund eines Verbrechers:

Ich bin schuldig. Jesus ist unschuldig.

Ich habe versagt. Jesus hat nicht versagt.

Ich verdiene es zu sterben. Jesus verdient es zu leben.

Der Räuber wusste herzlich wenig über Jesus, doch was er wusste, reichte aus, um sein Herz zu verändern. Er wusste, dass der unschuldige Mann neben ihm einen ungerechten Tod starb, ohne auch nur eine Klage auf seinen Lippen zu führen. Und wenn Jesus das konnte, dann konnte er auch genauso gut der sein, der er behauptete zu sein.

Deshalb bittet der Räuber um Hilfe: „Herr, denke an mich, wenn du in dein Königreich kommst!"

Mühsam hebt Jesus seinen schweren Kopf und wendet sich dem Verbrecher zu. Die Augen der beiden begegnen sich. Jesus sieht einen nackten Mann. Ich meine nicht in Bezug auf die Kleidung. Ich meine in Bezug auf seine Erscheinung. Er kann sich nicht mehr zudecken. Keine Möglichkeit, sich zu verstecken.

Sein Titel? Abschaum der Erde. Sein Verdienst? Tod durch Kreuzigung. Sein Ruf? Kriminell. Sein Charakter? Verkommen bis zum letzten Augenblick. Bis zur letzten Stunde. Bis zur letzten Begegnung.

Bis jetzt.

Sagen Sie mir, was hat dieser Mann gemacht, dass er Hilfe verdient hätte? Wer ist er, dass er um Vergebung bittet? Er hat Jesus öffentlich verhöhnt. Welches Recht hat er, dieses Gebet zu sprechen?

Wollen Sie es wirklich wissen? Er hat dasselbe Recht wie Sie, ein solches Gebet zu sprechen.

Sehen Sie, das sind Sie und ich, dort am Kreuz. Nackt, verzweifelt, hoffnungslos und einsam. Das sind wir. Wir sind es, die fragen: „Trotz meiner Taten, trotz all dessen, was du siehst, ist es irgendwie möglich, dass du an mich denkst, wenn wir alle nach Hause kommen?"

Wir rühmen uns nicht. Wir zählen nicht die Taten auf unserer Liste auf. Jedes Opfer erscheint lächerlich, wenn wir es Gott vorweisen, der dort am Kreuz hängt.

Es ist mehr, als wir verdienen. Aber wir sind verzweifelt. Deshalb bitten wir. Wie so viele andere vor uns auch: Der Gelähmte am Teich. Maria bei der Hochzeit. Martha bei der Beerdigung. Der besessene Gadarener. Nikodemus in der Nacht. Petrus auf dem See. Jairus auf dem Weg. Joseph vor dem Stall. Und alle anderen Menschen, die es gewagt haben, vor den Sohn Gottes zu treten und die eigene Not zuzugeben.

Wir können so beten, wie es der eine Räuber getan hat.

Und, wie er, hören wir die Stimme der Gnade. *Noch heute wirst du mit mir im Paradies sein.*

Und, wie der Räuber, können auch wir den Schmerz aushalten, weil wir wissen, dass er uns bald nach Hause holen wird.

21 Die Galerie des Mannes, der Berge versetzt

Eine erstaunliche Galerie, finden Sie nicht auch? Ein Raum voller „Vom Schmerz zum Frieden“-Porträts. Ein Tank, der mit neuer Energie gefüllt ist. Eine Wüste, die zu blühen beginnt.

Eine Ausstellung über Neuanfänge.

Wäre es nicht fantastisch, tatsächlich einmal eine solche Ausstellung besuchen zu können? Wäre es nicht großartig, sich eine Sammlung von Bildern mit „geknickten Rohren und glimmenden Dochten“ anzusehen? Wie wäre es, eine lange Reihe von Gemälden zu betrachten, auf denen dargestellt wird, wie Gott Menschen mitten in ihrer Not begegnete? Nicht nur biblische Gestalten, sondern Menschen aus der heutigen Zeit, Menschen wie Sie selbst? Menschen Ihrer Generation, aus Ihrer Welt?

Und was wäre, wenn diese Galerie nicht nur die Geschichte jener Menschen, sondern auch Ihre und meine Geschichte enthielte? Wie wäre es, wenn es einen Platz gäbe, an dem Sie Ihre Erfahrungsbilder von „vorher“ und „nachher“ ausstellen könnten? Nun, vielleicht gibt es tatsächlich so einen Platz. Ich habe eine Idee, wie man eine solche Galerie gestalten könnte. Es mag weit hergeholt erscheinen, aber ich glaube, die Idee ist nicht schlecht.

Doch bevor ich davon erzähle, müssen wir noch eine letzte Frage besprechen. Eine entscheidende Frage. Sie haben jetzt viele Geschichten gelesen, in denen es darum ging, wie Gott Menschen am tiefsten Punkt ihrer Not begegnet ist. Was denken Sie, warum diese Geschichten in der Bibel stehen? Warum sind die Evangelien voll von solchen Leuten? Voll von hoffnungslosen Menschen? Auch wenn die Situation jeweils anders aussieht, der innere Zustand ist doch immer derselbe. Sie sitzen in der Klemme. Sie sind einsam. Sie werden abgelehnt. Sie wissen nicht, wohin sie sich wenden sollen. Auf ihren Lippen ist ein verzweifeltes Gebet. In ihrem Herzen ein zerstörter Traum. Und in ihrer Hand ein zerrissenes Seil. Aber vor ihren Augen steht ein Galiläer, der nie verzweifelt und ein Meister darin ist, gerade dann auf die Bühne zu treten, wenn alle anderen abgetreten sind.

Überraschend einfach, die Taten dieses Mannes. Es waren nur Worte des Erbarmens und Berührungen der Güte. Finger auf blinden Augen. Eine Hand auf einer müden Schulter. Tröstende Worte für traurige Herzen ... alles eine Erfüllung der Prophetie: „Das geknickte Rohr wird er nicht brechen und den glimmenden Docht wird er nicht auslöschen."

Noch einmal stelle ich die Frage: Warum finden wir diese Porträts in der Bibel? Warum gibt es diese Galerie? Warum hat Gott uns so viele Geschichten von Menschen an die Hand gegeben, die in Not geraten waren und wiederhergestellt wurden? Damit wir für die Vergangenheit dankbar sein können? Damit wir voller Staunen auf das zurückblicken können, was Jesus tat?

Nein. Nein. Nein. Und abermals Nein. Der Sinn dieser Geschichten ist nicht, uns zu berichten, was Jesus einmal *tat*. Der Sinn dieser Geschichten ist, uns zu sagen, was Jesus *tut*.

„... aus dem, was in der Heiligen Schrift vorausgesagt wurde, sollen wir lernen", erklärte Paulus. „Ermutigt und getröstet durch Gottes Wort, können wir an der Hoffnung auf Gottes kommendes Reich festhalten" (Römer 15,4).

Es sind nicht einfach nur schöne Geschichten für den Kindergottesdienst. Keine romantischen Legenden. Keine Träume, die irgendwo hoch über den Wolken schweben. Es sind historische Momente, in denen ein realer Gott einer realen Not abgeholfen hat, damit wir eine Antwort auf die Frage haben: „Wo ist Gott, wenn ich leide?"

Wie reagiert Gott auf zerschlagene Hoffnungen? Lesen Sie die Geschichte von Jairus. Was fühlt der Vater, wenn er Kranke sieht? Gehen Sie mit ihm an den Teich Bethesda. Sehnen Sie sich danach, dass Gott zu Ihrem einsamen Herzen spricht? Dann hören Sie zu, wie er zu den Jüngern spricht, die nach Emmaus unterwegs sind. Wie lautet Gottes Wort für diejenigen, die sich schämen? Schauen Sie ihm zu, wie er im Hof in Jerusalem mit dem Finger in den Sand schreibt.

Er tat es nicht nur für die Menschen damals. Er tut es auch für mich. Er tut es auch für Sie.

Und damit wären wir beim letzten Gemälde der Galerie – Ihrem Bild. Jetzt, wo Sie das Buch zu Ende gelesen haben, sollten Sie zum Pinsel greifen. Jetzt, nachdem Sie die Geschichten jener Menschen gelesen haben, sollten Sie über Ihre eigene nachdenken. Stellen Sie sich vor die beiden Leinwände, auf denen Ihr Name steht, und malen Sie Ihre Bilder.

Es muss nicht unbedingt mit Ölfarbe auf einer Leinwand sein. Es könnte auch mit einem Stift auf einem Stück Papier sein, mit Worten auf einem Computer, in einer Skulptur aus Ton, in einem Lied. Es ist unwichtig, auf welchem Weg Sie es machen, aber ich bitte Sie herzlich, es in irgendeiner Weise zu tun. Halten Sie das Schauspiel Ihres Lebens fest. Erzählen Sie Ihren Roman. Zeichnen Sie Ihren Weg nach.

Fangen Sie mit dem „Vorher" an. Wie war es, bevor Sie ihn kannten? Können Sie sich daran erinnern? Vielleicht liegt es mehrere Jahrzehnte zurück. Vielleicht war es gestern. Vielleicht kennen Sie ihn schon gut. Vielleicht sind Sie ihm gerade erst begegnet. Noch einmal: Wie lange Sie ihn schon kennen, ist nicht wichtig. Wichtig ist allein, dass Sie nie vergessen, wie das Leben ohne ihn war.

Erinnerungen können Schmerzen hervorbringen. Es ist nicht gerade angenehm, bestimmte Teile unserer Vergangenheit erneut anzuschauen. Aber die Erinnerung ist notwendig. „Seht euch doch einmal an, was ihr wart, als Gott euch berief", rät Paulus (vgl. 1. Korinther 1,26). Wir, die Adoptierten, können nie vergessen, wie das Leben als Waisenkind war. Wir, die Befreiten, sollten das Gefängnis noch einmal besuchen. Wir, die Gefundenen, können die Verzweiflung des Verlorenseins nicht vergessen.

Gedächtnisschwund fördert die Arroganz. Wir können es uns nicht leisten zu vergessen. Wir müssen uns erinnern.

Und wir müssen unsere Geschichte weitererzählen. Nicht jedem, aber doch irgendjemandem. Es gibt einen Menschen, der so ist, wie Sie es waren. Und er muss wissen, was Gott tun kann. Ihr ehrliches Bild über Ihre Vergangenheit kann einem anderen Menschen Mut für die Zukunft geben.

Aber malen Sie nicht nur die Vergangenheit, schildern Sie auch die Gegenwart. Beschreiben Sie seine Berührung. Erklären Sie, welche Veränderung er in Ihr Leben gebracht hat. Auch diese Aufgabe hat ihre Herausforderungen. Wie das Darstellen der Vergangenheit schmerzlich sein kann, so ist die Darstellung der Gegenwart oft undeutlich. Er ist noch nicht fertig mit Ihnen!

Doch schauen Sie einmal, wie lang der Weg ist, den Sie schon zurückgelegt haben! Ich kenne Sie nicht, aber ich weiß, dass Sie einen langen Weg hinter sich haben. Gab es nicht sogar eine Zeit, in der Sie nicht einmal ein christliches Buch in die Hand genommen hätten? Und jetzt betrachten Sie sich selbst. Jetzt sind Sie fast am Ende eines solchen Buches angelangt! Gott hat angefangen, in Ihrem Herzen zu wirken. Und was Gott anfängt, führt er auch zu Ende. „Deshalb bin ich auch ganz sicher, dass Gott sein Werk, das er bei euch durch den Glauben begonnen hat, zu Ende führen wird, bis zu dem Tag, an dem Jesus Christus wiederkommt" (vgl. Philipper 1,6).

Schreiben Sie auf, was Jesus an Ihnen getan hat. Wenn er Ihnen Frieden gebracht hat, dann zeichnen Sie eine

Taube. Wenn es Freude ist, dann malen Sie einen Regenbogen. Wenn es Mut ist, dann singen Sie ein Lied über die Menschen, die Berge versetzen können. Und wenn Sie mit Ihrem Bild fertig sind, dann verstecken Sie es nicht. Stellen Sie es so auf, dass Sie es sehen können. Stellen Sie es dorthin, wo es Sie täglich an die Kraft des himmlischen Vaters erinnern kann.

Und wenn wir alle nach Hause kommen, dann eröffnen wir eine Galerie.

Das ist meine Idee. Ich weiß, es ist verrückt, aber was wäre, wenn wir das wirklich täten? Ich weiß nicht, ob so etwas im Himmel erlaubt ist. Aber irgendwie weiß ich, dass es unserem himmlischen Vater nichts ausmachen würde. Schließlich gibt es reichlich Platz dort und viel Zeit.

Und was für eine gute Methode wäre das, um das Eis zu brechen! Was für eine Hilfe, um andere als Freunde zu gewinnen! Können Sie es sich vorstellen? Dort steht Jona mit einem lebensgroßen Wal. Mose vor einem brennenden Busch. David gibt Unterricht im Steineschleudern. Gideon erlaubt jedem, der es möchte, sein Vlies zu berühren – *das* Vlies –, und Abraham erklärt ein Gemälde, das den Titel „Die Nacht mit tausend Sternen" trägt.

Sie können sich auch neben Zachäus in seinen Baum setzen. Ein kleiner Junge zeigt Ihnen einen Korb mit fünf Broten und zwei Fischen. Martha heißt Sie in ihrer Küche willkommen. Der Hauptmann fragt Sie, ob Sie das Kreuz berühren wollen.

Martin Luther ist mit dem Römerbrief da. Susannah Wesley erzählt, wie sie für ihre Söhne – Charles und John – betete. Dwight Moody erzählt von dem Tag, an dem er das Schuhgeschäft verließ, um zu predigen. Und John Newton meldet sich freiwillig, um mit einem Engelschor im Hintergrund „Amazing Grace" zu singen.

Einige sind berühmt, die meisten jedoch nicht ... aber alle sind Helden. Ein Soldat lädt Sie ein, sich in den Schützengraben zu hocken, den er jenem Graben nachgebildet hat, in dem er Jesus begegnete. Eine Hausfrau zeigt Ihnen ihr Neues Testament, das von den vielen Tränen lauter Flecke hat. Neben einem Nigerianer steht der Missionar, der ihn unterrichtete. Hinter dem Brasilianer sieht man auf einem Gemälde den Fluss, in dem er getauft wurde.

Und irgendwo inmitten dieser Bühne der Hoffnung findet sich Ihre Geschichte. Ein Mensch nach dem andern kommt herbei. Die Menschen hören so aufmerksam zu, als hätten sie alle Zeit der Welt. (Das haben sie ja auch!) Man begegnet Ihnen, als wären Sie königlicher Abstammung. (Das sind Sie ja auch!) Salomo stellt Ihnen Fragen. Hiob lobt Ihr Durchhaltevermögen. Josua preist Ihren Mut. Und als alle zu klatschen anfangen, klatschen Sie mit. Denn im Himmel weiß jeder, dass alles Lob nur einem Einzigen gilt.

Und da wir nun schon von ihm sprechen: Auch er kommt in der Galerie vor. Drehen Sie sich um und schauen Sie. Dort oben, hoch über den anderen. Am besten Platz. Genau in der Mitte. Dort steht ein Gemälde auf einem Ständer, der hoch über alle anderen hinausragt. Sichtbar von jedem Ort in der Galerie ist ein großer Felsblock zu sehen. Er ist rund. Er ist schwer. Er wurde früher dazu gebraucht, um ein Grab zu verschließen.

Doch damit ist es vorbei. Fragen Sie Martha und Maria. Fragen Sie Petrus. Fragen Sie Lazarus. Fragen Sie jeden beliebigen Menschen in der Galerie. Sie werden es Ihnen sagen. Felsbrocken und Berge waren für Gott noch nie ein Problem.

Wird es im Himmel eine solche Galerie geben? Wer weiß? Aber eins weiß ich sicher: dass einst ein Stein vor einem Grab lag. Und ich weiß, dass er weggewälzt wurde. Ich weiß ebenfalls, dass auch auf Ihrem Weg Steine liegen. Steine, die Sie zum Fallen bringen wollen, Steine, über die Sie stolpern. Steine, die für Sie zu groß sind.

Bitte vergessen Sie nicht, dass das Ziel dieser Geschichten nicht darin liegt, uns zu einem staunenden Blick auf die Vergangenheit zu verhelfen, sondern darin, im Glauben nach vorn zu schauen. Der Gott, der früher sprach, spricht noch immer. Der Gott, der früher vergab, vergibt noch immer. Der Gott, der früher kam, kommt noch immer. Er kommt in unsere Welt. Er kommt in Ihre Welt. Er kommt, um zu tun, was Sie nicht tun können. Er kommt, um Berge zu versetzen, die Sie keinen Zentimeter von der Stelle rücken können.

Berge sind für Gott kein Problem. Damals nicht und heute nicht. Er versetzt immer noch Berge.

Gesprächsanregungen

1 Geknickte Rohre und glimmende Dochte

Anregungen zum Weiterdenken

1. Beschreiben Sie das Aussehen eines geknickten Rohrs und eines glimmenden Dochtes. Wodurch sind beide äußerst verletzbar, wodurch sind sie ihrem eigenen Ende so nah? In welcher Hinsicht können Menschen wie geknickte Rohre oder glimmende Dochte sein?

2. Beschreiben Sie, wann Sie sich schon einmal wie ein geknicktes Rohr oder wie ein glimmender Docht gefühlt haben. Wie sah die Situation aus, in der Sie sich befanden? Wie hat sich die Situation entwickelt?

3. Sprechen Sie über Max Lucados Aussage: „Die Welt hat ihre Ecke, wo sie die Geschlagenen hinstellt. Die Welt bricht ihren Halm ab, die Welt pustet sie aus. Aber die Künstler der Bibel verkündigen, dass Gott anders handelt." Können Sie Max Lucados Beobachtung bestätigen?

4. Max Lucado behauptet, Gott ist „ein Gott, der denen ein Freund ist, die ein verwundetes Herz haben. Ein Gott, dem unsere Träume kostbar sind." Er erklärt, dass Gott „einen besonderen Platz für die Geknickten und Erschöpften dieser Welt hat". Was will er Ihrer Meinung nach damit sagen? Beschreiben Sie ein Erlebnis aus Ihrem Leben, das diese Aussage bekräftigt.

5. Gibt es in Ihrem Leben zurzeit Menschen, die „geknickten Rohren" oder „glimmenden Dochten" gleichen? Wenn ja, wie gehen Sie mit ihnen um? Was sagen Sie? Was tun Sie? Wie können Ihnen die Ge-

schichten in diesem Buch beim Umgang mit diesen verletzbaren und verletzten Menschen helfen?

6. Vervollständigen Sie den folgenden Satz: „Die Tatsache, dass Jesus geknickte Rohre nicht bricht und glimmende Dochte nicht auslöscht, bewirkt in mir

   ....“

Ein Blick in die Bibel

1. Lesen Sie Matthäus 12,15–21.

▷ Inwiefern ist Vers 15 eine Erfüllung der Prophetie Jesajas, die in Vers 20 zitiert wird?

▷ Inwiefern ist Vers 16 eine Erfüllung der Prophetie Jesajas, die in Vers 19 zitiert wird?

▷ In welcher Hinsicht hat Jesus die Prophetie Jesajas aus Vers 21 erfüllt? Was bedeutet es, auf Jesus „zu hoffen“? Tun Sie das?

2. Lesen Sie Lukas 4,14–21.

▷ Worin ähnelt die Prophetie (Verse 18–19) der Prophetie, auf die in Matthäus 12 verwiesen wird? Worin unterscheidet sie sich von ihr?

▷ Was meinte Jesus in Vers 21? Wodurch wurde die Prophetie „erfüllt“? Wenn sie bereits erfüllt war, was bedeutete es dann im Blick auf die Identität Jesu?

2 Nicht schuldig

Anregungen zum Weiterdenken

1. Was ist damit gemeint, dass Rebecca Thompson zweimal „starb“? Kennen Sie irgendjemanden, der schon einmal in gleicher Weise „gestorben“ ist wie Rebecca beim ersten Mal? Wenn ja, beschreiben Sie die Situation.

2. Niemand kann mit Sicherheit sagen, warum Rebecca von der Brücke hinuntersprang. Wodurch wurde sie Ihrer Meinung nach in den Selbstmord getrieben? Durch Angst? Zorn? Schuld? Oder Scham?

3. Max Lucado schreibt: „Ob privat oder öffentlich, Scham ist immer schmerzlich. Und solange Sie nicht etwas dagegen unternehmen, wird dieser Schmerz nicht weichen. Solange Sie keine Hilfe bekommen, wird der Tag nie anbrechen.“ Was denken Sie, was Lucado hier meint? Stimmen Sie ihm zu? Warum oder warum nicht?

4. Was bedeutet das Wort *Scham* für Sie? Was bedeutet das Wort *Gnade* für Sie? Welches Wort ist stärker? Warum?

5. Mit welcher Person aus der Geschichte in Johannes 8 können Sie sich am meisten identifizieren? Mit der Frau? Mit dem schuldigen (aber nicht anwesenden) Mann? Mit den Pharisäern? Mit den Männern aus dem Volk? Mit Jesus?

6. Was könnte Jesus Ihrer Meinung nach in den Sand geschrieben haben, auch wenn wir aus der Bibel nichts darüber erfahren?

7. Jesus sagte der Frau: „Dann will ich dich auch nicht verurteilen. Geh, aber sündige nicht noch einmal!" (Johannes 8,11). Gibt es irgendeine Aussage in diesem Satz, die Sie stört? Hatten Sie erwartet, dass Jesus das sagt? Warum?

8. Treffen die Worte „nicht schuldig" auch auf Sie zu? Welches Gefühl lösen diese Worte in Ihnen aus?

Ein Blick in die Bibel

1. Lesen Sie Johannes 8,1–11.

▷ Wie sah die Falle aus, in die die Pharisäer Jesus locken wollten? Was hatten sie gehofft, das er tun würde? Wie umging Jesus ihre Falle?

▷ In Vers 9 (LÜ) heißt es: „Als sie aber das hörten, gingen sie weg, einer nach dem andern, die Ältesten zuerst." Was denken Sie, warum die Ältesten zuerst weggingen? Warum ist diese Einzelheit wichtig?

2. Lesen Sie Römer 8,1–9.

▷ Auf welche Weise erklärt dieser Text den Begriff „nicht schuldig"? Auf wen trifft er nach Aussage von Römer 8 zu?

▷ Welche Erklärung finden wir in Vers 9 dafür, wie die Frau, die beim Ehebruch überrascht worden war, dem Gebot Jesu in Johannes 8,11 Folge leisten könnte?

3 Bleiben Sie nicht draußen stehen

Anregungen zum Weiterdenken

1. Was war das Grundproblem des älteren Sohnes? Haben Sie sich schon einmal so gefühlt wie er? Wenn ja, wie sah die Situation aus?

2. Wie definieren Sie *Bitterkeit?*

3. Kennen Sie einen Menschen, dessen Leben von Bitterkeit geprägt ist? Wenn ja, wie ist es, mit so einem Menschen zusammen zu sein? Welche Lektion haben Sie von diesem Menschen gelernt?

4. Was meint Max Lucado, wenn er schreibt: „Das, was Sie haben, [ist] wichtiger ... als das, was Sie nicht haben“? Hat er recht? Warum oder warum nicht?

5. In welcher Hinsicht ist Lincoln ein gutes Beispiel für die Kernaussage dieses Kapitels? In welcher Hinsicht ist er ein gutes Vorbild für uns?

6. Max Lucado schreibt, dass bei Gottes großem Fest „niemand Zutritt haben wird, der schmollt“. Wenn Gott uns heute zu seinem Fest einladen würde, wären Sie dann bereit?

7. Warum wollen manche Leute nicht „eintreten und sich mitfreuen“? Welche Gründe haben sie dafür? Haben auch Sie schon einmal solche Gründe vorgebracht? Was hat Sie dazu bewogen, Ihre Meinung zu ändern?

Ein Blick in die Bibel

1. Lesen Sie Lukas 15,11–32.

▷ Mit welcher Person in dieser Geschichte identifizieren Sie sich am meisten? Mit dem jüngeren Sohn? Mit dem älteren Sohn? Mit dem Vater? Den Knechten? Dem gemästeten Kalb? Erläutern Sie Ihre Antwort.

▷ Wie reagierte der Vater auf die Rede des jüngeren Sohns (Vers 21)? Inwiefern ist das von Bedeutung? Was sagt Ihnen das über Ihr eigenes Gebetsleben?

▷ Auf welche Weise hilft uns Vers 32, die Bedeutung von Lukas 15,10 zu verstehen?

2. Lesen Sie Hebräer 12,14–15.

▷ Vers 14: Welche Verbindung wird zwischen einem friedlichen Leben mit allen Menschen und der Heiligung hergestellt? Was kommt logischerweise zuerst?

▷ Vers 15: Welche Verbindung besteht zwischen „Gottes Gnade" und einer „bitteren Wurzel"? Was bewirkt die Gnade Gottes? Was bewirkt eine bittere Wurzel?

▷ Welche Aspekte der Geschichte aus Lukas 15,11–32 veranschaulichen die Wahrheiten, die in Hebräer 12,14–15 genannt werden?

4 Wenn man mit der eigenen Familie nicht klarkommt

Anregungen zum Weiterdenken

1. Zeichnen Sie mit Worten einen Verwandten aus *Ihrer* Familie, der Ihnen auf die Nerven geht.

2. Haben Sie auch „Teerbaby-Verwandte"? Wenn ja, was macht die Kommunikation mit diesen Verwandten so mühsam?

3. Warum ist das Leben „verwandtschaftsmäßig" so schwierig? Was können Sie tun, wenn Menschen zu Ihnen auf Abstand gehen, die Ihnen am nächsten stehen?

4. Was sagen Sie dazu, dass auch Jesus eine schwierige Familie hatte? Wie sah Ihre Reaktion aus, als Sie zum ersten Mal davon hörten?

5. Was hat Jesus Ihrer Überzeugung nach gemeint, als er sagte: „Ein Prophet findet nirgendwo so wenig Anerkennung wie in seiner Heimat und in seiner eigenen Familie" (Matthäus 13,57)?

6. Gehen Sie das Kapitel noch einmal durch und tragen Sie zusammen, in welcher Weise Jesus von seiner Familie missachtet wurde. Wie reagierte Jesus auf diese Beleidigungen? Was können wir aus diesen Vorfällen lernen?

7. Max Lucado schreibt: „Es ist bemerkenswert, dass er [Jesus] nicht versuchte, das Verhalten seiner Familie zu ändern. Umgekehrt ließ er sich aber auch nicht von

ihrem Verhalten einschränken." Warum ist das ein ausgezeichnetes Prinzip für unser eigenes Leben?

8. Wie hat die Familie Jesu schließlich ihre Einstellung zu Jesus geändert? Inwiefern kann uns das Hoffnung machen?

Ein Blick in die Bibel

1. Lesen Sie Psalm 139,5; Matthäus 6,25–34; Galater 4,7; Epheser 1,5 und 1. Johannes 3,1.

▷ Was sagen diese Verse über Gott als Vater aus? Was bedeuten Ihnen die einzelnen Verse?

▷ Nennen Sie Ihre Lieblingsverse, die von Gott als Ihrem Vater sprechen. Warum sind Ihnen diese Verse wichtig?

2. Vergleichen Sie Römer 14,14–5,4 mit 1. Korinther 10,30.

▷ Welches Licht werfen diese Abschnitte auf unsere Fähigkeit, den Beeinflussungsversuchen unserer Familie zu widerstehen? Und umgekehrt: Was sagen diese Texte über unser Vermögen aus, unserem eigenen Versuch, Einfluss auf unsere Familie zu nehmen, zu widerstehen?

▷ Warum kann man Römer 14,19 als gute Beschreibung für die Harmonie in der Familie bezeichnen? Wie sieht es mit Römer 15,2 aus? In welchen Fällen muss man auch andere Prinzipien berücksichtigen?

5 Sie dürfen wieder träumen

Anregungen zum Weiterdenken

1. Max Lucado schreibt: „Auch in unserem Leben gibt es Zeiten, in denen wir aufgefordert sind zu lieben, ohne etwas zu erwarten." An welche Erlebnisse in dieser Hinsicht können Sie sich erinnern?

2. Sprechen Sie über die folgende Aussage: „Der Dienst für Gott wird durch die Pflicht angespornt. Das ist der Ruf der Jüngerschaft."

3. Hat die Tatsache, dass der Engel den Stein vom Grab Jesu wegrollte, irgendeine besondere Bedeutung für Ihr Leben? Wenn ja, welche?

4. Beschreiben Sie einige Ereignisse aus Ihrem Leben, in denen Gott sich als ein Gott der Überraschungen erwiesen hat.

5. Welchen Herausforderungen stehen Sie zurzeit gegenüber, auf die die Worte „Geben Sie nicht auf" besonders zutreffend sind?

6. Was löst die Erkenntnis in Ihnen aus, dass Gott über Ihnen und Ihren Umständen wacht?

7. In welcher Weise erweckt die Auferstehung Ihre eigenen Hoffnungen und Träume zu neuem Leben?

Ein Blick in die Bibel

1. Lesen Sie Matthäus 28,1–15.

▷ Was denken Sie, warum der Engel den Stein nicht nur wegrollte, sondern sich auch noch auf ihn setzte? Was denken Sie, warum er mit den Frauen sprach und nicht mit den Wachsoldaten?

▷ Warum waren die Frauen „erschrocken" und gleichzeitig von „unbeschreibliche[r] Freude" erfüllt, wie wir in Vers 8 lesen?

▷ Welche logischen Fehler weist die konstruierte Geschichte in Vers 13 auf?

2. Lesen Sie Galater 6,9.

▷ Welches Gebot wird uns in diesem Vers gegeben? Warum fällt es uns scheinbar so leicht, dieses Gebot unbeachtet zu lassen? Welche Verheißung ist uns gegeben, wenn wir das Gebot befolgen?

▷ Inwiefern sind die beiden Marias ein gutes Beispiel für die Wahrheit dieses Verses?

3. Lesen Sie Hebräer 10,32–38.

▷ Welchen Zweck hat die „Geschichtsstunde" in den Versen 32–34? Wenn der Verfasser anstelle der Erfahrungen der Hebräer Ihre Erfahrungen beschreiben würde, was hätte er dann mitzuteilen?

▷ Welches Gebot wird in Vers 35 gegeben? Wie lautet die Verheißung, die daran geknüpft ist? Was steht hinter den Worten, die in Vers 36 zu dieser Verheißung gemacht werden?

▷ In welcher Hinsicht soll uns die Verheißung aus Vers 37 eine Hilfe zum Ausharren sein? Warum kann diese Verheißung eine Ermutigung für Sie sein?

6 Saure Milch

Anregungen zum Weiterdenken

1. Max Lucado schreibt: „Süße Milch wird sauer, wenn sie zu lang im Warmen steht. Süße Veranlagungen werden aus demselben Grund sauer." Erläutern Sie, was das für Sie bedeutet.

2. Neigen Sie eher dazu, Marias oder Marthas Beispiel zu folgen? Sind Sie damit zufrieden? Warum? Wenn Sie meinen, Sie müssten sich ändern, dann beschreiben Sie, wie Sie eine Änderung herbeiführen könnten.

3. Kennen Sie einen Fall, bei dem die Arbeit für Gott dem Betreffenden wichtiger wurde als Gott selbst? Haben Sie das selbst auch schon einmal erlebt? Wenn ja, dann beschreiben Sie, was geschah.

4. Sprechen Sie über die folgende Aussage: „Gott hat größeres Gefallen an einem Menschen, der ihm still Aufmerksamkeit schenkt, als an jemandem, der mit saurer Miene große Dienste vollbringt."

5. Warum vergessen wir oft so leicht, wer der Diener ist und wem wir dienen sollen?

6. Welche Schritte unternehmen Sie, um sicherzustellen, dass Ihr Blick nicht abschweift und schließlich nur noch auf Sie selbst gerichtet ist?

7. Wann haben Sie sich zum letzten Mal Zeit genommen, um einfach nur „zu Jesu Füßen zu sitzen"? Beschreiben Sie, was Sie taten und welche Auswirkungen das auf Ihr Verhalten und Ihre Einstellung hatte.

8. Sprechen Sie über die Anekdote in diesem Kapitel, die von dem Mann handelt, der mit einer negativen Haltung betete. Haben auch Sie schon einmal ein ähnliches Gebet gesprochen? Was halten Sie von Gottes Antwort auf das Gebet jenes Mannes?

Ein Blick in die Bibel

1. Lesen Sie Lukas 10,38–42.

▷ Wovon sprach Jesus, als er Martha erklärte: „Wichtig ist nur eins“ (Vers 42)? Was ist dieses „eine“? Ist es in Ihrem Leben zu finden?

▷ Was ist an den Worten Jesu „Maria hat die richtige Wahl getroffen“ (Vers 42; GN), wichtig? In welcher Beziehung steht diese Aussage zu Ihrem eigenen Leben als Christ?

▷ Welches Versprechen wird in Vers 42 gegeben? Inwiefern gilt dieses Versprechen auch für uns?

2. Lesen Sie Matthäus 21,28–32.

▷ Was lehrt uns dieses Gleichnis über das Dienen? Welche Lektion hätte Martha daraus lernen können?

▷ Welchem der beiden Söhne gleichen Sie?

▷ Was sagt Jesus in den Versen 31–32? Warum sind seine Worte so hart?

7 Eine verrückte Ahnung und eine große Hoffnung

Anregungen zum Weiterdenken

1. Was war die verrückte Ahnung und die große Hoffnung der Frau in Markus 5? In welcher Hinsicht kann sie für uns heute ganz konkret ein Vorbild sein?

2. Sprechen Sie über Max Lucados Definition von Glauben: „Eine Überzeugung, dass er [Gott] helfen kann, und eine Hoffnung, dass er helfen wird."

3. Max Lucado schreibt: „Glaube ist nicht die Überzeugung, dass Gott tun wird, was wir uns wünschen. Glaube ist die Überzeugung, dass Gott das tun wird, was richtig ist." Verändert das Ihre Lebensführung, Ihre Einstellung zum Leben und Ihre Lebensziele? Verändert das Ihr Gebet?

4. Glauben Sie, „dass die Errettung umso wahrscheinlicher ist, je hoffnungsloser die Situation aussieht"? Warum oder warum nicht?

5. Stimmt es, dass „Glaube ohne Bemühen überhaupt kein Glaube ist"?

6. Schauen Sie sich Max Lucados Auflistung in diesem Kapitel (Seite 69-70) an. Gibt es dort irgendeinen Punkt, den Sie umsetzen sollten? Gibt es irgendetwas, was in dieser Liste nicht aufgeführt ist, das Sie jedoch tun müssten, wenn Sie echten Glauben leben wollen? Wenn ja, um welchen Punkt handelt es sich?

7. Was ist an der Tatsache bedeutsam, dass Jesus die notleidende Frau „Tochter" nannte? Hat das irgendeine Bedeutung im Hinblick auf Ihre eigene Beziehung zu Jesus?

Ein Blick in die Bibel

1. Lesen Sie Markus 5,24–34.

▷ Warum war es Jesus wichtig, herauszufinden, wer seine Kleider berührt hatte? Warum setzte er seinen Weg nicht einfach fort?

▷ Warum fiel die Frau Jesus zu Füßen und zitterte vor Furcht? Hätten Sie eine solche Reaktion erwartet? Warum oder warum nicht?

2. Lesen Sie Hebräer 11,1–6.

▷ Wie definiert der Verfasser des Hebräerbriefs den Glauben? Wie würden Sie mit Ihren eigenen Worten beschreiben, was Glauben ist?

▷ Inwiefern sind Abel und Henoch ein gutes Beispiel für Menschen des Glaubens? Wie wurde ihr Glaube sichtbar?

▷ Weshalb mehrt die Gewissheit, „Lohn" zu erhalten, unseren Glauben (Vers 6)?

3. Lesen Sie Jakobus 2,14–26.

▷ Ist es zutreffend, wenn man sagt, der Verfasser des Hebräerbriefs würde Glauben *definieren* und der Verfasser des Jakobusbriefs würde ihn *veranschaulichen?*

▷ Sprechen Sie über die folgende Aussage: „Glaube besteht nicht aus Werken, aber Glaube bringt Werke hervor." Würde Jakobus diesem Satz zustimmen? Warum oder warum nicht?

8 Ewig jung?

Anregungen zum Weiterdenken

1. Wann haben Sie in Ihrem eigenen Leben zum ersten Mal konkret gemerkt, dass „das Alter herannaht“? Wodurch wurde diese Erkenntnis ausgelöst? Welche Gefühle weckt in Ihnen die Tatsache, dass Sie älter werden?

2. Warum weckt das Älterwerden manchmal Bedauern? Versuchen Sie, einige Beispiele dafür zu nennen.

3. Warum führt Bedauern in manchen Fällen zur Rebellion? Wodurch kann dieser Prozess unterbrochen werden?

4. Max Lucado schreibt, dass wir zwischen zwei Möglichkeiten wählen können, wenn wir älter werden: Sicherheit oder Abenteuer. Was meint er damit und wie wirken sich diese beiden Möglichkeiten konkret im Leben aus?

5. Wie können wir „die Neugier wiedergewinnen“? Welche Vorteile hat es, wenn wir es tun?

6. Max Lucado schreibt, dass Abraham, Mose, Kaleb, Hanna und Johannes alle einen wichtigen Punkt gemeinsam hatten. Welcher war es? Inwiefern kann das für uns eine Ermutigung sein?

7. Es heißt, Oliver Wendell Holmes habe als Antwort auf die Frage, warum er im Alter von vierundneunzig noch mit dem Griechischstudium begonnen hätte, gesagt: „Nun, mein lieber Herr, entweder jetzt oder nie.“ Was

vermuten Sie, was Holmes dazu bewog, diese Erklärung zu geben? Bewundern Sie ihn deswegen?

8. Max Lucado schreibt: „Wenn wir älter werden, sollte unsere Sicht sich verbessern." Was bedeutet das? Trifft das auch auf Ihre eigene Erfahrung zu? Warum oder warum nicht?

Ein Blick in die Bibel

1. Lesen Sie Lukas 17,20–37.

▷ „Wer sich an sein Leben klammert, wird es verlieren. Wer sein Leben aber für Gott einsetzt, wird es für immer gewinnen" – diese Worte Jesu befinden sich mitten in einer Beschreibung des Zustands der Welt am Ende der Menschheitsgeschichte. Warum ist das bedeutsam? Warum ist das besonders für ältere Menschen von Bedeutung?

▷ Weshalb ist Lots Frau ein Beispiel für die Worte in Lukas 17,33: „Wer sich an sein Leben klammert, wird es verlieren" (siehe 1. Mose 19,12–26)?

2. Lesen Sie Titus 2,2–5.

▷ Was sind nach Aussage von Vers 2 die besonderen Aufgaben der älteren Männer?

▷ Was sind nach Aussage der Verse 3–5 die besonderen Aufgaben der älteren Frauen?

9 Lesen Sie die Geschichte

Anregungen zum Weiterdenken

1. Warum erinnert P. T. Barnums Aussage: „Jede Minute wird ein Trottel geboren“ an einen kleinen, verletzten Jungen, dessen Herz zerbrochen ist?

2. Versuchen Sie sich daran zu erinnern, wann Ihnen zum ersten Mal das Herz brach. Wie haben Sie reagiert? Wie lange haben Sie gebraucht, um sich davon zu erholen? Wie haben Ihre Freunde oder Ihre Familie Ihnen geholfen, über den Vorfall hinwegzukommen?

3. Max Lucado schreibt: „Enttäuschung ... macht uns blind für die Gegenwart Gottes.“ Wie erlebten das die beiden Männer, die auf dem Weg nach Emmaus unterwegs waren? In welcher Hinsicht erleben Sie das Gleiche?

4. Auf welche Weise verhärtet die Verzweiflung unser Herz und lässt uns zynisch und abgebrüht reagieren? Warum ist das so gefährlich?

5. Max Lucado schreibt, dass Menschen mit zerbrochenem Herzen versucht sind, nicht mehr zu lieben, nicht mehr zu vertrauen und ihr Herz nicht mehr zu verschenken. Haben Sie schon einmal erlebt, dass Menschen in dieser Weise reagiert haben? Wenn ja: Was haben Sie an ihrem Verhalten beobachtet? Was vermuten Sie, warum sie sich so verhielten?

6. Jesus tat zweierlei für die Männer auf dem Weg nach Emmaus: Erstens begegnete er ihnen dort, wo sie waren; und zweitens erzählte er ihnen die Geschichte

Gottes. Warum ist dieses Rezept immer noch die beste Therapie für zerbrochene Herzen? Heißt das, dass die Therapie einfach ist? Erklären Sie bitte Ihre Antwort.

7. Wenn Menschen das Herz bricht, so liegt die Ursache dafür meistens darin, dass bestimmte Erwartungen nicht erfüllt wurden. Warum ist das so?

8. Wie kann das Wissen, dass Gott immer noch alles in seinen Händen hält, unsere Sichtweise beeinflussen, wenn unser Herz zerbrochen ist?

Ein Blick in die Bibel

1. Lesen Sie Lukas 24,13–35.

▷ „Dabei hatten wir gehofft ...“, sagte Kleopas in Vers 21. In welcher Weise umschreiben diese Worte den tiefen Zerbruch seines Herzens?

▷ In Vers 27 steckt eine erstaunliche biblische Unterweisung. Was vermuten Sie, welche konkreten Abschnitte Jesus in dieser Unterweisung zitierte?

2. Lesen Sie Psalm 135,5–14 und Daniel 4,34.

▷ Welches Bild von Gott wird in Psalm 135 vermittelt?

▷ Welches Bild von Gott wird in Daniel 4 vermittelt?

▷ In welcher Hinsicht helfen uns diese Bilder in Zeiten, wenn unser Herz zerbrochen ist?

10 Die Kraft eines zaghaften Gebets

Anregungen zum Weiterdenken

1. Gleichen Ihre Gebete mehr einem Düsenjet oder mehr einem Flugzeug, das in der Landwirtschaft eingesetzt wird?

2. Max Lucado schreibt, dass Gebet mit einer Sehnsucht beginnt. Wonach? Trifft das auf Sie zu? Wenn ja, in welcher Hinsicht?

3. Welche Gründe haben wir, wenn wir nicht beten, obwohl wir wissen, dass wir beten sollten? Welche sind Ihre „Lieblingsgründe“?

4. Der Mann in Markus 9,24 betete: „Ich will dir ja vertrauen. Aber hilf mir doch, dass ich es kann.“ Halten Sie diese Worte für ein Gebet des Glaubens? Haben Sie schon jemals so ähnlich gebetet?

5. Inwiefern veranschaulicht das Verhalten von Jim Redmond bei den Olympischen Spielen 1992 in Barcelona, was unser himmlischer Vater für uns tut? Wann haben Sie das letzte Mal die Hilfe des Vaters in einer solchen Weise erlebt? Erzählen Sie davon.

6. Sprechen Sie über Max Lucados Behauptung, dass „die Kraft des Gebets von dem abhängt, der es hört, und nicht von dem, der es spricht“. Was bedeutet das für unser Gebetsleben? Heißt das, dass unser Charakter keine Auswirkungen darauf hat, ob unsere Gebete erhört werden oder nicht?

7. Unabhängig davon, ob Sie ein landwirtschaftliches Flugzeug oder ein Düsenjet sind: Möchten Sie Ihr Gebetsleben in Schwung bringen? Welche konkreten Schritte können Sie dafür unternehmen?

Ein Blick in die Bibel

1. Lesen Sie Markus 9,14–29.

▷ In welcher Hinsicht steht die Aussage des Mannes: „Wenn du kannst" in einem Zusammenhang mit den Erfahrungen, die er mit den Jüngern Jesu gemacht hatte? Welchen Einfluss hat unser Handeln auf die Meinung, die Nichtchristen über Jesus haben?

▷ Inwiefern bringen die Worte Jesu in Vers 25 auf besondere Weise seine Macht und Autorität zum Ausdruck? Worin unterscheidet sich die beschriebene Heilung eines von Dämonen besessenen Menschen von anderen Berichten in der Bibel?

2. Lesen Sie Nehemia 2,1–9.

▷ Gehört das Gebet, auf das in Vers 4 verwiesen wird, in die Kategorie „Düsenjet" oder „landwirtschaftliches Flugzeug"? Wurde es erhört? Wieso ist das von Bedeutung?

▷ Welche Verbindung besteht zwischen dem Gebet in Nehemia 2:4 und Nehemias Tun in Kapitel 1? Was sollten wir daraus über unser eigenes Gebetsleben lernen?

11 Helles Licht in dunkler Nacht

Anregungen zum Weiterdenken

1. Wie oft gehen Sie freiwillig zu Menschen, die Not leiden? Empfinden Sie die Worte, die Jesus am Teich von Bethesda zu dem Kranken spricht, als eine Ermutigung oder Zurechtweisung – oder beides?

2. Inwiefern ist die Geschichte des kranken Mannes tatsächlich eine Erzählung, die von Ihnen und von mir handelt?

3. Max Lucado schreibt: „Wir müssen zugeben, dass wir wie der Gelähmte sind. Invaliden, die keine Wahl haben." Was meint er damit? Stimmen Sie ihm zu? Warum oder warum nicht?

4. Sprechen Sie über die folgende Aussage: „Nach dem Plan Gottes ist Gott selbst der Maßstab für Vollkommenheit ... Das Ziel ist, vollkommen wie Gott zu sein. Alles, was darunter liegt, ist nicht ausreichend." Suchen Sie nach Bibelstellen, die dieselbe Wahrheit mit anderen Worten ausdrücken.

5. Warum fällt es dem Soldaten offensichtlich leicht, den Worten Alexanders des Großen zu glauben – im Gegensatz zu uns, die wir große Mühe damit haben, den Worten von Jesus Glauben zu schenken?

6. Befiehlt Jesus Ihnen, genau wie dem Gelähmten, in irgendeinem Bereich Ihres Lebens „aufzustehen"? Wenn ja, in welchem Bereich? Was werden Sie tun?

Ein Blick in die Bibel

1. Lesen Sie Römer 3,9–23.

▷ In welche Gruppen werden die Menschen hier eingeteilt? Welche Menschen sind ausgeschlossen? Zu welcher Gruppe gehören Sie?

▷ Was bedeutet es, nichts aufzuweisen zu haben, das Gott gefallen „könnte", oder „nicht gut genug für Gottes Herrlichkeit" zu sein (vgl. Vers 23)?

2. Lesen Sie Kolosser 2,13–15.

▷ In welchem Zustand befanden Sie sich, bevor Sie zum Glauben an Jesus Christus kamen (Vers 13)?

▷ Zählen Sie alles auf, was Jesus nach Aussage dieses Abschnitts für Sie am Kreuz vollbracht hat.

▷ War das Kreuz für Jesus nach Aussage von Vers 15 ein Triumph oder eine Niederlage?

12 Das Schwerste, was Gott je getan hat

Anregungen zum Weiterdenken

1. Beschreiben Sie mehrere Situationen, in denen Sie in den letzten Jahren bei sich „Liebesausbrüche“ erlebt haben.

2. Max Lucado schreibt, dass Liebesausbrüche uns daran erinnern, „dass das, was wir haben, größer ist als das, was wir uns wünschen, und dass das, was dringend ist, nicht immer wichtig ist“. In welcher Weise können Liebesausbrüche in uns eine solche Einstellung bewirken? Versuchen Sie, einige Situationen aus Ihrem Leben zu beschreiben, in denen Sie erlebt haben, dass dieses Prinzip seine Kraft entfaltet.

3. Was wäre Ihrer Meinung nach mit dem Gelähmten geschehen, wenn die Freunde aufgegeben hätten, als sie das volle Haus erblickten? Haben auch Sie Freunde, die, um Ihnen zu helfen, genauso weit gehen würden wie die Freunde jenes Mannes? Erweisen Sie einem anderen Menschen einen solchen Freundschaftsdienst?

4. Max Lucado schreibt: „Der Glaube tut das Unerwartete. Und der Glaube bekommt Gottes Aufmerksamkeit.“ Haben Sie jemals etwas Unerwartetes getan, weil Sie im Glauben handelten? Wenn ja, erzählen Sie davon.

5. Sprechen Sie in Ihrer Gesprächsgruppe über die folgende Aussage: „Sie [die Freunde] möchten, dass Jesus dem Mann einen neuen Körper gibt, mit dem er wieder gehen kann. Jesus aber gibt zuallererst Gnade, damit

der Mann leben kann." Was bedeutet das für unser Alltagsleben?

6. Freuen Sie sich, dass Gott unsere Bitten häufig nicht beachtet und uns stattdessen das gibt, was wir brauchen?

7. Versuchen Sie, mindestens fünf Auswirkungen zu nennen, die mit der Vollmacht Jesu, Sünden zu vergeben, in Zusammenhang stehen.

Ein Blick in die Bibel

1. Lesen Sie Markus 2,1–12.

▷ Auf wessen Glauben sah Jesus bei der Heilung des Gelähmten (Vers 5)? Welche Bedeutung hat das im Hinblick auf die Erfahrung vieler Menschen in der heutigen Zeit, die über eine erlebte Glaubensheilung berichten (oder auch erzählen, dass sie nicht geheilt wurden)?

▷ Es ist offensichtlich genauso leicht zu sagen: „Steh auf, nimm dein Bett und geh nach Hause", wie zu sagen: „Dir sind deine Sünden vergeben." Warum hat Jesus dann die Frage in Vers 9 gestellt? Was wollte Jesus deutlich machen, als er den Gelähmten heilte – unmittelbar nachdem er jene Frage gestellt hatte? Was nahm er für sich selbst in Anspruch?

2. Lesen Sie Psalm 50,15.

▷ Wozu fordert uns Gott in diesem Vers auf? Was verspricht er zu tun? Wie sollen wir darauf reagieren?

3. Lesen Sie Römer 8,26–27 und Epheser 3,20–21.

▷ Wie fähig sind wir nach Aussage von Römer 8,26, unsere Gebete vor Gott zu bringen? Inwiefern unterstreichen die Verse aus dem Epheserbrief die Worte aus dem Römerbrief? Wozu fordert uns Paulus auf?

13 Was nur Gott tun kann

Anregungen zum Weiterdenken

1. Wie würden Sie einen „gesetzlichen Menschen" beschreiben? Würden sich die meisten gesetzlichen Menschen auch als solche bezeichnen?

2. Inwiefern „bearbeitet, wer gesetzlich ist, zwar den Boden, aber vergisst den Samen", wie Max Lucado es formuliert hat? Was sagt dieser Vergleich über die Gesetzlichkeit?

3. Warum hat Jesus Ihrer Meinung nach Nikodemus' Bemerkung in Johannes 3,2 ignoriert und ihm stattdessen geantwortet: „Ich sage dir eins, Nikodemus: Wer nicht neu geboren wird, kann nicht in Gottes Reich kommen"? War dies unhöflich?

4. Was meint Max Lucado, wenn er schreibt: „Alle Weltreligionen können in eine der beiden Kategorien eingeordnet werden: Gesetzlichkeit oder Gnade." In welche Kategorie fällt Ihre Religion? Woher wissen Sie das?

5. Sprechen Sie über die folgende Aussage: „Gesetzlichkeit ist eine langsame Folter: Der Geist wird erstickt, die Träume amputiert." Wenn Sie schon jemals in die Fänge der Gesetzlichkeit geraten sind, dann erzählen Sie den anderen von Ihrer Erfahrung.

6. Stimmen Sie der Behauptung zu: „Jede geistliche Errungenschaft kommt von Gott und entfaltet ihre Wirkung durch seine Kraft"? Warum oder warum nicht?

7. Definieren Sie mit eigenen Worten den Begriff *Gnade* (und sagen Sie nicht „Gottes unverdiente Gunst"!).

8. Inwiefern wird in Johannes 19,39–42 deutlich, dass Nikodemus zum Schluss doch der Falle der Gesetzlichkeit entkam? Wie ist er dem Griff der Gesetzlichkeit entflohen?

Ein Blick in die Bibel

1. Lesen Sie Galater 5,1–6.

▷ Vor welcher Gefahr warnt uns Paulus in diesem Abschnitt? Warum stellt sie eine echte Bedrohung dar?

▷ Welche Aussage in diesem Abschnitt lehrt uns, dass Errettung nicht durch eine Mischung aus Glauben und Werken erlangt werden kann?

2. Lesen Sie Kolosser 2,20–23.

▷ Welchen Grund nennt Paulus in Vers 20 dafür, sich Regeln zu verweigern, die von Menschen aufgestellt wurden?

▷ Inwiefern haben viele von Menschen aufgestellte Regeln einen „Schein von Weisheit"? Was macht diese Regeln so attraktiv?

▷ Wie wirksam sind unsere Regeln, wenn es darum geht, uns von „menschlichem Ehrgeiz und menschlicher Eitelkeit" abzuhalten (vgl. Vers 23)?

▷ Warum fallen wir Ihrer Meinung nach so leicht in die Gesetzlichkeit zurück? Was ist der einzige Weg, sich davor zu schützen?

14 Galiläische Gnade

Anregungen zum Weiterdenken

1. Was denken Sie, warum Petrus Jesus verleugnete, nachdem dieser gefangen genommen worden war? Haben Sie Jesus schon einmal in ähnlicher Weise „verleugnet“? Wenn ja, beschreiben Sie die Situation.

2. Inwiefern ist die Verleugnung durch Petrus ein Beispiel für Sprüche 16,18? Was können wir aus Petrus' Erfahrung lernen? Wovor warnt sie uns?

3. Sind Sie Jesus schon einmal treu gewesen, aber nur aus einer sicheren Distanz heraus? Wenn ja, wie sah die Situation aus?

4. Lukas schreibt: „Der Herr drehte sich um und sah Petrus an“ (Lukas 22,61; GN). Was denken Sie, wie dieser Blick war? Anklagend? Verurteilend? Barmherzig? Verzweifelt? Traurig?

5. Was empfand Petrus Ihrer Meinung nach, als er sich in den See stürzte, um zu Jesus an den Strand zu gelangen? Welche Gedanken schossen ihm durch den Kopf?

6. Max Lucado stellt sich vor, wie es uns ergehen kann, wenn wir gesündigt haben: „Sie und Gott ganz allein. Sie und Gott wissen genau, was Sie getan haben. Und weder Sie noch Gott sind stolz darauf. Was tun Sie?“ Wie würden Sie diese Frage beantworten?

7. Äußern Sie sich zu folgender Aussage: „Er [Gott] lädt uns ein, es noch einmal zu versuchen. Dieses Mal mit ihm.“ Wie macht man das konkret, eine Sache noch

einmal zu versuchen – nur diesmal mit Gott? Was wollen Sie anders machen als beim ersten Mal?

Ein Blick in die Bibel

Lesen Sie Johannes 21,14–19.

- Zur vollkommenen Wiederherstellung und Heilung musste Petrus erst, wie hier in diesem Abschnitt berichtet wird, mit Jesus zusammentreffen. Was versuchte Jesus bei dieser Begegnung zu erreichen? Auf welchem Weg brachte er dies zustande?
- Beachten Sie, welche Aufforderung Jesus Petrus zum Schluss (Vers 19) gab. Inwiefern unterscheidet sich diese Aufforderung von der ersten Berufung des Petrus (vgl. Matthäus 4,19) und in welcher Hinsicht lassen sich Parallelen finden? Warum ist das von Bedeutung?

15 Die Zärtlichkeit Gottes

Anregungen zum Weiterdenken

1. Max Lucado schreibt, dass sich Jesus auf einen Plan bezog, wenn er Ausdrücke wie „Meine Stunde ist noch nicht gekommen“ benutzte. Von welchem Plan sprach Jesus? Was sollte nach diesem Plan geschehen?

2. Max Lucado schreibt: „Der Beweggrund für das erste Wunder ist weder eine Tragödie noch eine Hungersnot oder ein moralisches Versagen – sondern Mitgefühl für Freunde, die in der Klemme sitzen.“ Was erfahren wir in dieser Wundergeschichte über Jesus? Welchen Einfluss hat das auf Ihre Beziehung zu Jesus?

3. Sprechen Sie über folgende Aussage: „[Dieses Wunder] zeigt Ihnen, dass das, was Sie betrifft, auch Gott etwas angeht.“ Entspricht das der Wahrheit? Woher wissen Sie das? Können Sie Beispiele aus Ihrem Leben nennen, die die Wahrheit dieser Aussage bestätigen?

4. Was meinen Sie, wie Gott Sie sieht? Wenn er einem Engel Ihr Wesen beschreiben müsste, was würde Gott ihm Ihrer Meinung nach sagen? Was denkt Gott über Sie?

5. Inwiefern ist Denalyns Reaktion auf die Not ihrer Tochter Jenna ein gutes Beispiel dafür, wie Gott auf den Schmerz seiner Kinder reagiert?

6. Das erste Wunder, das Jesus tat, bestand darin, auf einer Hochzeit von Freunden Wasser in Wein zu verwandeln. Sein letztes Wunder bestand darin, das Ohr eines Mannes zu heilen, der ihn verhaften wollte

(siehe Lukas 22,50–51). Was können Sie daraus schließen? Was denken Sie, wie Jesus reagiert, wenn Sie ihn um etwas bitten?

Ein Blick in die Bibel

1. Lesen Sie Hebräer 4,14–16.

▷ Wie wird Jesus in diesem Abschnitt beschrieben?

▷ Wie sollten wir in Anbetracht der in diesen Versen genannten Eigenschaften Jesu reagieren? Wozu werden wir ermutigt?

2. Lesen Sie Philipper 4,6–7.

▷ Für welche Anliegen sollen wir diesen Versen zufolge beten? Welche verschiedenen Elemente des Gebets werden hier erwähnt?

▷ Welche Verheißung wird Gott uns dem Vers 7 zufolge erfüllen, wenn wir so beten, wie es in Vers 6 beschrieben wird?

3. Lesen Sie 1. Petrus 5,6–7.

▷ Wozu werden wir in Vers 6 aufgefordert? Wie können wir diese Aufforderung konkret umsetzen? Welche Verheißung ist damit verbunden?

▷ Inwiefern ist der Vers 7 von Vers 6 abhängig? Wozu werden wir in Vers 7 aufgefordert? Welche Verheißung wird hier genannt?

16 Der Verrückte, der zum Missionar wurde

Anregungen zum Weiterdenken

1. Waren Sie überrascht zu erfahren, dass der erste Missionar ein ehemaliger Verrückter war?

2. Max Lucado schreibt: „Allein schon Jesu Erscheinen ist eine Demütigung für die Dämonen. Sie haben zwar den Mann aus Gadara in ihrer Gewalt, aber vor Gott ducken sie sich." Weshalb sollte das eine ungeheure Ermutigung für uns heute sein?

3. Die Dämonen flehten Jesus an, sie in eine Herde Schweine zu schicken, und Jesus erlaubte es ihnen. Aber warum stellten die Dämonen diese Bitte, obwohl sie die Schweine direkt in den See stürzten (siehe Johannes 8,44 und 10,10)? Was lernen wir daraus über den Charakter der Dämonen?

4. Wie gelang es dem kleinen Max, den Sturm zu überstehen, der das Fischerboot fast kentern ließ? Wie können wir, was unsere Beziehung zu unserem himmlischen Vater betrifft, seinem Vorbild nacheifern?

5. Max Lucado schreibt: „Wenn der Kampf heftig wird, treten Sie zurück und lassen Sie den Vater kämpfen." Ist das ein guter Rat? Was bedeutet das praktisch? Wie kann man „zurücktreten und den Vater kämpfen lassen"?

6. Was denken Sie, warum die Menschen Jesus baten, ihre Region zu verlassen, nachdem er den Besessenen befreit hatte? War es pure Angst? War es Angst vor Ver-

änderung? Angst vor weiteren wirtschaftlichen Einbußen?

7. Jesus gab dem Mann, den er von Dämonen befreit hatte, den Auftrag, nach Hause zu seiner Familie zu gehen und zu erzählen, was Gott Großes an ihm getan hatte. Diese Aufforderung, von der Heilung weiterzusagen, war ungewöhnlich. Warum forderte Jesus den Mann auf, von dem Wunder zu erzählen, während er andere Geheilte anwies zu schweigen (siehe Markus 1,40–45)?

Ein Blick in die Bibel

1. Lesen Sie 1. Korinther 15,8–11 und 1. Timotheus 1,12–16.

▷ Warum staunte Paulus darüber, dass Gott ihn zum Missionar berufen hatte? Welche Qualifikationen hatte Paulus nach Aussage dieses Abschnitts aufzuweisen?

▷ Warum berief Gott Paulus zum Apostel (siehe 1. Timotheus 1,16)? Was bedeutet das für Sie persönlich?

2. Lesen Sie 2. Korinther 10,3–5.

▷ Welchen Einblick gibt uns dieser Abschnitt in den Kampf in der geistlichen Welt?

▷ Welcher Vers in diesem Abschnitt erklärt, dass man den Kampf nur dann gewinnen kann, wenn man in der Kraft Gottes ruht?

17 Das Unsichtbare sehen

Anregungen zum Weiterdenken

1. Was denken Sie über das „Glaubensabenteuer", das Max Lucado mit seinen Töchtern inszenierte? Was versuchte er ihnen zu zeigen?

2. Wünschen Sie sich manchmal, in die Zukunft blicken zu können? Was hätte es für Vorteile, wenn Sie dies tun könnten? Was wären die Nachteile? Wenn Sie die Möglichkeit hätten, Ihre ganze Zukunft zu sehen, würden Sie dies tun?

3. Max Lucado schreibt: „Es gibt Zeiten in unserem Leben, in denen alles, was wir anzubieten haben, nichts ist im Vergleich zu dem, worum wir bitten." Beschreiben Sie ein Erlebnis in Ihrem Leben, auf das dieser Satz zutrifft.

4. Haben Sie schon einmal versucht, mit Gott zu „handeln"? („Wenn du dies oder jenes für mich tust, werde ich ...") Was ist falsch an diesem Verhalten? Warum geht Gott nicht darauf ein?

5. Max Lucado behauptet, um das Unsichtbare zu sehen, sollte man nicht auf das achten, was Menschen sagen. Was meint er damit? Welchen Menschen gegenüber sollte man sein Ohr verschließen? Welche Art von Ratschlägen sollten wir uns weigern zu beachten? Könnte Max Lucados Rat nicht in manchen Situationen auch gefährlich sein? In welcher Art von Situationen?

6. Sprechen Sie über die Worte des Gefangenen, der im Konzentrationslager war: „Ich glaube an die Sonne,

auch wenn sie nicht scheint. Ich glaube an die Liebe, auch wenn sie sich nicht zeigt. Ich glaube an Gott, auch wenn er nicht spricht." Haben Sie auch einen solchen Glauben?

7. Max Lucado schreibt: „Aus Gottes Sicht ist der Tod ein niedriger Preis für das Vorrecht, an seinem Tisch sitzen zu dürfen." Stimmen Sie dieser Behauptung zu? Warum oder warum nicht?

8. Warum warf Jesus die Leute aus dem Haus von Jairus hinaus?

9. Was haben Sie aus Max Lucados Experiment mit seinen Töchtern über den Glauben gelernt?

Ein Blick in die Bibel

1. Lesen Sie 1. Korinther 15,50–57.

▷ Was sagt dieser Abschnitt darüber aus, warum „Fleisch und Blut" das Reich Gottes nicht ererben können?

▷ Was muss mit uns geschehen, damit wir unseren Platz an Gottes Seite einnehmen können? Wer ermöglicht es uns, dorthin zu gelangen (vgl. Vers 57)?

2. Lesen Sie 2. Korinther 4,16–18.

▷ Wie begründet Paulus in Vers 16 die Aufforderung, die Hoffnung nicht aufzugeben? Wie sieht seine nähere Ausführung dazu aus (vgl. Vers 17)?

▷ Wie kann man den Blick auf Jesus richten, das heißt auf das Unsichtbare schauen?

18 Josephs Gebet

Anregungen zum Weiterdenken

1. Welche Fragen wurden bei Ihnen geweckt, weil die Bibel an den betreffenden Stellen schweigt?

2. Woran hat Joseph Ihrer Meinung nach gedacht, während Jesus im Stall geboren wurde? Unterscheidet sich Ihre Vermutung von der, die Max Lucado beschrieben hat?

3 Erzählen Sie von einem Erlebnis, bei dem Sie hin- und hergerissen waren zwischen dem, was Gott sagt, und dem, was Ihnen vernünftig erschien.

4. Was bedeutet es für Sie, im Glauben und nicht im Schauen zu leben? Wie können Sie mit Sicherheit wissen, dass Sie auf dem richtigen Weg sind?

5. In welchem Verhältnis stehen unser Gehorsam und Gottes Führung zueinander? Warum ist es nutzlos, Gott um Weisung für unser Leben zu bitten, wenn wir wissentlich im Ungehorsam gegen ein bestimmtes seiner Gebote leben?

6. Welche Erlebnisse, die Ihnen in der Vergangenheit widerfahren sind, haben in Ihnen die Frage geweckt, warum Gott so gehandelt hat?

7. Wie verändert sich, allgemein gesagt, Ihre Haltung, wenn Sie Gottes Handeln in Ihrem Leben infrage stellen? Können Sie ein Prinzip erkennen?

8. Was antworten Sie auf Max Lucados Frage: „Wollen Sie dienen ... selbst wenn Sie nicht alles verstehen?“

Ein Blick in die Bibel

1. Lesen Sie Hebräer 3,12–19.

▷ Wie lautet der Rat, der uns in Vers 13 gegeben wird?

▷ Beachten Sie, was in den Versen 18 und 19 über die enge Verbindung zwischen Gehorsam und Glauben gesagt wird. Wie sieht diese Verbindung aus?

2. Lesen Sie 1. Samuel 15,22–23.

▷ Samuel richtet jene Worte an den König, nachdem dieser einem der Gebote Gottes ungehorsam gewesen ist. Was stellt Samuel in Vers 22 dem Gehorsam gegenüber? Was ist Gott kostbarer?

▷ Womit vergleicht Samuel Ungehorsam? Welche Folgen hatte Sauls Ungehorsam?

3. Lesen Sie Hiob 42,1–6.

▷ Was geschieht mit Hiobs Fragen, als er Gott von Angesicht zu Angesicht gegenübersteht?

▷ Wie reagiert Hiob, als er schließlich ein deutliches Bild von Gott hat? Wie endet die Geschichte in 42,7–17? Warum ist das, was hier beschrieben wird, von Bedeutung?

19 Die todernste Tatsache

Anregungen zum Weiterdenken

1. Wie oft denken Sie an den Tod? Welche Bilder weckt das in Ihren Gedanken?

2. Beschreiben Sie, was Sie fühlten und wie Sie sich verhielten, als zum ersten Mal ein geliebter Mensch starb.

3. Denken Sie mit zunehmendem Alter mehr über den Tod nach? Haben Sie schon einmal versucht, sich Ihre eigene Beerdigung auszumalen? Wenn ja, beschreiben Sie Ihre Gedanken.

4. Inwiefern „bringt das Grab ans Licht, welche Sicht wir von Gott haben"?

5. Haben Sie sich auch schon einmal dabei erwischt, dass Sie etwas Ähnliches gedacht oder gesagt haben wie: „Wenn du deinen Teil getan hättest, Gott, dann wäre mein Mann am Leben geblieben. Wenn du getan hättest, was richtig ist, Herr, dann wäre mein Baby noch am Leben"? Kennen Sie Menschen, die sich so verhalten haben? Wie haben Sie jeweils reagiert?

6. Stimmen Sie der Aussage zu, dass viele „die Anwesenheit des Todes mit der Abwesenheit Gottes gleichsetzen"?

7. Max Lucado schreibt, dass wir Christen einem Gott dienen, der „die Ärmel des Betrügers hochschiebt und ans Licht bringt, dass der Tod nur ein fauler Trick ist". Was meint er damit? Welche Hoffnung können Sie daraus gewinnen?

Ein Blick in die Bibel

1. Lesen Sie 1. Thessalonicher 4,13–18.

▷ Warum müssen Christen nach Aussage dieses Abschnitts nicht in gleicher Weise trauern wie Menschen, die nicht an Gott glauben? Welche Hoffnung haben Christen im Unterschied zu Nichtchristen?

▷ Welches Versprechen wird uns in Vers 17 gegeben? Weshalb ist das eine Ermutigung für uns?

2. Lesen Sie Johannes 14,1–3.

▷ Was ist nach Aussage von Vers 1 der beste Weg, um die Angst vor dem Tod zu verlieren?

▷ Wie lautet das herrliche Versprechen, das jedem Christen in den Versen 2–3 gegeben wird? Warum kann uns das im Angesicht des Todes Mut machen?

3. Lesen Sie Offenbarung 21,1–7 und 21,9–22,5.

▷ Zählen Sie so viele Merkmale auf, wie Sie in diesem Abschnitt finden können, die Ihre endgültige Heimat beschreiben.

▷ Was ist für Sie persönlich das größte Versprechen in diesem Abschnitt?

20 Christsein ohne Liste

Anregungen zum Weiterdenken

1. Wie viele Menschen aus Ihrem Freundes- und Bekanntenkreis glauben an den Himmel? Welche Vorstellung haben diese Menschen vom Himmel?

2. Was denken die Leute, die Sie kennen, darüber, wie man es „schafft", in den Himmel zu kommen? Wie sieht die „Liste" dieser Leute aus?

3. Wie sieht *Ihre* Liste der Bedingungen aus, die man erfüllen muss, um in den Himmel zu kommen? Was gibt Ihnen die Gewissheit, dass Ihre Liste richtig ist?

4. Wie war es möglich, dass einer der beiden Verbrecher, die mit Jesus gekreuzigt wurden, Jesus zunächst verhöhnte, ihn aber dann bat, ihm einen Platz im Paradies zu sichern? Ist dieses Verhalten nicht widersprüchlich?

5. Max Lucado stellt sich vor, was der Verbrecher dachte: „Ich bin schuldig. Jesus ist unschuldig. Ich habe versagt. Jesus hat nicht versagt. Ich verdiene es zu sterben. Jesus verdient es zu leben." Inwiefern verweisen diese Sätze auf „das Kernstück des Evangeliums"?

6. Was denken Sie über Max Lucados Behauptung: „Sehen Sie, das sind Sie und ich, dort am Kreuz. Nackt, verzweifelt, hoffnungslos und einsam. Das sind wir."? Ist diese Aussage für Sie eine Beleidigung oder eine unumstößliche Tatsache?

7. Stimmen Sie dem Satz zu: „Und wie der Räuber können auch wir den Schmerz aushalten, weil wir wissen, dass er uns bald nach Hause holen wird.“? Warum oder warum nicht?

8. Wenn Sie dem Verbrecher, der mit Jesus gekreuzigt wurde, im Himmel eine Frage stellen könnten, was würden Sie ihn dann fragen?

Ein Blick in die Bibel

1. Lesen Sie Römer 10,9–13.

▷ Wie können wir diesen Versen zufolge eine Beziehung zu Gott bekommen, durch die wir das ewige Leben haben?

▷ Wie passt die Geschichte des Verbrechers zu diesem Abschnitt?

▷ Sind Sie schon einmal die Schritte gegangen, die Paulus hier aufzeigt?

2. Lesen Sie 2. Korinther 5,1–5 und 5,17–6,2.

▷ Worauf hat Gott uns nach Aussage von Vers 4 und 5 vorbereitet? Welche Garantie hat er uns dafür gegeben, dass er sein Versprechen erfüllen wird?

▷ Inwiefern fasst der Vers 21 ausgezeichnet die Botschaft des Evangeliums zusammen? Wie können wir 2. Korinther 6,1–2 zufolge das Werk Christi für uns selbst in Anspruch nehmen?

21 Die Galerie des Mannes, der Berge versetzt

Anregungen zum Weiterdenken

1. Was denken Sie, warum die Bibel voll ist mit Geschichten, die von Not leidenden Männern und Frauen handeln?

2. Max Lucado schreibt, dass „das Ziel dieser Geschichten nicht darin liegt, uns zu einem staunenden Blick auf die Vergangenheit zu verhelfen, sondern darin, im Glauben nach vorn zu schauen". Worin liegt der Unterschied? Beschreiben Sie Zeiten, in denen Sie den Fehler begangen haben zurückzuschauen. Wie haben Sie es geschafft, Ihren Blick wieder nach vorn zu richten?

3. Nehmen Sie sich Zeit und tun Sie, was Max Lucado rät: „Halten Sie das Schauspiel Ihres Lebens fest. Erzählen Sie Ihren Roman. Zeichnen Sie Ihren Weg nach."

   a) Erzählen Sie, wie Ihr Leben aussah, bevor Sie Jesus kannten.

   b) Beschreiben Sie dann, welche Erfahrungen Sie heute machen.

   c) Erzählen Sie Ihre Geschichte einem anderen Menschen.

4. Sprechen Sie über Max Lucados Aussage: „Felsbrocken und Berge waren für Gott noch nie ein Problem." Welche Steine hat er in Ihrem Leben schon weggewälzt? Welche Steine blockieren noch heute Ihren Weg? Inwiefern ist es eine Hilfe für Sie, sich vor Augen zu

halten, dass „Felsbrocken und Berge für Gott noch nie ein Problem waren“?

5. Was war für Sie in diesem Buch die wichtigste Erkenntnis? Hat irgendein Punkt bei Ihnen Fragen hinterlassen? Nehmen Sie sich ein paar Minuten Zeit, innezuhalten und über Ihre Erfahrungen nachzudenken, die Sie beim Lesen gemacht haben.

Ein Blick in die Bibel

1. Lesen Sie 1. Korinther 1,26 und Philipper 1,6.

▷ Warum hielt es Paulus für wichtig, dass die Korinther nicht vergaßen, wie ihr Leben aussah, bevor sie Christen wurden (vgl. 1. Korinther 1,26)?

▷ Welche beiden Wahrheiten helfen uns Philipper 1,6 zufolge, als Christen auf dem richtigen Weg zu bleiben?

2. Lesen Sie Römer 15,4 und 1. Korinther 10,11–13.

▷ Was sagt Römer 15,4 darüber aus, warum so viele Geschichten über Not leidende Menschen in der Bibel zu finden sind? Es werden zwei konkrete Gründe genannt. Welche sind das?

▷ Die Verse in 1. Korinther 10,11–13 sprechen davon, dass Gott noch mehr im Sinn hatte, als er uns die biblischen Geschichten an die Hand gab. Um welche Absichten handelt es sich? Inwiefern sollen uns diese Geschichten helfen?